国家社会科学基金项目（编号 17BGL012）

浙江省软科学研究计划项目（编号 2017C35059）

江苏省博士后科研资助计划项目（编号 1701054C）

浙江省哲学社会科学重点研究基地（浙江师范大学非洲研究中心）规划课题

（编号 16JDGH137）

中非经贸发展丛书

RESEARCH ON KNOWLEDGE
TRANSFER OF
DIRECT INVESTMENT OF
CHINESE ENTERPRISES TO AFRICA:
BASED ON THE PERSPECTIVE OF GLOBAL VALUE CHAIN

中国企业对非洲直接投资知识转移研究：

基于全球价值链视角

金水英　著

中国财经出版传媒集团

经济科学出版社
Economic Science Press

图书在版编目（CIP）数据

中国企业对非洲直接投资知识转移研究：基于全球价值链视角/金水英著 . —北京：经济科学出版社，2019. 7

（中非经贸发展丛书）

ISBN 978 - 7 - 5218 - 0628 - 1

Ⅰ. ①中…　Ⅱ. ①金…　Ⅲ. ①对外投资 - 直接投资 -研究 - 中国、非洲　Ⅳ. ①F832. 6

中国版本图书馆 CIP 数据核字（2019）第 119718 号

责任编辑：周国强
责任校对：隗立娜
责任印制：邱　天

中国企业对非洲直接投资知识转移研究：基于全球价值链视角

金水英　著

经济科学出版社出版、发行　新华书店经销

社址：北京市海淀区阜成路甲 28 号　邮编：100142

总编部电话：010 - 88191217　发行部电话：010 - 88191522

网址：www. esp. com. cn

电子邮件：esp@ esp. com. cn

天猫网店：经济科学出版社旗舰店

网址：http：//jjkxcbs. tmall. com

固安华明印业有限公司印装

710×1000　16 开　15 印张　240000 字

2019 年 7 月第 1 版　2019 年 7 月第 1 次印刷

ISBN 978 - 7 - 5218 - 0628 - 1　定价：69. 00 元

（图书出现印装问题，本社负责调换。电话：010 - 88191510）

（版权所有　侵权必究　打击盗版　举报热线：010 - 88191661

QQ：2242791300　营销中心电话：010 - 88191537

电子邮箱：dbts@ esp. com. cn）

总　序

　　非洲，这个占全球总陆地面积 20.4%、拥有 3020 万平方公里、总人口 12 亿多的世界第二大洲，是一个资源丰富、文明悠久、文化多元、市场潜力巨大的神奇之地；中国，这个拥有 960 多万平方公里陆地面积、300 多万平方公里海洋国土面积、13 亿多人口、世界上第二大经济体的发展中国家，是一个具有 5000 多年历史、文化灿烂、美丽富饶的文明古国。中国和非洲，相距遥远，但中非人民交往的历史悠久，源远流长，都曾遭受过殖民主义的压迫和剥削。相同的经历，相同的信念，在谋求独立和自由的过程中，中非人民相互支持，相互砥砺，都希望尽快发展经济，通过工业化和现代化，实现国家的富裕和人民的幸福。加强中非经贸合作，实现中非双方的优势互补、合作共赢、共同发展，进而促进世界更加均衡、稳定与繁荣，最终实现"中国梦"和"非洲梦"，可谓一举多赢，功在千秋。

　　中国经过 30 多年改革开放，经济高速发展，2016 年国民生产总值将超过 70 万亿元人民币。中国发展的经验，对广大发展中的非洲国家有可资借鉴的地方。在 2015 年 12 月南非约翰内斯堡举行的中非合作论坛第二次峰会上，中国国家主席习近平发表演讲，宣布了关于工业化、农业现代化等一系列对非合作重大新举措，阐述对中非关系以及重大国际和地区问题的看法和主张，并对未来中非各领域合作进行全面规划。中非关系提升为全面战略合作伙伴关系，中非经贸合作面临着新的机遇，双方秉持共同发展、集约发展、绿色发展、安全发展、开放发展五大合作发展理念，经贸合作迈向深度和广度。中国已经连续六年稳居非洲第一大贸易伙伴国，2014 年中非贸易额达到 2200

亿美元，是 2000 年中非合作论坛启动时的 22 倍。非洲也已成为中国企业在海外的第二大承包工程市场和新兴投资目的地。尤其是中国正在大力推进"一带一路"建设，实施经济结构调整和产业转型升级；非洲国家普遍谋求推进工业化和现代化，努力建设以包容性增长和可持续发展为基础的繁荣非洲。双方发展目标相互呼应，为更高水平的经贸合作与发展提供了新的契机。

发展中非经贸，谋求经济转型，积极推进工业化进程的广大非洲国家，有现实的迫切需求；而拥有 220 多种主要工业品产量位居全球第一、已经进入工业化成熟阶段、经济高速发展的中国，有条件、有能力成为非洲工业化进程中最理想的合作伙伴。但是，中非经贸如何发展、怎样发展、通过什么路径发展，从理论上进行深入阐释和研究的成果还比较少。面对国情不同、文化有别的中国和非洲国家发展经贸关系，有大量的理论和实践问题需要探索和研究，中非经贸发展才能有序、有效、有利、共赢。浙江师范大学以非洲研究作为自己的特色之一，在历史学、政治学、社会学等领域取得了一系列研究成果，但在中非经贸研究领域还比较薄弱。浙江师范大学经济与管理学院、中非国际商学院不但承担了为非洲国家培养经贸人才的重任，而且突出中非经贸特色，致力于中非经贸理论和实践方面的研究，在中非金融、贸易、产能合作、文化等各个方面取得了一批研究成果。学院每年举办中非经贸论坛、中非产能合作论坛等研讨会，设置了中非经贸研究课题，邀请中非经贸领域的国内外专家来学院进行交流和讲学，力求在中非经贸研究领域取得进展，产生影响，做出自己的特色。出版这套丛书，就是实现这个目标的一种努力！

"中非经贸发展丛书"尽管风格各异，研究视角不同，见解相互争鸣，但用这种方式和学术界展开对话和讨论，有利于中非经贸研究的深入和繁荣。趁丛书即将在经济科学出版社出版之际，写上以上寄语，是为序。

浙江师范大学经济与管理学院
院长、教授、博士生导师
唐任伍
二〇一六年十一月

序 一

　　金水英博士新著《中国企业对非洲直接投资知识转移研究：基于全球价值链视角》即将出版，是一件可喜可贺的事，对目前快速推进的中非投资合作进程具有积极的参考价值。我们都知道，长期以来制约非洲经济社会发展的障碍很多，但说起来主要是三个有形的东西，一是缺资金，二是缺人才，三是缺基础设施，也就是储蓄不足，投资短缺，教育落后，人才短缺，交通基础设施不足。这三个问题，其实是一个问题，就是发展内在力量的长期不足，而这个内生力量的长期不足，又似乎与非洲的政治结构与国家能力不足有很大关系。这些短缺与不足，都非短期内所能克服，本质上也只能靠非洲人民自己的长期努力，自己去探索适用各自国情、区情、社情、民情的解决之道。但在全球化的背景下，外部世界对非洲经济社会的影响也十分明显，通过内外因素的积极联动共同推进非洲经济社会发展是国际社会应该努力的方向。

　　这方面，中国正在发挥着日益特殊而重要的作用。中国改革开放四十年来，经历了经济社会的快速发展进程，与非洲国家的经贸关系也随之不断推进，尤其是 2000 年中非合作论坛建立后，中非合作在各领域获得了快速的提升。国际社会普遍认为，作为非洲大陆持续十多年的第一大贸易伙伴、最重要的投资增长来源国，中国的对非投资、贸易和基础设施建设已经成为助推非洲大陆发展的最重要外部因素。中国企业对非投资的快速增长，就是在这个大时代背景下，因应了非洲国家的内在要求而在近年日益为世界所关注的。中国对非投资的快速增长对非洲经济社会发展产生积极影响的一个重要方面，是伴随这一进程的中国对非知识与技术转移日益明显，这会在中长期的中非合作过程中获得进一步的呈现，也是本书采取特殊的研究视角的价值所在。

中国作为最大的发展中国家，非洲作为发展中国家最集中的大陆，包括技术转移和知识共享在内的双方合作源远流长，堪称南南合作的典范。中非合作关系是过去40多年中国改革开放在对外关系上的一个特殊窗口，也是中国撬动与世界尤其是与西方国家关系结构的一点"战略支点"，是中国建构人类命运共同体倡议的最佳平台。2015年12月，国家主席习近平在中非合作论坛上提出把中非关系提升为全面战略合作伙伴关系，宣布中方将在未来3年同非方重点实施"十大合作计划"。2018年9月，在中非合作论坛北京峰会上，中非双方一致决定构建更加紧密的中非命运共同体，实施中非合作"八大行动"，积极鼓励中国企业不断扩大对非投资量，在非洲升级和新建一批经贸合作区，以授人以鱼更授人以渔的理念，努力助推中非区域价值链的构建。当前，中非合作关系依然处于大有可为的新历史机遇，尤其是当下世界处于全球化变迁的十字路口，中非合作尤其是经贸合作的战略意义更加凸显，中非合作的进一步深化相信能够为抵御与对冲美国为首的贸易保护主义及逆全球化浪潮给世界带来的消极影响提供新的空间。

中非经贸合作是中非合作的重要组成部分，中非经贸如何合作，通过什么路径发展，从理论上进行深入阐释和研究的成果还较少。面对不同文化、不同国情的非洲国家，发展中非经贸关系，有大量的理论和实践问题值得探索和研究。浙江师范大学以非洲研究作为特色，在非洲的历史、教育、政治、外交、安全、宗教、民族和文化领域，取得了一系列的成果，在非洲的经贸与投资、资源与环境等研究领域，近年也有了积极的推进。除非洲研究院外，学校的经济与管理、中非国际商学院还承担了为非洲国家培养经贸人才的重任，而且鼓励教师致力于中非经贸理论和实践研究，在中非金融、贸易、对非洲投资、产能合作等方面取得了系列的研究成果。学校每年举办中非经贸论坛、中非产能合作论坛等研讨会，设置了中非经贸研究课题，邀请中非经贸领域的国内外专家来学院进行交流，力求在中非经贸领域取得突破性进展，做出自己的特色。

本著作在目前经济全球化的态势下，基于全球价值链的视角，研究中国企业对非洲直接投资的知识转移问题，揭示对非直接投资过程中的知识转移机制，探寻知识转移效果提升的对策路径，具有一定的理论与现实意义，理论上丰富了全球价值链理论、对外直接投资理论和知识转移理论的交叉研究，实践上有助于在非洲直接投资的中国企业重视知识在对外直接投资竞争和发展中不可替代的作用，让对非直接投资企业在保证知识转移效果的同时时刻警惕自身在全球价值链中的位置，增强知识技术的积累提高进入壁垒，不断提升中国企业在全球价值链中的地位。

水英同志是浙师大中非经贸研究团队的重要成员，她奋发向上的精神、严谨求实的治学态度、朴实无华的待人作风都给我留下了深刻的印象。本书是她历经三年的刻苦研究成果，从研究方向的选定，以至书稿的最终完成，无不渗透着研究过程的艰辛。希望她在今后的中非经贸研究道路上不断攀登，与时俱进，取得更多丰硕的成果。

教育部长江学者特聘教授
浙江师范大学非洲研究院院长
刘鸿武
二○一九年四月

序 二

　　非洲是一块古老而神奇的大陆，也被称为地球上最后一个待开垦的"处女地"。随着 10 多年来非洲国家投资环境得到很大改善，全球投资者的目光越来越关注非洲。尽管非洲仍有许多国家属于最不发达国家，但是丰富的自然资源、12 亿多人口的年轻市场，以及许多国家持续的经济增长，使得非洲大陆充满无限商机和发展潜力，成为吸引世界各国企业投资兴业的一片热土。中非友好往来可谓历史悠久，源远流长。早在 600 年前，中国明代航海家郑和下西洋时曾经三次抵达非洲东海岸，留下千古佳话。20 世纪 60 年代，在新中国第一代领导人和非洲政府的努力下，双方开启中非友好合作新纪元。进入 21 世纪以来，中非双方共同倡议成立的"中非合作论坛"，在中国政府"走出去"战略和中非合作论坛机制的推动下，中国企业在非洲的贸易和直接投资迅猛增长，目前中国已成为非洲第一大贸易伙伴国和第二大投资国。

　　非洲是"一带一路"的自然延伸地和重要参与方，中非共建"一带一路"将为非洲发展提供更多的资源和技术手段。在新的形势下，中国对非投资将迎来更多机遇，同时也面临着诸多挑战。在中非经贸与投资快速增长的同时，中非贸易结构不平衡问题日益凸显，中非经贸合作亟待提质升级。中国支持非洲国家联合自强、加快非洲一体化发展，非洲也希望通过吸引中国的投资来破解发展资金瓶颈，同时引进技术、设备和管理经验。在中非共建"一带一路"基础设施建设、产能合作和能源开发等方面，非洲对于中国技术合作、人力资源开发和技术培训的需求日益增加。正如联合国非洲经济委员会社会发展政策司司长塔克伊娃·马努赫指出，中非产能合作中，人力资源、技术经验资本等软资源非常重要，中国企业对非洲的投资应加强对非洲当地员工的教育技术培训，提升知识转移效果。

进入中非全面战略伙伴关系新时代，中国企业适时开展对非洲经贸投资的知识有效转移和技术服务，对于提升中非产能合作成效和促进非洲国家联合自强能力建设具有重要意义。就中国企业而言，是否有效开展跨国知识转移和技术本土化改造是提升企业国际竞争力重要抓手。对于在非洲投资兴业的中国企业，要构建合作共赢的全球价值链，需要借助于中非产能合作平台和有效的跨国知识转移机制，这样才能在国际分工和产业链中获得有利的竞争地位。

近年来，金水英博士致力于全球价值链视角下中国企业对非洲直接投资的知识转移问题研究，在这方面做了积极的探索，并取得了较好的进展。相关研究已获得国家社会科学基金项目（编号17BGL012）、浙江省软科学研究计划项目（编号2017C35059）等多个项目立项资助。本著作是水英博士多年课题研究的成果结晶，我由衷为她感到高兴！

本著作的主旨在于针对中国企业对非洲直接投资不断扩张的实际，将知识转移理论引入对非洲直接投资研究领域，构建基于全球价值链视角下中国企业对非洲直接投资知识转移理论分析框架，继而在该框架的指导下，开展对非直接投资知识转移理论和实证研究。本书的研究创新主要体现在以下四个方面：

（1）综观国内外文献，鲜有学者从全球价值链以及知识转移视角系统研究中国企业对非洲直接投资问题。在非洲直接投资的中国企业要想避免价值链低端嵌入带来的种种不利影响，需要加快提升自主创新能力，建立有效的跨国知识转移机制，积极构建合作共赢的全球价值链。基于此，本研究在全球价值链转型升级的背景下，将知识转移理论引入对非直接投资研究，深入分析了中国企业对非洲直接投资过程中知识转移问题，并构建了一套基于全球价值链视角的对非洲国家直接投资知识转移理论。该理论拓展了中国企业对非洲直接投资研究的视角，同时将知识转移理论拓展至对非洲直接投资层面，也是对知识转移理论的有益补充。

（2）将全球价值链驱动模式和知识转移网络有机结合，梳理分析中国企业对非洲直接投资知识转移机制。本研究将知识转移网络框架进行梳理，区分为跨国公司与当地同行企业、供应商、客户、政府等之间的知识转移外部网络以及跨国母子公司之间实现知识交互、共享的内部网络。同时，将全球价值链区分为生产者驱动、购买者驱动以及混合型驱动三种模式，结合龙源电力、鹿王集团以及华坚集团等代表性跨国企业，运用案例分析法分析不同驱动模式下中国企业对非洲直接投资外部网络知识转移机制以及内部网络知识转移机制。

（3）结构方程模型（SEM）整合了路径分析、因子分析与一般统计检验方法，可分析变量之间的相互因果关系，同时又包括了因子分析与路径分析的优点，从而使实证结果更符合现实情况。因此，本研究运用 SEM 这一流行于心理学、教育学和市场营销学等领域并处于统计分析技术较前沿的方法，就中国企业对非洲直接投资知识转移的影响因素进行了实证检验。

（4）Vensim 仿真方法能够同时以图形与编辑语言的方式建立系统动力学模型，具有模型易于构建和能够人工编辑 DYNAMO 方程式的优点，除具有一般的模型模拟功能外，还具有复合模拟、数组变量、真实性检验、灵敏性测试、模型最优化等强大功能。本研究借助 Vensim 这种仿真方法，在理论分析的基础上，就中国企业对非洲直接投资知识转移系统进行建模并进行模型检验和分析，为中国企业进一步提升对非洲直接投资知识转移效果提供有参考价值的指导性意见。

目前，中非关系已处在全新的历史起点上，"一带一路"中非产能合作和人文教育交流还处于持续推进和全面发展中，这也为学术研究提供了更为广阔舞台和疆域。我们有理由期待，我国的中非合作研究将迈向更高层次。在这条研究道路上，金水英博士迈出了新的步伐，并取得了可喜的成绩。作为她的博士后导师，我希望水英博士能够在中非合作研究上进行更深入的探索和创新，从而取得更大的成绩。本著作为中国对非洲直接投资知识转移研究无疑做了有益探索和建树，也期待国内外学者进一步关注中国对发展中国家直接投资知识转移现象，并取得更丰富的研究成果。

河海大学

田　泽

二〇一九年四月

前　言

20 世纪 50 年代，在新中国第一代领导人和非洲政府的努力下，双方开启中非合作新纪元。进入 21 世纪以来，在中国政府"走出去"战略和中非合作论坛的推动下，中国企业在非洲的直接投资迅猛增长，中国已成为非洲第一大贸易伙伴国。2015 年 12 月，习近平主席在约翰内斯堡峰会上提出把中非关系提升为全面战略合作伙伴关系。这为中国企业对非洲直接投资向着更广更深层次迈进打下了坚实基础。2018 年 9 月，中国政府在中非合作论坛北京峰会上提出，未来 3 年和今后一段时间，中非合作重点实施"八大行动"，鼓励中国企业扩大对非投资，在非洲新建和升级一批经贸合作区，特别是制造业等传统及新兴领域扩大对非洲投资，支持非洲更好地融入全球和区域价值链。在中非关系日趋紧密的大背景下，中国企业兴起对非投资热潮。据中国商务部统计，截至 2018 年底中国在非洲投资存量超过 460 亿美元，几乎遍布非洲各国。

2016 年 4 月 15 日，在义乌举办的中非智库论坛第五届会议上，联合国非洲经济委员会社会发展政策司司长塔克伊娃·马努赫指出，中非产能合作中，人力资源、技术经验资本等软资源非常重要，中国企业对非洲的投资应加强对非洲当地员工的教育技术培训，提升知识转移效果。知识经济时代，企业获取持续竞争优势的关键，在于促进知识有效转移和流动的能力。对于在非洲直接投资的中国企业而言，制定有效的跨国知识转移机制，是提升企业国际竞争力的关键所在。而根据全球价值链理论，企业实现转型升级的关键在于知识技术的不断创新与进步。在非洲直接投资的中国企业要想避免价值链低端嵌入带来的种种不利影响，需要加快提升自主创新能力，建立有效的跨国知识转移机制，积极构建合作共赢的全球价值链，这样才能在国际分工中获得丰厚利润。本著作以此为切入点，探究全球价值链视角下中国企业对非洲直接投资的知识转移研究，并从三个层面构建研究内容与框架，分别是基础层面、理论层面和实证研究层面，据此得出研究结论并给出相关政策建议，最终为相关研究领域提出新的研究展望。

1. 在基础层，本著作主要包括第1章的绪论和第2章的文献综述两大部分，由此为本著作从实践和理论两个视角给出选题缘由，帮助我们聚焦选题，为后续理论框架的构建及实证研究的开展做好铺垫。

第1章，绪论。旨在为全书提供概览和导读。本章在中非合作日趋紧密的现实背景下阐述了本书的研究意义，从总体上界定了研究目的与研究内容，接着概述了本书的研究方法、结构安排与技术路线，最后对本研究的可能创新点进行了归纳，并对书中涉及的全球价值链、全球价值链驱动模式等重要概念进行了解释说明。

第2章，文献综述。本章主要从全球价值链、对外直接投资、知识转移、对非洲直接投资等方面回顾相关研究成果，并对国内外相关研究的基本情况、主要观点、方法和模型进行总结述评，旨在找出基于全球价值链视角研究我国企业对非洲直接投资的知识转移问题的研究线索，这也是本书的研究动机与目的所在。

2. 理论层面，主要包括第3章的全球价值链视角下对非洲国家直接投资知识转移理论和第4章的中国企业对非洲直接投资的知识转移机制。

第3章，全球价值链视角下对非洲国家直接投资知识转移理论。首先，借鉴已有的国内外文献理论分析界定对外直接投资的概念、类型等内容，并对对外直接投资的分类依据进行详细论述。其次，在探讨知识转移时，引入知识的概念、分类及知识转移的内涵等。接着，提出全球价值链的概念和驱动模式，从理论上定性分析全球价值链视角下对非洲国家直接投资知识转移本质，从接受中国企业投资的非洲国家和对非洲国家投资的母国两个角度深入剖析直接投资影响知识进步的微观机理，并提出对非直接投资进入模式本身对于中非双方的知识进步而言具有不同的优势和劣势的观点，详细阐明不同对非直接投资进入模式对三种全球价值链驱动模式下全球价值链升级的影响机理。最后，构建基于全球价值链视角的"中国企业对非洲直接投资知识转移机制—中国企业对非洲直接投资知识转移影响因素—中国企业对非洲直接投资知识转移系统动力学分析"三维度的对非直接投资知识转移理论框架，以为后续章节的研究做好理论铺垫。

第4章，中国企业对非洲直接投资的知识转移机制。首先，分析了中国企业对非洲直接投资过程形成的知识转移网络，包括跨国公司与东道国政府、供应商、客户、同行企业以及当地居民等组织之间形成的外部网络和跨国公司母子公司之间形成的内部网络。接着，在已有研究的基础上，将全球价值链区分为生产者驱动模式、购买者驱动模式以及混合型驱动模式，并针对对非直接投资过程形成的内外部网络进行针对性的知识转移机制分析。外部网络机制部分主要包括两部分，一是资源寻求、产能合作及中国致力于攀升全球价值链链条等动机的向外知识转移；二是源于提升核心竞争力、弥补跨国集团公司运作模式缺陷动机的向内知识转移。内部网络机制也包括两部分，其一，源于传承企业核心价值观念、实现业务目标和企业持续价值增值动机的顺向知识转移；其二，源于提升非洲子公司战略地位和方便母公司获取先进知识资源动机的逆向知识转移。在以上四个主要知识转移方向中，分别结合了龙源电力、鹿王集团以及华坚集团等代表性案例，从知识转移动机、知识转移途径、知识转移影响因素等方面详细分析了不同全球价值链驱动模式下的知识转移机制。为后续的实证分析构建起理论架构。

3. 实证研究层面，主要通过赴非洲企业实地调研、国内企业实地调研、发放电子邮件调查、问卷星在线调查等方式进行对非直接投资过程的知识转移影响因素分析和基于系统动力学的知识转移内部网络机制分析，旨在有效识别知识转移过程的主要因素，为相关企业管理者就如何提升知识转移效果提供借鉴和参考。具体包含第5章和第6章。

第5章，中国企业对非洲直接投资知识转移影响因素分析。在基础层面的文献综述基础上总结出学者们就对外直接投资知识转移影响因素的研究主要着眼于知识特性、知识源企业、知识接受方、知识转移环境等方面。但其结论主要基于对发达国家投资的知识转移影响因素分析，鲜有研究围绕发展中国家展开。本章以此为切入点，聚焦于对非洲国家直接投资的现实背景，将影响对非直接投资知识转移的因素归纳为知识源企业、知识接受方企业、知识属性、情境因素四个维度，运用结构方程模型（SEM）实证检验投资方中国母公司与被投资方非洲子公司之间的知识转移影响因素，从而促进知识的高效转移，重塑合作共赢新型全球价值链，有效提升自身分工地位。

第6章，中国企业对非洲直接投资知识转移系统动力学分析。在理论层面的知识转移机制分析中可知，对非直接投资知识转移网络是一个复杂系统，且由于知识的内隐性、复杂性、专用性等属性使得知识转移结果难以度量。在对非投资的整个过程中，知识转移的效果具体如何？需要进一步细化研究。因此，本章节采用定性分析和定量研究相结合的系统动力学这一以反馈控制理论为基础的系统分析方法，着眼于知识转移的影响因素，对中国企业对非洲直接投资知识转移系统建立模型并进行检验与仿真分析。为简化研究，此部分将知识看作是一种动态物质，并根据前文的基础分析和理论分析将中国企业对非洲直接投资知识转移影响因素分成知识源属性、知识接受方属性、知识属性和情境属性四个层面。其中知识源属性包含了转移意愿和转移能力两个方面特性，知识源企业的转移能力可通过转移意愿反映，为了简化模型，本章节不考虑知识源的转移能力因素；知识接受方属性包含知识接受方企业的接受意愿和吸收能力；知识属性包含了知识内隐性这一特性；情境属性包含了组织文化、制度、组织信任度、政策环境和企业领导风格等情境，且为了简化研究，提炼出文化距离和领导支持度两个代理变量。此外，基于全球价值链视角纳入全球价值链因素来描述对知识转移系统的影响，全球价值链的衡量指标包括参与指数和地位指数。最终通过系统仿真结果检验影响因素对知识转移的影响效果，进而为提升知识转移效果提供针对性建议。

4. 接着，根据第4章知识转移机制理论分析、第4章知识转移影响因素实证检验结果及第6章知识转移系统动力学仿真结果，在第7章从内外部网络两个维度有针对性地提出促进中国企业对非直接投资知识转移的策略及建议。

最后，在上述理论和实证研究的基础上，总结出主要的研究结论，并提出可进一步细化研究的方向。主要研究结论包括：

（1）中国企业对非洲直接投资知识转移外部网络结构主要是子公司与东道国政府、同行企业、供应商以及客户等组织构成的知识转移外部关系网。影响外部网络知识转移效果的因素主要有关系嵌入、位置嵌入和文化距离。

第一，在关系嵌入方面，公司与外部组织之间的联系越紧密，关系嵌入程度越深，外部网络结构中知识转移的效果越好。反之，关系嵌入程度越浅，网络结构中知识转移的效果越差。第二，占据核心位置的跨国企业会获得更有优势的地位、信息和资源，并借此攫取非洲地区更丰厚的利润。同时，跨国公司在非洲地区的嵌入位置越深，同行企业、供应商以及当地政府对其信任程度越高，跨国公司在向外转移知识、产品时受到的阻碍也会大大降低。第三，在文化距离方面，双方文化差异越显著，外部网络知识越难转移。这种文化不仅包括中非之间历史文化发展的差异，还包括双方在宗教信仰、语言文化等方面的差异。

（2）中国企业对非洲直接投资知识转移内部网络结构主要是母子公司之间构成的知识转移内部关系网。影响内部知识转移效果的因素主要有知识源企业、知识接受方企业和情境属性。第一，知识源企业。包括知识提供方的转移意愿和转移能力两方面。其中，知识源企业的知识转移经验越丰富，知识转移能力越强，知识转移意愿越明显，越能促进知识的高效转移。第二，知识接受方企业。主要包括知识接受方企业的知识基础、吸收能力和学习氛围。知识接受方企业的知识储备越丰富，吸收能力越强，学习氛围越浓厚，越有利于中非之间知识的有效转移。第三，情境属性。具体表现为知识转移双方企业的国家制度文化、产业政策环境、领导风格、知识管理系统和组织文化等越相近，越有利于知识的高效转移。

（3）中国母公司与非洲子公司的知识存量和知识创新量普遍呈现增长态势。具体表现为转移初期中国母公司的知识创新量远大于非洲子公司；中国企业对非洲直接投资知识转移过程，中国母公司知识存量主要来源于自身的知识创新量，而非洲子公司的知识存量主要包括自身的知识创新量和知识转移量；此外，转移过程中非双方企业知识存量均有所增加，知识转移实现双赢。

（4）中国母公司和非洲子公司的知识老化量一定时期后普遍呈增长方式变化。在中国企业对非洲直接投资知识转移过程中，知识源企业和知识接受方企业双方知识的老化具有一定的滞后性，且当双方知识开始出现老化现象后，双方的知识老化量都随着时间的变化呈增长态势。

（5）知识内隐性、领导支持度知识接受方企业接受意愿影响中国企业对非洲直接投资知识转移的效果。领导支持度越高，知识内隐性越低，知识接受方企业接受意愿越强，越有利于知识的高效转移。

（6）转移阈值、中国全球价值链分工中的参与指数和地位指数影响中国企业对非洲直接投资的知识转移。其中，转移阈值的提高、中国在全球价值链分工中的参与指数和地位指数的提高，均能在一定程度上促进中非双方的知识转移。

学术研究在对相关实践做出指导的同时，还需要对相关研究领域有所拓展。因此，期待本专著能为基于全球价值链视角的对外直接投资领域的研究有所增益，但任何研究都是针对局部的改进或发展，因此本专著最后对研究不足进行分析和展望，以期国内外学者进一步关注对发展中国家直接投资知识转移现象，并得出更多经得起检验的研究成果。当然由于研究水平的不足，尽管笔者付出了很大的努力，本著作肯定还存在许多疏漏粗浅和不当之处，敬请各位学界同仁和读者批评指正。

第1章　绪　　论

本章作为绪论，旨在为全书提供概览和导读。本章首先在阐述选题背景、研究意义的基础上，从总体上界定了研究的目的与内容；接着概述了本书的研究方法、结构安排与技术路线；最后对本研究的可能创新点进行了归纳，并对书中涉及的一些主要概念进行了解释说明。

1.1　研究背景和意义

1.1.1　研究背景

顺应世界多极化、经济全球化潮流，秉持合作共赢的理念，国家主席习近平在 2013 年提出了"一带一路"（即丝绸之路经济带和 21 世纪海上丝绸之路）倡议。由于我国国内产能过剩，大量的劳动力密集产业将逐渐转移出去。世界上能够承接这么大规模劳动密集型产业转移的地方只有非洲。世界银行前高级副行长兼首席经济学家林毅夫认为，"一带一路"有必要加上习主席 2013 年出访非洲提出的"中非共同体"的非洲战略，成为"一带一路一洲"。"一带一路一洲"战略将为中国企业"走出去"带来重大发展机遇，有利于产业转移。在中非合作论坛的推动下，截至 2018 年 9 月 6 日，我国与非洲 37 国以及非洲联盟签署了共建"一带一路"政府间谅解备忘录。

非洲是世界第二大洲，有着约 12 亿人口的消费市场，这一庞大的潜在消费市场，已成为世界范围内广受关注的直接投资新热点。首先，非洲自然资源储量丰富，铬铁、钴、铂族金属、黄金、锰、磷酸盐、铝土、钛、金刚石、钒等矿产的储量都居世界前列，造就了非洲具有巨大的开发潜力；其次，非洲经济发展速度稳步向前，有着较高的投资回报率。据美国商务部的统计，非洲各国的外国直接投资回报率达到 24% ~30%，远高于其他地区 16% ~18% 的回报水平；再次，非洲许多地区在联合国以及国际社会的推动下，动荡不安的政局趋于稳定，投资风险降低，为我国企业提供了更加稳定的投资环境。同时，随着非洲各国政府意识的转变，出台了越来越多的吸引外国投资的政策和改善商业环境举措。作为新的投资焦点，当发达国家如欧美等在非洲市场上尚未占有绝对优势之前，加快进入非洲市场的步伐有利于我国抢占先机。

中非合作源远流长，堪称南南合作的典范。21 世纪以来，随着中国政府"走出去"战略的实施、中非合作论坛的成立以及中非发展基金的设立，中非合作不断迈上新的台阶。近 10 年来中国企业在非洲的直接投资迅猛增长，中国已成为非洲第一大贸易伙伴国。2015 年，非洲联盟发布的《非洲 2063 发展议程》明确提出，到 2063 年非洲制造业占其地区生产总值的比重要达到 50% 以上，吸纳新增就业 50% 以上。而中国拥有门类齐全、独立完整的产业体系，正在积极推进国际产能合作。中国优势产业和产能符合非洲工业化需要，而非洲具备承接中国产能的强烈意愿和需求。加强中非产能合作，是两国经济发展的共同需求。2015 年 12 月，国家主席习近平在中非合作论坛约翰内斯堡峰会上提出把中非关系提升为全面战略合作伙伴关系，宣布中方将在未来 3 年同非方重点实施"十大合作计划"，并决定提供 600 亿美元的资金支持。这为中国企业对非洲直接投资、中非产能合作向着更广更深层次迈进打下了坚实基础。2018 年 9 月，在中非合作论坛北京峰会上，中非未来合作的重点进一步细化至"八大行动"，积极鼓励中国企业不断扩大对非投资量，在非洲升级和新建一批经贸合作区，以此助推中非区域价值链的构建。

21 世纪是知识经济时代。知识基础观（knowledge based view of the firm）认为，知识是企业竞争优势的重要来源，在非洲直接投资的跨国企业之间的竞争主要表现为技术和知识的竞争。但跨国企业持续获取竞争优势的关键，不是企业知识存量，而是企业促进知识有效转移和流动的能力。非洲工程技术教育水平低，90% 受教育人才为人文科学背景，工业化建设所需的自然科学、技术以及工程类人才极度短缺。深化教育合作、加强技术培训是产能合作的基础。在中非产能合作中，非洲国家希望扩大中非教育合作。2018 年 9 月，中国商务部表示，为进一步落实中非合作论坛北京峰会的相关经贸成果，将在"一带一路"倡议推动下，加强中非基建合作。目前，非洲已成为中国重要的海外工程承包市场，中国企业参建的工程项目，为非洲国家带来了切实便利。同时，针对北京峰会上提出的"八大行动"包含实施绿色发展行动，随着"一带一路"建设深入推进，中国的绿色技术和创新优势将得到充分释放，中非在清洁能源领域的合作潜力巨大。中国对非投资企业将同非洲加强在应对气候变化、应用清洁能源领域的技术交流合作。

在经济全球化的背景下，企业之间的竞争更多体现为价值链的竞争。根据全球价值链理论，研发技术和品牌服务环节属于全球价值链中附加值最高的环节，企业实现转型升级的关键则在于知识和技术的不断创新与进步。当前，中国对外直接投资已经成为拉动全球对外直接投资的重要引擎。2019 年 3 月，商务部在十三届全国人大二次会议记者会上表示，政府的进一步工作是从搭平台、强能力以及防风险三个方面引导中国企业对外理性投资。在非洲直接投资的中国企业要想摆脱价值链低端嵌入带来的种种不利影响，同样需要从以上三个方面加快提升自主研发创新能力、国际化投资和运营能力，建立有效的跨国知识转移机制，积极主动链入全球价值链高附加值环节，并构建合作共赢的全球价值链，提升跨国企业整体价值链附加值，这样才能在国际分工中获得丰厚利润。本书以此为切入点，探讨全球价值链视角下的中国企业对非洲直接投资的知识转移机制，并提出实施对策与建议。

然而，已有的对外直接投资知识转移研究大多将视角定为西方国家对我国企业直接投资展开，很少涉及我国企业对外直接投资中的知识转移问题，而且鲜见运用全球价值链理论探究对外直接投资的知识转移问题。迄今为止，专门从全球价值链视角探究中国企业对非洲直接投资的知识转移机制的研究甚少。全球价值链理论的提出，为我们研究对外直接投资的知识转移问题提供了一个新的思路。本书将引入全球价值链理论构建一套对外直接投资知识转移理论分析框架，并在该框架的指导下研究我国企业对非洲直接投资的知识转移机制问题。

1.1.2 研究意义

中非经贸合作是南南合作的重要组成部分，非洲已成为中国海外直接投资主要目的地。在目前经济全球化的态势下，基于全球价值链的视角，研究中国企业对非洲直接投资的知识转移问题，揭示对非直接投资过程中的知识转移机制，探寻知识转移效果提升的对策路径，具有一定的理论与现实意义，主要表现在：

第一，过去的几年里，对外直接投资、知识转移、全球价值链已成为各大媒体出现频率很高的词汇，但综观国内外文献，鲜有学者从全球价值链视角出发就我国企业对非洲直接投资知识转移进行系统的理论和实证研究。因此，本研究是对全球价值链理论、对外直接投资理论和知识转移理论的丰富与发展。本课题结合中非合作的实际情况，基于提升我国企业在全球价值链的链节提升和实现产业升级的目的，研究我国企业对非洲直接投资知识转移的机制和影响因素，形成相对系统的研究体系，探索新的研究路径和方法，丰富了全球价值链理论、对外直接投资理论和知识转移理论的交叉研究。

第二，知识经济时代，企业获取持续竞争优势的关键在于促进知识有效转移和流动的能力。本研究探讨全球价值链视角下的中国企业对非洲直接投资的知识转移问题，可以指导我国企业对非洲直接投资的知识管理战略和经营管理实践。有助于在非洲直接投资的中国企业重视知识在对外直接投资竞争和发展中不可替代的作用，从而在企业规划中注重知识的培育，促进知识转移、获取持续竞争优势，对促进中非经贸快速健康发展具有较强的现实意义。同时，本研究对中国在其他发展中国家直接投资的知识管理战略也可提供借鉴范式和参考，具有一定的推广应用价值。

此外，在全球化竞争的时代，所有的企业都面临来自全球范围的激烈竞争，对非直接投资企业如何提升全球价值链的链节、建立自己的核心竞争力是应对经济全球化带来的机遇和挑战所必须考虑的问题。本研究通过知识转移和全球价值链治理分析，可以让对非直接投资企业在保证知识转移效果的同时时刻警惕自身在全球价值链中的位置，增强知识技术的积累，提高进入壁垒，不断提升中国企业在全球价值链中的地位。

1.2　研究目的与内容

本研究围绕"中国企业对非洲直接投资的知识转移机制"这一中心命题展开，把我国企业对非洲直接投资的知识转移问题纳入全球价值链这一视角中加以考察，旨在提升投资非洲的中国企业在全球价值链中的链节。课题遵循"理论构架→机制构建→实证分析→系统仿真→对策建议"的研究思路，首先，在文献研究的基础上，构建全球价值链视角下中国企业对非洲直接投资的知识转移理论模型，突出理论的创新性；然后，针对不同的全球价值链驱动模式，分析全球价值链视角下中国企业对非洲直接投资的知识转移机制；接着在系统梳理我国企业对非洲直接投资知识转移网络结构脉络基础上，实证分析我国企业对非洲直接投资知识转移影响因素；继而，构建中国企业对非洲直接投资知识转移效果的系统动力学仿真模型，对投资非洲中国企业的知识转移效果进行评价；最后，提出我国企业对非洲直接投资知识转移战略管理的政策建议。本研究认为，全球价值链视角下中国企业对非洲直接投资的知识转移机制研究可主要从以下几方面展开：

1. 全球价值链视角下中国企业对非洲直接投资知识转移的多维理论构架

采用全球价值链理论、对外直接投资理论、知识管理理论、复杂系统理论和数理模型等相结合的主导分析方法，并形成经济学、管理学、国际关系等多学科的多维理论分析构架，聚焦中国企业对非洲直接投资的知识转移，分析全球价值链整合与对非洲直接投资知识转移的关系，拟构建全球价值链视角下中国企业对非洲直接投资的知识转移理论分析框架，为后续课题内容的研究提供理论支撑。

2. 中国企业对非洲直接投资的知识转移机制

借鉴格里芬（Gereffi，1994，2005）、张辉（2006）等学者观点，将全球价值链分类为生产者驱动模式、购买者驱动模式和混合驱动模式，并指出不同全球价值链模式下，知识转移机制不同。接着，在知识转移网络分析的基础上，运用网络组织理论、复杂系统理论和系统分析法，构建不同全球价值链驱动模式下中国企业对非洲直接投资的知识转移机制，包括知识转移外部网络运行机制以及内部网络运行机制。

3. 中国企业对非洲直接投资的知识转移影响因素

分析中国企业对非洲直接投资的知识转移现状，基于全球价值链视角，在梳理国内外文献综述的基础上，总结出学者们就对外直接投资知识转移影响因素的研究主要着眼于知识特性、知识源企业、知识接受方、知识转移环境等方面。本研究同样基于知识转移四要素模型，进而从知识源企业、知识接受方企业、知识属性、情境因素等角度设计指标，通过问卷调查和公开统计资料搜集数据，运用结构方程模型（SEM）实证分析中国企业对非洲直接投资知识转移的影响因素。

4. 中国企业对非洲直接投资知识转移机制的系统动力学分析

运用系统动力学方法就中国企业对非洲直接投资知识转移这一复杂系统进行系统动力学建模，分析系统元素之间的因果关系，得出知识转移因果关系图和系统流图。同时，通过建立方程和设定初始参数值，运用 Vensim 仿真软件对其进行模拟仿真，以验证所构建的中国企业对非洲直接投资知识转移机制的有效性。

5. 中国企业对非洲直接投资知识转移对策建议

基于前五部分的研究结论，借鉴发达国家海外投资知识转移战略管理的成功经验，分别从知识转移内部网络和外部网络两个维度，提出中国企业对非洲直接投资知识转移战略管理的对策建议，旨在提升这些企业在全球价值链中的链节。

1.3　研究方法、结构与技术路线

1.3.1　研究方法

本书是一个多学科交叉理论基础研究，涉及全球价值链理论、对外直接投资理论、知识管理理论、复杂系统理论等多学科领域，这就要求研究过程中，注意多种研究方法的综合运用，以达到研究的深入和结论的科学、正确。在研究过程中，特别注意以下研究方案的应用：

（1）文献研究法：查阅了国内外全球价值链、对外直接投资、知识转移、计量经济学、复杂系统等领域的相关文献，从而使本研究得以站在前人的肩膀上思考问题。事实上，在提出本研究新观点的同时，也吸收了其他研究者大量的有益观点和论述，这些前人的成果为本书的理论研究提供了支持，也为本书的实证研究提供了理论依据。

（2）系统分析法：本研究遵循"整—分—合"的系统思维模式，采用理论分析与实证分析相结合的方法构建结构框架。首先，在对全球价值链理论、对外直接投资理论、知识管理理论进行整合的基础上，建立全球价值链视角下中国企业对非洲直接投资知识转移的多维理论总体框架。其次，分别从我国企业对非洲直接投资知识转移机制、知识转移影响因素、知识转移系统动力学仿真等几个方面进行具体分析。最后，在问题分析研究的基础上，综合性地提出本书的研究结论，并对后续研究的可能方向进行了展望。

（3）问卷调查法：为了掌握第一手资料进行实证分析与评价，根据研究问题并参考国内外相关研究，设计调查问卷，对投资非洲的中国企业和在非洲的被投资企业开展实地考察。同时，对在非洲投资中国企业的中高层管理者、合作项目的负责人开展问卷调查。为了保证问卷设计的效度，本研究量表的形成经过文献追踪、本土化修正、专家评估、试调查、修改完善等一系列过程。问卷主要包括现场回收纸质问卷、问卷星或 Email 回收电子问卷。

（4）实证研究法：在进行中国企业对非洲直接投资知识转移影响因素分析过程中，采用结构方程模型等数理统计方法。课题还采用案例分析法，选取典型案例进行中非直接投资知识转移机制分析。这些方法的应用确保了实证研究结果的可靠性。

（5）系统动力学方法：本书运用系统动力学方法就中国企业对非洲直接投资知识转移进行系统动力学建模，并运用 Vensim 等仿真软件对其进行模拟仿真，以验证中国企业对非洲直接投资知识转移机制的有效性。

1.3.2　研究结构与技术路线

1. 研究结构

本书共分 8 章，具体结构安排如下：

第 1 章，绪论。该章在阐述选题背景、研究意义的基础之上，从总体上界定了研究目的、研究内容、研究方法、结构安排与技术路线，并介绍了本研究的创新点，为全书提供概览和导读。

第 2 章，文献综述。本章系统回顾了对外直接投资、知识转移、全球价值链等相关研究及其应用成果，对这些理论国内外研究的基本情况、主要关注的问题以及主要观点和方法进行综述。最后，对已有研究中存在的或缺进行分析总结，并提出本研究的切入方向。

第 3 章，全球价值链视角下对非洲直接投资知识转移理论。本章借鉴已有的国内外文献理论分析界定对外直接投资的概念、类型等内容。接着，界定知识的概念、分类及知识转移的内涵等。最后，提出全球价值链的概念和驱动模式，从理论上定性分析全球价值链视角下对非洲国家直接投资影响知识进步的微观机理，并构建基于全球价值链视角的对非洲直接投资知识转移理论分析框架，以为后续章节的研究做好理论铺垫。

第 4 章，中国企业对非洲直接投资的知识转移机制。本章在现有研究的基础上，将全球价值链区分为生产者驱动模式、购买者驱动模式以及混合型驱动模式，在简单分析中国企业对非洲直接投资知识转移网络结构后，基于中国企业对非洲地区直接投资现状，从知识转移动机、知识转移路径以及影响因素三方面，并结合龙源电力、鹿王集团以及华坚集团等代表性案例，从理论上定性分析不同驱动模式下内外部知识转移机制，为后续章节的实证分析做好理论充实。

第 5 章，中国企业对非洲直接投资知识转移影响因素分析。将知识源企业、知识接受方企业、知识属性、情境因素作为影响中国企业对非洲直接投资知识转移的四大因素，只是一个直观判断的结果。我们必须对四个维度的因素进行实证检验。本章将基于知识源企业、知识接受方企业、知识属性、情境因素四个维度，运用结构方程模型（SEM）实证检验投资方中国母公司与被投资方非洲子公司之间的知识转移影响因素。实证结果表明，知识源企业、知识接受方企业、情境因素等显著影响中国企业对非洲直接投资知识转移绩效。

第 6 章，中国企业对非洲直接投资知识转移系统动力学分析。本章将从全球价值链视角出发，基于前文中国企业对非洲直接投资的知识转移机制分析，借助 Vensim 这种仿真方法，在理论分析的基础上，就中国企业对非洲直接投资知识转移系统进行建模并进行模型检验和仿真分析。

第 7 章，中国企业对非洲直接投资知识转移策略建议。本章基于上述中国企业对非洲直接投资知识转移的理论和实证研究，同时借鉴发达国家海外投资知识转移战略管理的现有成功经验，针对我国企业对非洲直接投资知识转移的影响因素和机制分析，根据系统动力学仿真结果，从内外部网络两个维度提出中国企业对非投资知识转移战略管理的策略建议，从而提升这些企业全球价值链升级的能力。

第 8 章，结论与展望。本章总结概括全书的研究结论，并在分析本研究不足的基础上，对后续研究方向进行展望。

2. 研究技术路线

在研究过程中，本书始终坚持理论研究与实证研究相结合、定性分析与定量分析相结合的原则，避免单一分析手段的局部缺陷以及可能引起的结果偏差，从而更为全面地揭示中国企业对非洲直接投资的知识转移机制。定性分析得到普遍性的理论基础，定量分析基于数据平台对定性分析的理论进行检验。首先，笔者在背景分析与文献研究的基础上确定研究拟解决的主要问题，建立研究的理论架构；其次，在翔实的样本数据基础上，应用结构方程模型、系统动力学仿真等统计分析方法对理论进行实证检验；最后，对本研究达成的结论、存在的不足及进一步研究方向进行总结和讨论。本研究的技术路线如图 1-1 所示。

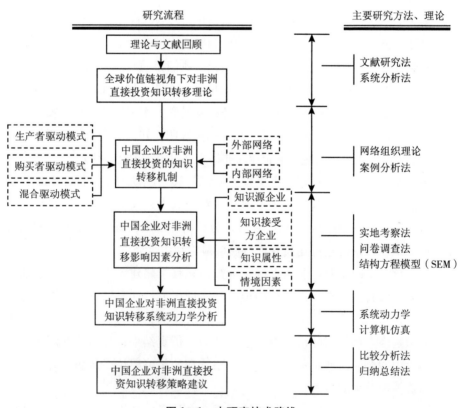

图 1-1　本研究技术路线

1.4 研究创新

本书的研究创新主要体现在以下五个方面:

(1)根据全球价值链理论,企业实现转型升级的关键在于知识技术的不断创新与进步。在非洲直接投资的中国企业要想避免价值链低端嵌入带来的种种不利影响,需要建立有效的跨国知识转移机制。本书基于全球价值链视角研究中国企业对非洲直接投资知识转移的机制,为我国企业海外投资知识转移战略管理和转型提供了一种新的思路。

(2)综观文献,鲜有研究涉及我国企业对非洲直接投资的知识转移问题。本研究采用全球价值链理论、对外直接投资理论、知识管理理论、复杂系统理论和数理模型等相结合的主导分析方法,构建经济学、管理学、国际关系等多学科的多维理论分析构架,系统研究中国企业对非洲直接投资的知识转移机制问题,一定程度上可丰富国内该领域的研究成果。

(3)在我国企业对非洲直接投资的知识转移机制研究的基础之上,借鉴发达国家海外投资知识转移战略管理的成功经验,基于全球价值链升级统筹谋划和推进中国企业对非洲投资知识转移的战略调整和治理,提出有针对性的对策及政策建议,具有重要的决策参考价值。

(4)运用结构方程模型整合了路径分析、因子分析与一般统计检验方法,可分析变量之间的相互因果关系,包括了因子分析与路径分析的优点。同时,它又弥补了因子分析的缺点,考虑到了误差因素,不需要受到路径分析的假设条件限制,从而使实证结果更符合现实情况。因此,本研究运用结构方程模型(SEM)这一流行于心理学、教育学和市场营销学等领域并处于统计分析技术较前沿的方法对中非直接投资知识转移的影响因素进行了实证检验。

(5)本研究借助 Vensim 这种系统仿真模型,建立了中国企业对非洲直接投资知识转移效果评价体系,通过分析变量之间的因果逻辑关系建立因果回路图和存量流量图,并在此基础上建立方程和进行参数赋值,建立中国企业对非洲直接投资知识转移系统模型,进行仿真分析。该模型的应用能为中国企业未来提升对非洲直接投资知识转移效果提供有参考价值的指导性意见。

1.5 本研究的重要概念界定

本研究的论述涉及了一些重要概念，现将这些概念及其解释归纳如下：

1. 全球价值链

全球价值链在本研究中为广义概念，指在全球范围内为实现商品或服务价值，而连接研发设计、生产、销售、售后服务等过程的全球性跨企业合作组织。散布于全球的处于价值链上的企业进行着从设计、产品开发、生产制造、营销、交货、消费、售后服务、最后循环利用等各种增值活动。

2. 全球价值链驱动模式

驱动模式是全球价值链理论中的一个组成部分，也是其理论基础。关于驱动模式的界定，格里芬等（Gereffi et al., 1994）在全球商品链（2000 年改称为全球价值链）研究中给出了生产者驱动型以及采购者驱动型全球价值链运行模式。然而在实际经济活动中，有许多全球价值链同时存在着购买者驱动和生产者驱动的特征，成为混合驱动型全球价值链。按照主流全球价值链理论，全球价值链驱动模式可以划分为生产者驱动型、购买者驱动型以及混合驱动型三种模式。结合中国企业对非洲直接投资知识转移现状，本研究亦采纳此思路将全球价值链驱动模式区分为生产者驱动模式、购买者驱动模式以及混合型驱动模式。

其中，生产者驱动模式是指由大型制造商（通常为发达国家大型跨国生产者）充当领导企业，通过海外直接投资推动市场需求，经过向前与分销零售建立密切联系，向后控制原材料供应商实现生产过程的连接，从而形成全球生产供应链的垂直分工体系。

购买者驱动模式是指由大型采购商（通常为发达国家大型零售商、营销商或品牌制造商）充当领导企业，利用自身拥有的品牌优势或销售渠道，在建立销售网络的基础上，建立散布于全球（尤其是奉行出口导向战略的发展中国家或地区）的生产网络，并在其中起到控制与协调核心作用。

混合型驱动模式是指兼具生产者驱动和购买者驱动两者的特征，在致力于构建全球生产供应链垂直分工体系的同时，利用自身拥有的营销网络，建立全球销售体系。

3. 全球价值链升级

本研究采纳国际主流观点，全球价值链升级指的是从全球价值链的角度来研究的产业升级，是价值链之中或尚未嵌入的企业通过嵌入价值链获取技术进步和市场联系，从而提高竞争力，进入到增加值更高的活动中，主要通过以下四种方式。

一是流程升级，通过生产系统的重组或采用先进技术来提高价值链内部某环节效率（提高投入／产出比）以提高竞争力，如增加库存周转效率、缩短供货时间，等等；二是产品升级，通过引进新产品或改进已有产品，提高单位产品的附加值，用以超越竞争对手；三是功能升级，通过对价值链各增值环节的重新组合，增加新功能或放弃低附加值的功能；四是链条升级，利用从所在价值链中获得的能力或资源实现向另外一条价值链转移的升级方式。企业应当根据不同环节的准入壁垒所具有的不同特征来判断价值链中具有可持续性的增值活动，或者具有增值潜力的环节，并把握其动态变化态势，以预测未来的竞争趋势，为企业选择合适的切入点，嵌入全球价值链和谋求价值链升级提供重要的参考依据。

本研究认为在"一带一路"倡议和中非合作论坛背景下，中国企业对非洲直接投资的全球价值链升级，应以打造新时代更加紧密的中非命运共同体为指引，从被动嵌入全球价值链到主动构建合作共赢的全球价值链。

4. 对外直接投资

对外直接投资（Outward Foreign Direct Investment，OFDI），是指一国投资者跨国（境）投入资本、设备、无形资产，在国（境）外设立、购并企业，以获取有效的控制权和经营管理权，并获得持久收益为核心的投资活动。现阶段，跨国公司是 OFDI 的主要形式，自 20 世纪 50 年代以来，跨国公司及其对外直接投资的迅速发展引起西方学者的普遍关注，并形成了垄断优势理论、比较优势理论、国际产品周期学说、寡头垄断行为说、市场内部化学说及国际生产折中学说等各种旨在解释并阐述跨国公司对外直接投资行为的经济性动机。一般对外直接投资的动机包括获取原材料、寻求知识、降低成本、规模经济、稳定国内客户等战略性动机以及出于发挥其特定优势而进行对外直接投资的经济性动机。未来进一步发展对外直接投资对中国企业具有重大意义。

5. 知识转移

知识转移是知识从一个载体转移到另一个载体的过程。知识转移可以通过口头传授等非正式的方式，也可以通过组织建立正式的机制来进行。包括两个过程：传输（将知识发送或展示给潜在的接受者）和吸收（个人或团体对知识的吸收和利用）（陆雄文，2013）。跨国公司内的知识转移学派认为，跨国公司知识转移是一个学习、创造、共享和控制知识的过程，母子公司是嵌入型知识和迁移性知识的集合。跨国公司知识转移过程中，知识属性、知识接受方的动机水平和吸收能力、知识源转移意愿和转移能力，以及母子公司间的文化差异都可能影响企业间知识转移。

6. 知识转移机制

一般而言，机制是指一个系统中各元素之间相互作用的结构关系和运行方式。本研究的知识转移机制主要是指以下两方面。一是，中国企业对非洲直接投资过程中，跨国公司作为整体与非洲当地同行企业、供应商、客户以及政府等形成的外部网络中，双方实现技术标准、产品信息、客户需求以及优势资源等显性或隐性知识转移的结构关系和运行方式；二是，跨国母子公司作为独立主体形成的内部网络中，母子公司实现知识转移的结构关系和运行方式。

7. 知识转移效果

知识转移的效果是指企业对外直接投资知识转移过程中对于预定目标的达成程度。知识转移效果评价和提升的最终目标在于进一步给投资企业提供路径导向，增强企业在全球价值分工体系中的可持续发展能力以及进一步攀升的能力。就中国企业对非洲直接投资而言，中国企业在非洲地区的可持续竞争能力的达成程度能够衡量对非洲直接投资知识转移效果。本书将知识转移效果划分为员工个体绩效、小组团队绩效和组织绩效三个层面。

第2章 文献综述

本章主要从全球价值链、对外直接投资、知识转移、对非洲直接投资等方面回顾相关研究成果，并对国内外相关研究的基本情况、主要观点、方法和模型进行总结述评，旨在找出基于全球价值链视角研究我国企业对非洲直接投资的知识转移问题的线索，这也是本书的研究动机与目的所在。

2.1 对外直接投资相关研究

2.1.1 对外直接投资一般理论

对外直接投资（Outward Foreign Direct Investment，OFDI）理论产生于20世纪60年代，伴随着技术进步，跨国公司的增加和跨国投资的急剧发展，对外直接投资在国际资本流动中逐渐占据主导地位。越来越多的学者开始从政治、经济、文化等多个方面对跨国直接投资行为进行深入系统的研究，从而形成了角度各异、派别众多的当代对外直接投资理论。纵观对外直接投资理论发展史，大体上可以划分为两大理论体系，即以发达国家为研究对象的西方主流对外直接投资理论和以发展中国家为研究对象的对外直接投资理论。

1. 西方主流对外直接投资理论

以发达国家为研究对象的西方主流对外直接投资理论，主要包括垄断优势理论、市场内部化理论、产品生命周期理论、边际产业扩张理论、国际生产折中理论等。

（1）垄断优势理论。

美国学者斯蒂芬（Stephen，1960）首先提出"垄断优势理论"，标志着国际直接投资理论的兴起。该理论认为，对外直接投资是市场在结构上的非完善性产物，规模经济、技术垄断、商标以及产品特异等因素所引致的不完全竞争市场结构构成了跨国公司海外直接投资的前提条件；企业在商品市场和要素市场不完善，内外经济规模差异，政府对生产或进入的限制等不完全竞争条件下所具有的各种垄断优势是企业对外直接投资的决定性因素；企业对海外的直接投资必须具备某一方面优势地位，或有形或无形，并且所具有的优势可以抵销对外投资中的额外成本；具有垄断优势的企业通过海外投资，获取超额的利润，其中技术、管理经验等优势最为重要。该理论解释了跨国公司对外直接投资的动因，是具备各种垄断优势，而市场不完全则是垄断优势的根源。

随后，金德尔博格将该理论做了进一步的研究，完整的提出市场的不完全性包括产品四个方面：市场的不完全、要素市场的不完全、规模经济导致的市场不完全以及政府干预导致的市场扭曲。由于"生产要素的独占性"的存在，使得投资主体相较于东道国拥有垄断优势，能够生产东道国无法生产的产品，获取超额利润。随后研究中，凯夫斯（Caves，1971）从所有权优势出发，着重研究了产品异质性在对外投资中作用，如果企业生产的产品具有知识或者技术方面的异质性，那么企业在对外投资中就具有明显优势。

现实中广泛存在的是不完全竞争的市场，垄断优势理论相较于纯理论的完全竞争假说已经向前了一大步，该理论对于随后的国际间直接投资理论的发展具有重要意义。但是，垄断优势理论的应用存在局限性。事实上，一些发展中国家不具备垄断优势地位，但是其国内的企业仍然进行对外投资活动。因此，"由于企业具有垄断优势才会对外直接投"这一先决条件不完全成立。

（2）市场内部化理论。

巴克利等（Buckley et al.，1981）和加拿大学者拉格曼等（Rugman et al.，1981）共同提出了"内部化理论"，强调跨国公司的垄断优势集中体现在通过内部化的组织系统和信息网络把信息与技术优势放在公司内部转移上，认为这是企业进行对外直接投资的真正动因。该理论认为，市场的非完善性并不在于规模经济、寡占或关税壁垒等结构性因素，而在于不完全竞争状态下市场交易成本的增加，当企业内部交易成本低于市场交易成本时，内部交易、内部转让的内部化市场就会在企业内部形成，当这种内部化过程超越国界时，跨国公司就会应运而生，从而内部化优势促成了企业的海外直接投资。该理论以市场失灵为起点，以消除交易费用和经济风险为目的，来论证内部化的必要性和优越性，从生产一般的角度较好地解释了跨国公司的性质及其海外直接投资行为。

内部化理论的产生是对跨国公司理论研究的重要转折。相较于过往的研究，内部化理论更着重于各国企业间的国际分工、产品交换以及组织形式而非纯粹的对于发达国家对外直接投资动因和决定因素的研究。该理论的优势在于，能够解释大部分对外直接投资的动因，也能够从产品或者生产要素等其他方面分析决定因素，对于对外投资行为有了更深层次的理解。

（3）产品生命周期理论。

雷蒙德·弗农（Vernon，1966）提出"产品生命周期理论"，将企业垄断优势与区位优势相结合，从企业生命周期发展的动态角度，来解释对外直接投资的动因。他认为一般产品在市场上会经历初创、成长和成熟、衰退四个基本阶段。由于各国间存在的技术水平差异，产品的营销生命存在差距和时差，相同产品在不同国家或者市场竞争地位的不同，企业有意愿对外投资，结合自身的技术优势和东道国的低要素成本（资源和劳动力）优势，通过出口维护或者扩大市场份额，抵御新进入者、潜在进入者或者竞争对手，维护本企业的技术创新方面的垄断优势。对于竞争者来说，法斯（Faeth，2009）认为，因为害怕失去竞争力，往往企业会跟随竞争对手进行对外投资，以达到进入外国市场和保护本国市场的目的。

在国际市场范围内，企业的对外直接投资是企业在产品生命周期运动中，根据生产条件和技术上的比较优势的变化而做出的相机决策，因此这一理论在解释技术创新国的海外直接投资行为上有较强说服力。

（4）边际产业扩张理论。

20世纪70年代，日本学者小岛清（1987）提出比较优势理论，该理论认为对外直接投资应该从本国已经或即将成为劣势的产业（边际产业）开始依次进行。在比较优势理论的基础上，小岛清结合日本对外投资模式，提出了"边际产业扩张论"。日本与美国经济状况不同，欧美早期的对外直接投资理论难以解释日本模式。"日本式对外直接投资模式"是在充分利用国际分工的前提下，通过海外建立出口基地，将国内不具优势的生产部门外迁。而国内则充分结合自身的产业结构，利用比较优势发展优势产业，并对外出口。

相较于以往的对外投资理论，"边际产业扩张论"认为对外投资是生产函数的转移，从发达经济体向发展中国家转移的过程，其中包括资本、技术、管理经验的流动。中小企业更应该进行对外投资，这是由于大型企业比较优势的存在。该理论认为，"边际产业"即"比较劣势产业"，对外投资应该从该国的边际产业的企业依次开始。在投资方式上，应当与东道国进行合作，从该国技术差距最小的产业依次进行投资。

"边际产业扩张论"符合日本早期对外投资的实践和动因的解释，其重要贡献在于可进行跨国经营企业范围的扩大，不再是局限于发达国家具有绝对垄断优势的企业，而不具备垄断优势的中小企业也可以进行对外直接投资，对于传统理论是一次冲击。不过该理论以微观假设为前提，宏观动态的研究方式过于局限，仅仅对日本及少数欧洲企业的行为能够解释。同时，对于20世纪80年代后期日本对外投资，以进口替代型为主的模式难以给出信服的解释。

（5）国际生产折中理论。

著名国际投资专家约翰·邓宁（Dunning，1977）结合垄断优势理论、内部化理论，以及国际贸易理论中的资源禀赋学说，提出"国际生产折中理论"，该理论完整地解释了对外直接投资动机、投资决策和投资流向三大问题，是目前较为完善的对外直接投资理论。

国际生产折中理论认为"所有权特定优势"或者"内部化优势"只是企业对外投资的必要条件，而非充分条件。当企业具备其中之一时，并不一定会进行对外直接投资，因为企业可以选择通过加大国内生产达到规模效应再进行出口。而"区位优势"则是对外投资的充分条件，当企业具备"所有权特定优势"和"内部化优势"时，在某地区同时具备了"区位优势"，三个优势的充分发挥与互相作用，可以使企业的跨国投资产生最大的整体效益，那么对外投资就成为企业的最优选择。进一步地，邓宁提了企业决定投资东道国的四种动机：市场寻求、效率寻求、自然资源寻求和战略资产寻求。

总体上来说，"国际生产折中理论"的提出融合了各家之言的精华，但是企业所处的政治经济环境对于企业的经营决策有着重要影响，仅仅是偏向于企业内部要素的研究，可能会"收之东隅，失之桑榆"。

按照传统的国际投资理论，无论是垄断优势理论、产品生命周期理论、边际产业扩张论，还是邓宁的国际生产折中理论，都将对外直接投资的行为解释为发达国家获得某种优势之后的行为。而这些理论并不能很好地解释日益增长的发展中国家对外直接投资问题，因此一些学者开始着手研究发展中国家对外投资问题。

2. 关于发展中国家对外直接投资理论

（1）小规模技术理论。

"小规模技术理论"是由美国经济学家刘易斯·威尔斯（Wells，1983）提出的，被认为是发展中国家对外投资的早期理论。该理论结合了发展中国家的自身特点和跨国企业的优势特点，论述了发展中国家企业如何在国际竞争中取得优势。刘易斯认为，虽然发展中国家的对外投资能力远远不如发达国家，但是也存在着对外投资的某种优势，可以通过对外投资充分利用本国的各种比较优势资源，生产出具有比较优势的产品，获得比较利益。发展中国家企业的竞争优势包括三个方面：首先是拥有劳动密集型小规模生产技术，具有劳动密集、成本较低、灵活性高等特点，在小规模市场中，与大企业相比具有相对优势；其次是能够生产民族产品，形成"民族纽带"性投资，独特的文化特色也是竞争优势所在；最后是发展中国家的企业通常采取低成本策略，不需要高昂的广告费用，以物美价廉为特色，通过价格优势与发达国家企业抗衡，抢占市场。

很显然，"小规模技术理论"受弗农产品生命周期理论的影响颇深，认为发展中国家应当承接发达国家早已成熟或者进入衰退期的产品。该理论虽然解释了发展中国家可以通过比较优势开展对外直接投资的问题，但是过分将发展中国家置于全球价值链底层，由此产生"比较优势陷阱"，不利于产业结构的升级，不能整体上提升发展中国家在世界经济中的地位。对于日趋丰富的发展中国家企业对发达国家直接投资的案例难以解释。

（2）技术地方化理论。

英国经济学家拉奥（Lall，1983）提出了技术地方化理论，用于解释发展中国家对外投资行为。他认为发展中国家的技术尽管具有小规模的特征，而且多使用劳动密集型技术和标准化技术，但这种技术却包含着企业的创新活动。发展中国家的这种技术能够形成优势的原因在于：发展中国家的技术与其国内要素的价格和质量相联系，并能够基于进口的产品和技术进行局部改造并创新，其技术尤其适合小规模生产条件，而且发展中国家能够根据东道国不同的需求开发产品。正是这种创新活动给企业带来了新的竞争优势，发展中国家可以凭借这种竞争优势进行对外直接投资。

技术地方化理论承认发展中国家技术及其产品在当地市场具有适应性，

而且强调技术创新对提升企业国际竞争力的重要作用。与"小规模技术理论"相比较,"技术地方化理论"对于企业技术的引进再改造的过程更重视,该理论对于发展中国家的竞争优势进行了阐述,而且对于产生竞争优势的创新过程也有分析,在分析落后国家企业的对外投资活动有重要意义。但该理论仍认为发展中国家的对外直接投资是基于对发达国家技术的尾部创新和局部调整。

(3)技术创新产业升级理论。

随后,坎特维尔等(Cantwell et al.,1990)又提出了技术创新产业升级理论。该理论认为发展中国家的技术创新活动具有学习特征,通过不断积累技术,促进经济发展和产业结构升级,进而促进发展中国家对外直接投资的开展。对外直接投资遵循下面的发展顺序:首先,在对外投资的初期,选择在较为了解且地理位置相近、国情相似的周边国家进行直接投资。之后,随着海外直接投资经验的累积,逐步从周边向其他发展中国家扩展直接投资。最后,在经验积累以及资金扩充的基础上,为获得更复杂的技术开始向发达国家投资。随着技术积累固有能量的扩展,对外直接投资逐步从资源依赖型向技术依赖型发展,而且对外投资的产业也在逐步地升级。

该理论较为全面地解释了 20 世纪 80 年代以后发展中国家,尤其是新兴工业化国家和地区的对外直接投资活动,却没能解释发展中国家直接投资于发达国家的现状。并且认为这种技术积累更多的是内生的,而不是通过对外投资获得的技术外溢。

2.1.2 "一带一路"框架下中国企业对外直接投资研究

虽然"一带一路"倡议提出时间不长,但是吸引了众多学者对此展开研究。大多数研究学者都赞同"一带一路"倡议为中国对外直接投资开启了新的机遇之窗。如罗莉(2015)指出中国企业对外直接投资战略在"十三五"期间要实现跨越式发展,需符合"一带一路"倡议构想,为沿线国家实现优势互补、开放发展开启新的机遇之窗。周五七(2015)将"一带一路"沿线国家按经济发展水平分为三类,并分析了中国对不同类型经济体的直接投资状况。黄先海、余骁(2017)认为以"一带一路"国际产能合作为契机构建以中国为核心枢纽的双向"嵌套型"全球价值链分工新体系是新时期我国突破"俘获式困境"、提升国际分工地位的关键。董大全、黎峰（2018）认为"一带一路"建设推动了中国民营企业对外投资进程。宋勇超（2017）提出"一带一路"建设能够推进中国对外直接投资企业投资模式的多样化。王一栋（2018）指出"一带一路"倡议促进了中国企业对沿线国家的基础设施投资，也成为推进中国产业结构转型、拉动投资国当地经济增长的重要契机。对中国境内企业及沿线国家的经济增长均有重要的经济意义。郝保权（2018）认为面对当今国际社会中存在的和平赤字、发展赤字、治理赤字等对全人类的严重挑战，通过"一带一路"实践，在实现人类命运共同体过程中提高全球治理水平。郭凌威、卢进勇、郭思文（2018）指出我国应进一步推进"走出去"战略发展、扩大并深化与"一带一路"沿线国家的合作，提高国际影响力，加快推进中国技术、标准、服务和品牌"走出去"，履行大国责任，并积极应对数字经济发展。

一些学者则主要分析了中国对"一带一路"沿线国家直接投资面临的挑战和难题。郑蕾、刘志高（2015）通过对中国"一带一路"沿线直接投资格局的分析指出中国对"一带一路"沿线直接投资面临的困境主要有沿线地缘关系复杂、宗教文化差异大、投资风险高，国家宏观指导不够、企业跨国经营行为不规范，对沿线直接投资发展不均衡且投资摩擦大。钟春平、潘黎（2015）认为"一带一路"倡议下中国企业对外投资将面临海外长期项目的投资风险和沿线各国复杂的政治局势，因此政府层面应该更加注重命运共同体理念的沟通，企业则需要客观评价市场收益与风险，实时监控风险、牢固树立企业的社会责任。宋林、谢伟、郑雯（2017）提出东道国的投资自由度、劳工自由度水平不高是阻碍中国投资进入的主要原因。傅梦孜、徐刚（2017）认为全球化退潮、国际经贸环境不佳、大国竞争与博弈加剧、民粹主义政治思潮泛滥和非传统安全威胁上升等因素，对中国"一带一路"建设构成挑战。王颖、吕婕、唐子仪（2018）基于十年间的面板数据，指出东道国市场规模、东道国人均收入水平以及东道国资源禀赋是影响中国企业对其投资的主要因素。宋爽、王永中（2018）通过中国对"一带一路"沿线国家提供金融支持的途径研究表明中国面临着独自承担大量融资压力和风险、民营资本参与度不高、资本市场未能发挥有效作用、区域和行业分布不平衡等挑战。

在此基础上，部分学者主要探究了"一带一路"倡议下中国企业对外直接投资的策略问题。郑蕾、刘志高（2015）研究了中国对"一带一路"沿线直接投资空间格局，提出了中国对"一带一路"沿线直接投资空间格局战略的分析框架，并提出空间差异化投资引导战略。张敏、王佳涛、陈致朋（2015）研究了"一带一路"机遇期中国企业对外直接投资的战略，认为应将对外直接投资与中国企业发展相结合，分阶段升级对外投资战略，促进企业转型升级的同时提高企业的竞争力，进一步促进中国企业对外直接投资。杨飞虎、晏朝飞（2015）分析了"一带一路"倡议对我国对外投资的重大意义，并提出建设对外投资法律体系、信息服务系统、投资风险基金、国际投资争端解决途径等具体实施措施。史正富（2015）提出了新型的"一带一路"投资机制，即设立多元资金构成的准市场化投资基金。苏杭（2015）通过横向对比国际产业转移的美日模式，提出了我国制造业海外转移的途径，应兼顾日本模式和美国模式，通过与"一带一路"沿线国家间产业合作为我国具有行业优势的制造业企业开拓海外市场，推动铁路、电力、通信、工程机械以及汽车、飞机、电子等中国装备走向世界，通过"前向关联"效应推动中国制造业的技术进步和结构升级。李玲霞（2016）从当前中国对外直接投资取得的成就和面临的挑战入手，结合"一带一路"倡议的具体内容，探讨"一带一路"倡议给中国对外直接投资以及对外直接投资环境带来的影响，进而提出"一带一路"倡议下中国对外直接投资的战略构想。同时，出于重塑全球价值链的动机，一方面中国企业应当积极主动地通过兼并、投资获取发达国家的技术、品牌、营销网络等战略性资产，同时通过加大研发、加强品牌、营销建设实现内生性的转型升级；另一方面中国企业通过国际投资、国际贸易构建自己主导的生产、服务网（张远鹏，2017），从而借助"一带一路"建设加速第四次产业转移浪潮，重构经济地理、推进投资便利化进程、扩大中国与沿线各国在不同行业及特定行业上下游间的投资范围，在实现自身产业结构优化调整的同时，构建以中国为核心主导的"一带一路"区域价值链分工体系，逐步实现从发达国家引领中国融入全球价值链为中国引领其他发展中国家融入全球价值链的转变（黄先海和余骁，2017）。郭凌威、卢进勇、郭思文（2018）认为我国与"一带一路"沿线国家对外投资合作仍具有极大的发展潜力，进一步推动"一带一路"建设是中国对外直接投资未来发展的重要方向。我们应当继续采取积极措施，与更多沿线国家开展更为广泛和深层次的合作。

实证研究方面，有学者实证分析了中国对"一带一路"沿线国家直接投资问题。倪沙、王永兴、景维民（2016）基于 2009～2014 年中国对"一带一路"沿线国家的直接投资数据，利用投资引力模型，实证分析了中国对沿线国家直接投资的影响因素，并对投资潜力进行了测算。检验分析表明，中国对沿线国家直接投资同中国 GDP、沿线国家 GDP、沿线国家对中国产品市场接受程度正相关，同沿线国家劳动力成本负相关。中国对沿线发展中国家直接投资受东道国制度环境影响较大。郭烨、许陈生（2016）基于 2003～2013 年的面板数据，用面板校正误差模型考察了双边高层会晤对中国在"一带一路"沿线国家的对外直接投资的影响作用。研究发现，中国国家主席和国务院总理与"一带一路"沿线国家的双边高层会晤对中国对外直接投资具有显著的积极作用，其中，出访的作用最大，接待来访的影响也较为明显，但作用不如出访，而工作会晤的影响则不显著。吴哲、范彦成、陈衍泰、黄莹（2015）据 2003～2013 年间的我国对外直接投资数据，将以"一带一路"沿线国家为代表的发展中国家与以发达国家为代表的其他国家共同放入模型，测算我国向发展中国家对外直接投资的逆向技术溢出对我国全要素生产率的影响。结果显示，我国对发展中国家直接投资产生的逆向技术溢出对全要素生产率产生正向影响。我国对发展中国家直接投资要经历先援助后获益的演化过程。杨英、刘彩霞（2015）通过构建 VAR 模型分析了中国对"一带一路"国家直接投资和中国产业升级的相互关系，发现前者对后者没有显著影响，但中国的产业升级会促进对"一带一路"沿线国家的直接投资。陈虹、杨成玉（2015）运用 CGE 模型构建社会核算矩阵，分析了不同情况下中国同"一带一路"沿线国家的贸易问题，并在此基础上对中国 OFDI 净额进行压力测试，结果表明中国对"一带一路"沿线国家投资空间巨大。王金波（2017）根据 UN Comrade 数据库统计数据，采用贸易互补性指数、产业内贸易指数、Lafay 指数、出口相似度指数和贸易密集度指数等实证测度指标，从贸易竞争性、互补性和产业国际竞争力三个方面对中国与"一带一路"经济走廊国家间商品贸易结构的匹配程度、竞争情况和贸易增长潜力进行了系统测度与分析。研究结果表明：中国与"一带一路"经济走廊国家仍以产业间贸易为主，且互补性大于竞争性。中国在工业制成品等资本或劳动密集型商品、"一带一路"经济走廊国家在初级或资源能源密集型商品方面各具优势。贺娅萍、徐康宁（2018）基于2003～2015年中国对"一带一路"沿线43个国家的OFDI面板数据，通过赫克曼（Heckman）两阶段模型和扩展的投资引力模型，检验了中国OFDI在"一带一路"沿线国家的区位分布特征。实证结果显示，东道国经济制度同时影响了投资选择偏好和投资规模；中国OFDI偏向于货币自由度和投资自由度较好的国家和地区，以及东道国商业自由度的提升促进了中国企业的投资行为，而贸易自由度的变化在一定程度上抑制了中国OFDI。孙焱林、覃飞（2018）基于2011～2016年A股上市公司与对外直接投资目的地为"一带一路"沿线国家的公司匹配数据，构建双重差分模型评估"一带一路"倡议对企业对外直接投资风险的影响。研究表明，"一带一路"倡议显著降低了企业在"一带一路"沿线国家的投资风险，且该影响表现为动态性、异质性。

2.1.3 中国企业对非洲直接投资研究

中非合作可谓源远流长，堪称南南合作的典范。尤其是在2000年中非合作论坛成立后，中非合作由此驶入了快车道。林毅夫（2015）提出了"一带一路"加"一洲"（非洲）的战略构想，他认为非洲将为中国企业"走出去"带来重大发展机遇，有利于产业转移。

1. 关于中国对非洲直接投资影响因素的研究

就国外学者的研究来说，巴克利（Buckley，2007）认为中国倾向于投资与中国在制度方面具有相似性的国家。德斯塔（Desta，2009）认为，开拓市场和获取廉价原材料是中国对非洲投资的主要目的。另外，为了促进中小企业更好的投资非洲市场，中国政府和企业都加大了对非洲国家基础设施的投资和援建。但张等（Cheung et al.，2009）通过实证研究发现，非洲国家丰富的自然资源并未对吸引中国的投资产生明显的影响，以非洲的石油输出国为例，中国对其投资额随着时间推移呈分散化趋势，但非洲国家的政治风险与投资量呈负相关。张等（Cheung et al.，2012）从中国企业的角度出发，通过对中国在非洲直接投资的行为进行研究后发现，中国企业对非洲的投资受到企业本身市场寻求和资源寻求动机的影响。此外，中国企业对非洲投资时有着明显规避风险的意识。西蒙（Simon，2014）利用 2005～2011 年的数据分析了中国对非洲直接投资的影响因素，发现贸易和资源是主要影响因素，人均国民收入和东道国政治稳定状况的影响较小。梅尔等（Meyer et al.，2018）利用 1995～2016 年的时间序列数据运用 ARDL 模型，研究考察了政治风险和国内生产总值（GDP）对流入南非的外国直接投资（FDI）的潜在影响。调查结果显示，无论是短期还是长期，政治风险和经济增长都会影响外国直接投资的水平。与 GDP 相比，政治风险评级对 FDI 流量的影响更大。政治风险水平越低（导致评级越高），外国直接投资流入水平越高。

在国内学者的研究方面，李智彪（2010）指出中国对非洲投资的主要影响因素包括政治稳定度，宏观经济环境、市场潜力及双边关系四个方面。李娟（2010）通过基于"C－D 缺口"模型的研究，认为非洲国家的不发达的金融市场、基础设施水平，以及政府腐败和较低的劳动力质量均限制了其对中国直接投资的吸引力。董艳等（2011）运用极限边界分析的方法，分析后认为中国企业对非洲直接投资时并不具有明显偏好，并且非洲国家的资源禀赋、市场规模以及基础设施水平均对吸引中国企业投资产生了显著的影响。中国学者张惠（2012）通过关于中国对非洲直接投资实证研究后发现，除了东道国的市场规模、GDP 等因素外，两国家之间的距离以及东道国的教育文化环境对于吸引国际直接投资的效应为正。但是东道国的高政治风险因素对于吸引中国投资具有抑制效应，尤其是非金融类投资。陈岩等（2012）从资源和制度视角研究中国对非洲直接投资后发现：除了东道国的资源因素，制度因素（包括东道国制度因素和双边贸易合作协定的签订等）对吸引中国企业的投资有显著影响。张娟等（2013）研究发现中国民营企业倾向于投资中国已经密集投资的国家，主要受到市场寻求动机的驱动，多从事制造业和服务业。沈军和包小玲（2013）研究发现，中国在非洲的投资主要是为了开拓市场，对能源的需求已经不再是主要的投资目标，现阶段中国对非洲的投资倾向于经济规模较大，金融市场发展较完善和金融风险较高的国家。苏杭（2014）指出，非洲国家民主化进程加快、经济发展以及投资环境不断改善、积极参与全球价值链以及争取实现多元化发展的现实状况对我国跨国公司的投资行为提出了新的要求，适当地调整投资策略，以"巧投资"方式更好地实现双边经济发展的需求。方国君（2015）针对中国对非洲直接投资的东道国影响因素进行了研究，认为中国对非洲中等偏上收入国家，对中国商品的需求和通信设施条件等因素的影响最为明显，对于非洲中等偏下和低收入国家的投资是资源寻求型，仅自然资源禀赋和通信设施条件的影响呈显著正效应。王霞（2015）选取了 2003～2013 年 38 个非洲国家的数据进行面板分析，从经济和政治两方面因素进行实证检验。结果显示，中国对非洲直接投资与东道国的市场规模、双边贸易、自然资源、人力资源以及经济自由度等因素都显著正相关，与东道国的基础设施状况正相关但非常不显著，与东道国的清廉指数呈显著负相关。袁其刚、邸晨和闫世玲（2018）基于 2007～2015 年间中国企业对非洲 37 个国家直接投资数据，利用 FGLS 模型检验了东道国政府治理水平与治理距离对 OFDI 的影响，发现政府治理水平对投资有正向促进作用，而治理距离对中国企业 OFDI 的影响不同于已有研究结论，即差异较大的治理距离有利于企业对外投资；拓展检验发现，企业对非洲直接投资存在明显的区域差异，中高收入国家以及英语语言国家的政府治理水平与企业投资正相关，而治理距离只对在中低收入国家投资影响显著。

2. 中国对非洲直接投资经济效应研究

大部分国外学者认为中国企业在非洲投资能带来积极的经济效应。如非洲开发银行（AFDB）行长唐纳德·卡贝鲁卡（Kaberuka, 2010）认为中国在非洲的投资有助于非洲加速工业化的进程，帮助实现工业化目标。开普林斯基等（Kaplinsky et al., 2007）分析指出，非洲国家与中国双边贸易与投资是正相关关系。中非贸易与投资的发展，有利于非洲国家规避发达国家设置的贸易壁垒，促进国内经济发展。雷加德（Regard, 2011）认为中国投资降低了非洲对西方国家的依赖性，并且中国选择了西方国家不愿意投资的领域比如基础设施，这些领域对非洲国家的发展有着非常积极的作用。华里（Whalley, 2012）对 2005～2007 年中国对非洲若干国家的投资数据进行定量分析，结果显示，非洲国家对中国资本的吸收促进了当地经济的快速发展。戴安娜（Diana, 2013）以东非为例研究了中国在非洲投资的多样化以及经济效应问题，指出中国跨国公司在非洲地区扮演了越来越重要的角色，为非洲经济增长做出了突出贡献。西恩（Shinn, 2012）认为，中国企业投资非洲可获得的利益主要包括非洲的资源优势、非洲的商品和服务市场以及非洲国家政治立场上的支持。玛丽·波勒（Paule，2014）研究发现，中非之间的经贸往来促进了非洲国家经济的发展，主要表现为中国对非洲的直接投资以及进出口对非洲当地的就业产生了积极影响，并促进了人均国民收入的增长。

国内学者大部分也认为中国企业在非洲投资能带来诸多经济利益。如莫莎和刘芳（2008）通过实证研究发现，我国对非洲地区的直接投资与中非进出口贸易之间是相互促进的关系，中国对非洲投资的增加会进一步促进中非双边进出口贸易的发展。张哲（2011）运用引力空间模型法研究中国对非洲投资贸易关系，反映投资的贸易促进效应明显，且处于规模报酬递增阶段。姚桂梅（2009）认为大多数中国企业在非洲投资取得了双赢效果。中国与非洲的经济合作是互利共赢的，非洲可以获得经济发展所需的资金，中国可以获得所需要的资源和投资经验（李星，2012）。姚桂梅（2009）研究发现，中国企业在投资非洲的过程中，对东道国实现产业结构的调整，解决大量劳动力就业问题做出了积极贡献，在此基础上，转移了国内过剩的生产力，缓解了资源短缺以及劳动力成本上升带来的发展问题。李智彪（2010）指出，中国在非洲的大部分投资项目都有助于非洲国家经济社会的发展，尤其是对东道国自主发展经济能力的提高以及基础设施的建设贡献了自己的力量，促进了东道国经济和社会的发展。中国民营企业投资非洲，给非洲各个国家的发展提供了资金和技术支撑，为非洲各国的社会和经济发展做出了巨大贡献（刘爱兰等，2012）。申晓方（2013）认为中国民营企业能为东道国带来宝贵的就业机会，有利于推进非洲早期的工业化进程。任培强、黄梅波（2013）运用工具变量两阶段最小二乘法，在控制投资与出口之间的内生性后，表明中国在非投资存量对中非出口具有正向的促进作用。任培强（2013）通过研究发现，中国企业在非洲国家投资时，大量雇用当地劳动力，对劳动者的技能要求较低，而且在员工待遇方面已经超过了非洲国家的法定最低标准，缓解了当地劳动者特别是低技能劳动者的就业问题。朴英姬（2014）认为，非洲市场巨大的利润空间吸引着跨国公司来投资获利，跨国公司凭借强劲的经济和技术实力，在实现自身利益诉求的同时，也被东道国要求为当地经济和社会发展做出应有贡献，以此来实现双方长远的合作与发展。然而，田泽、顾欣、杨欣远（2015）运用数据包络分析法对 2009～2013 年在非洲投资前

20 的国家投资效率的分析表明，我国对非洲国家直接投资效率处于中低水平，且投资效率的国别差异较大。同时，我国对非洲投资处于收益递增阶段，投资规模还有一定提升空间。

2.2 对外直接投资知识转移问题研究

2.2.1 对外直接投资知识转移影响因素

学者们就对外直接投资知识转移影响因素的研究，主要着眼于知识属性、知识源企业、知识接受方企业、情境因素等方面。

1. 知识属性因素

有学者探讨了知识属性对对外直接投资知识转移过程的影响。波兰尼（Polanyi，1996）将知识分为显性知识和隐性知识，隐性知识是扎根于特定情境下的行动、参与和使命，是非口语化、难以表达和难以编码的知识，因此隐性知识一般难以转移。桑德尔等（Zander et al.，1995）分析了知识的特征，认为知识转移过程会受到知识的可成文性、可教导性、复杂性和系统依赖性等知识的内隐和外显特质的影响，其中知识的隐性特征是阻碍知识转移的重要原因。西莫宁（Simonin，1999）、伯金肖（Birkinshaw，2002）、坎特维尔（Cantwell，2001）探讨了知识模糊性、隐性、情境嵌入性等带来的知识黏性和转移成本提升对知识转移的阻碍作用。阿拉里等（Alavi et al.，2001）认为知识的隐匿性、可传授性、复杂性、系统性 4 个知识的特征对跨国公司母子公司之间知识转移的绩效会产生重要影响。卡明斯等（Cummings et al.，2003）通过实证研究验证了波兰尼的逻辑推理，发现知识的可表达性越差，知识转移越难。他们还发现，被转移知识的嵌入性影响知识转移的难度，知识转移的难度与知识的嵌入性正相关。我国学者陈菲琼（2001）认为，知识的特殊性和复杂性将影响知识转移的效果。左美云（2004）认为，知识转移是指知识势能高的主体向知识势能低的主体转移知识的过程，知识数量、知识质量和知识结构是决定知识势能的三因素，它们将通过知识势能来影响知识转移的效果。肖小勇和文亚青（2005）通过实证研究，发现知识的有用性特征则通过影响跨国公司母子公司之间知识转移的动机影响跨国公司母子公司知识转移的效率，而知识的模糊性、专用性和复杂性会通过影响知识的应用来影响跨国公司母子公司之间知识转移的难易程度。薛求知、关涛（2006）指出知识的默会性、简单嵌入性、初级转移工具对知识从国外母公司向中国子公司的跨国界转移起到了显著的直接作用，而高级转移工具对默会性起到了部分中介作用，对关系嵌入变量起到了完全中介作用。樊钱涛（2011）指出不同类型知识的转移方式是不同的，总体上知识的异质性程度越高，知识转移的方式就会越复杂。郭涛力、汪贤裕（2012）通过实证的数据分析，证明了知识显性化和知识的简单嵌入性对特许经营连锁组织的成功知识转移起着正向的影响。关涛（2012）通过实证研究发现，知识特性对跨国公司知识转移工具的选择有显著影响，即转移知识的特性不同，选择的知识转移工具的类型也有显著不同。研究还发现，如果同时考虑母子公司间的知识差距与战略差异的调节效应，根据知识特性选择转移工具的合理性就更明显。周密、赵文红、宋红媛（2015）知识距离是影响知识转移的重要因素之一。

2. 知识源企业

一些学者关注知识源企业的转移意愿对对外直接投资知识转移的影响，即渗透能力对知识转移效果的促进作用。刘芳欧和欧阳令南（2005）在合作研究跨国公司知识转移时发现，母公司是否愿意将拥有的知识传递给子公司，是进行成功知识转移的先决条件。转移知识的意愿决定了知识转移的完整程度，而知识源企业的转移意愿又在很大程度上取决于双方的合作关系。组织间的合作关系作为一种社会控制机制与风险决定因素，将对合作企业之间的知识交换程度和知识交换效率产生影响。瓦特内等（Wathne et al.，1996）认为，在知识转移过程中，如果知识源愿将自己拥有的知识转移给对方，它将以开放和透明的姿态对待合作中的知识转移，积极向知识接受方提供知识；反之，知识源将设置障碍阻止知识接受方接触到其所拥有的知识，那么知识转移也就成了无源之水。新加坡国立大学王披恩（2001）在考察中国境内的外商独资及合资、合作企业后发现：中外合作企业的双方关系越好，则信任度就越高，外国母公司向中国子公司转移知识的意愿就越强，母公司所转移给中国子公司的知识就越丰富，知识转移的绩效水平就会越高。金昕、陈松

（2015）表明提高知识源广度和深度均有利于提升企业的探索式创新绩效。涂静、杨中华和张志清（2017）认为知识难度越大，不同位置知识源下的知识扩散差异越大，知识源中心性选择对于知识扩散的效率提高越重要。

有的学者研究知识源企业提供知识的能力对对外直接投资知识转移的影响，知识源企业转移知识的能力是进行知识转移的先决条件，其提供知识的能力与其本身的知识储备基础有关。企业是一个知识集合体，企业专有的、无形的、不可交易和无法模仿的技术知识是企业维持竞争优势的唯一持久资源（Spender，1996）。由于企业专门从事某一产品或服务，通常需要建立企业的专业知识并且日积月累（Dierickx et al.，1989）。知识源企业的知识储备越多、积累状况越好，就越有可能完整地、系统地提供合作创新所需的知识，知识转移的有效性也就越高（彭新敏等，2008）。

3. 知识接受方企业

更多学者将研究重点放在知识接受方企业吸收意愿和能力对对外直接投资知识转移的影响作用上。如穆等（Mu et al.，2010）研究美国跨国公司和跨国战略联盟内部知识转移时发现接受方吸收意愿和能力会直接影响转移和接受效果。杜丽虹、吴先明（2014）选择我国对外直接投资的母公司作为研究对象，并从吸收能力视角切入，着力探讨母公司接受海外子公司逆向知识转移后对自主创新绩效提升的影响作用。杜丽虹（2018）认为母公司的创造性资产寻求战略，对母子公司间逆向知识转移的应用和创新效果具有促进作用，母公司对海外创造性资产寻求越重视，逆向知识转移的意愿越强烈。企业的吸收能力是企业评价、吸收和利用新的外部知识的综合能力，包括知识基础、学习文化、努力强度、人才素质等方面。

知识基础用来表征知识接受方原有的知识存量对知识转移效用的影响作用。科恩等（Cohen et al.，1990）认为，企业所积累的知识基础既能促进保存新知识的能力，也能促进使用新知识的能力。也就是说，企业原有的知识基础会影响到新知识的获取、使用和流转。瓦特内（Wathne，1996）认为企业所拥有的先验经验越丰富，知识转移的效果将会更好。企业过去积累的相关知识的特征、知识的广度、知识的深度影响企业吸收能力。邹国庆、孙婧和贺胜德（2012）实证研究表明知识基础对获取、消化、转化及利用能力都具有显著的正向影响。唐锦铨（2012）指出先验知识对技术转移效果具有显著正向影响。

哈伯（Huber，1991）认为，若要从整体上提高组织的知识并且对知识准确地转移，需要加强组织的学习文化。知识转移可以从两个维度来考察：转移的速度和知识的黏性（viscosity）。转移的速度用来描述知识转移的快慢，而知识的黏性则是用来描述知识的丰富程度（richness）。在一个学习文化氛围高的企业中，员工可以更加轻松地获得所转移的知识的黏性。如果一个组织能够鼓励员工主动承担责任，容许他们犯错，并给予他们对新思想、新方法进行实践的时间和机会，那么这个组织中进行流转的知识黏性就会大大增加。因此，如果组织内部拥有良好的学习文化，那么这个组织将会具备良好的学习环境来保持和利用所转移的新知识，这样将进一步促进知识转移。

努力强度用来表征企业为了促进学习效果和吸收外部知识的能力所愿意投入的努力程度。对于跨国企业，国际环境的差异导致了从知识源企业所转移的知识不可能直接契合知识接受方企业，这些差异的存在导致知识接受方企业的努力强度成为影响知识转移效用的重要因素之一。刘常勇和谢洪明（2003）从落后国家和地区学习先进知识的角度出发，认为企业的吸收能力主要受到先验知识的存量与内涵、研发投入的程度、学习强度与学习方法、组织学习的机制四项因素的影响；他们以韩国大宇汽车、现代汽车与美国通用汽车相同的合作经历所产生的不同的结果为比较对象，强调了落后国家和地区在学习强度上的差异所引起的吸收效果的差异。这说明，对于发展中国家而言，即使企业拥有类似的知识基础、面临同样的学习机会，不同的努力强度仍然会导致不同的学习和知识转移效果。

人才素质作为影响企业吸收能力的一个指标已经得到了普遍的认可。张龙、刘洪（2003）通过对企业吸收能力研究理论的综述研究认为，对企业吸收能力影响因素在个人层面上的探讨，主要集中在个人作为组织的"看门人"或组织与外界环境的"接口"角色上。赖明勇等（2002）通过实证研究发现，在影响中国外商直接投资（FDI）的众多因素中，人力资本存量起到至关重要的作用，人力资本存量的丰裕度决定了中国对 FDI 的技术扩散效应的吸收程度。博伦斯廷（Borensztein，1998）通过回归模型的实证研究表明，FDI 对一国经济增长的作用受东道国人力资本的临界值影响，即只有当东道国人力资本存量丰裕时，东道国经济才能吸收 FDI 的技术外溢。凯勒（Keller, 1996）考察了南美洲国家和东亚国家实行外向型政策所产生的效果相距甚远的原因，研究发现，正是由于人力资本积累的差距导致了两地技术吸收效果以及最终经济增长率的不同。

4. 知识转移情境因素

对外直接投资知识转移活动处在特定的政治和法律、文化、社会、历史、经济环境以及组织环境中，这些情境或多或少会对知识转移效果产生影响。一些学者就对外直接投资知识转移的环境因素进行了研究，主要包括文化因素、关系强度、信任关系、社会网络、知识转移渠道等方面。

文化是对外直接投资知识转移最主要的情境因素，组织文化的许多方面，比如对创新的鼓励程度、对失误的容忍程度、对知识和人才的重视程度等情境因素，对知识转移影响较大（徐金发等，2003）。丹芬堡特（Daven Port，1998）也发现了文化差异对知识转移的影响。他表明知识转移成功与否，主要在于接收方的组织文化，因为企业的组织文化会影响组织成员分享知识的意愿。崔等（Choi et al.，2002）研究知识联盟间的知识转移时发现，联盟各方在企业文化、国家文化和商业文化上的差异是影响联盟间知识转移的关键，因此联盟间的知识转移必须首先解决有关管理争议、文化冲突以及协议履行的冲突解决机制等问题。艾萨德（EI-Sayed，2002）认为，知识转移主体之间的文化距离是影响知识转移进行的重要因素，文化距离与知识转移成果呈明显负相关。徐占忱和何明升（2005）认为，知识转移接受方的文化背景、认知结构和技术领域决定了他们对知识的搜寻倾向、选择方案以及学习强度，知识接受方的知识与知识源越接近，知识转移就越顺利。李纲和田鑫（2007）根据德什潘德的文化分类将企业文化分为四类：市场型企业文化、宗族型企业文化、活力型企业文化以及层级型企业文化，并认为宗族型和活力型企业文化有利于企业内部隐性知识的转移，而市场型和层级型的企业文化不利于企业内部的隐性知识转移。其中，文化距离是指知识转移双方具有相同的组织文化和价值系统的程度，因此会影响组织间知识转移，所以当文化距离越大时，转移难度就会增加。宁东玲、卢启程（2008）根据吸收能力理论认为外部资源对于企业获取独特资源至关重要。杨勇、梁辰、胡渊（2018）指出文化距离与中国 OFDI 企业经营绩效之间整体上呈现倒 U 型关系，即在适度范围内文化距离的增加有助于提升中国 OFDI 企业的经营绩效，但过大的文化距离则会抑制跨国企业的经营绩效增长；企业性质会对文化距离与企业经营绩效的关系产生调节作用，即国企属性能够减少文化距离过大对经营绩效的负面影响；文化距离对跨国企业经营绩效的影响在不同行业间也存在差异，文化距离对于资本密集型行业的影响会更加显著。

关系强度是对外直接投资知识转移的重要影响因素。早期的研究以格兰诺维特（Granovetter，1973）为代表，他发现弱联系能够连接组织中分离的群体和个体，从而能够获得新颖有价值的信息，而强联系往往产生的是重复的信息，因此他认为弱联系对知识的转移更为有效。也有学者关注于关系强度在知识转移中的交互作用。汉森（Hansen，1999）以项目团队为背景，研究了强联系与弱联系在知识转移不同阶段中的作用，他发现弱联系有助于新知识的发现，而强联系有助于知识的转移。他还发现，独立可编码的知识在弱联系中很容易转移，而强联系不仅有助于简单易编码知识的转移，也有助于复杂隐性知识的转移。张亮（2009）研究了联盟企业间的关系，他发现阻碍知识在联盟企业间转移的要素主要有：企业联盟中获取知识的难易程度、联盟企业间的亲疏关系等。杨志勇、王永贵（2016）指出集团内部母子公司之间所具备的不同关系互动类型是影响公司知识创造及突破性创新的基础和关键；在突破性创新实现中，新知识、交叉知识和原创知识扮演着核心角色；母子公司互动对如上3种知识创造的影响存在差异，自治型互动在交叉知识创造方面具有显著优势，依赖型互动对新知识和原创知识创造方面作用突出；自治型互动相对依赖型互动在突破性创新绩效方面表现更佳。

一些学者关注东道国质量对知识转移的影响。李晓敏、李春梅（2017）认为东道国的制度质量对中国 OFDI 具有负向影响，即东道国制度质量越低，中国 OFDI 越多；另外，东道国的市场规模和对外开放程度对中国 OFDI 具有正向影响，中国与沿线国家之间的贸易投资协定数量和地理距离对中国 OFDI 分别有正向影响和负向影响。李晓、杨弋（2018）指出中国对外直接投资的增长在政府质量较低的发展中国家明显高于政府质量高的发达国家，尤其在"一带一路"沿线的投资状况更是如此。

一些学者将研究视角着眼于跨国公司母子公司间的信任关系。如赞德（Zand，1972）发现信任将使知识源减少对同伴行为的控制，更加接受知识接受方对自己的影响，从而提高双方信息交流的准确性和及时性。寇伽特等

（Kogut et al., 1993）研究发现，在公司内部环境中，如果母公司与子公司间保持良好的信任关系，那么知识就越容易在它们之间流动。安德鲁斯（Andrews, 2000）认为，信任在知识转移中发挥重要的作用，其重要性甚至超过了正式的合作程序。高祥宇等（2005）论证了信任不仅促进了二人之间知识转移的意愿，而且可以使知识转移双方加深沟通，促使知识源划清知识领域和对知识接受方的行为作出更为积极的归因，从而使知识转移更为容易。

一些学者从社会网络的视角对知识转移展开了研究。社会网络的一个重要方面就是存在着第三方联系，如英格拉姆（Ingram, 2000）的研究表明，第三方联系可以使得社会网络超越二元层次的关系强度而影响知识转移。此外，知识转移主体在网络中的位置对知识转移有重要影响。威妥玛（Tsai, 2001）的研究发现，最具有创新和盈利能力的知识转移主体往往位于网络的中心，这些主体在知识资源的交换中更加活跃。葛宝山、崔月慧（2018）认为新创企业需要重视知识共享的作用，以扩充自身知识储备，并强调新创企业需构建并参与到社会网络中，利用外部社会网络关系来提高知识共享的效率与质量，对企业制定知识管理战略具有一定的实践意义。

也有学者关注适当转移渠道的选择和转移技术对转移过程的影响，如编码方式、正式组织和非正式组织渠道、广泛性交流媒介和书面性交流媒介等。亨德里克斯（Hendriks, 1999）指出，信息和沟通技术（ICT）会降低知识工人间的时空障碍，从而有助于知识的转移。弗雷泽（Fraser, 2000）在对企业经理的研究中发现，经理们有共享知识的愿望，但是受到技术因素的限制。克拉姆顿（Cramton, 2001）对虚拟团队的知识转移活动进行了研究，发现当存在多个信息接收者时，各接收点在信息技术上的不同会导致理解的障碍。胡佛等（Hooff et al., 2004）研究表明，计算机中介沟通（CMC）技术的利用，会通过显著影响组织承诺，进而对知识转移产生间接影响。张光磊、刘善仕和申红艳（2011）指出知识转移渠道在集权程度、反馈速度与团队创新绩效的关系之间具有部分中介效用；在部门整合能力与团队创新绩效之间具有完全的中介效用。杨栩、肖蘅和廖姗（2014）知识转移渠道对知识转移产生显著影响。

2.2.2 对外直接投资知识转移模式

就对外直接投资知识转移模式而言，李曼丽（2007）认为主要包括过程模型、要素模型和知识螺旋模型。

1. 知识转移过程模型

过程模型将整个知识转移分为不同的阶段，具有代表性的是苏兰斯基（Szulanski，1996）的四阶段模型以及迈尔纳·吉尔伯特等（Gilbert et al.，1996）的五步骤模型。

苏兰斯基（Szulanski，1996）认为知识转移不是一个动作，而是一个过程，据此提出知识转移的四阶段过程模型，初始阶段（initiation）、执行阶段（implementation）、跃迁阶段（ramp-up）和整合阶段（integration）四个阶段。在初始阶段（initiation），知识源判断能够满足知识受体需求的知识；在实施阶段（implementation），双方创建与知识转移相搭配的通道，同时知识源对知识进行调整以适合于知识受体的需求；在跃迁阶段（ramp-up），知识受体调整接受的知识以顺应自身所处的情景；在整合阶段（integration），知识受体将知识集成为其自身知识体系一部分。苏兰斯基的四阶段模型如图 2 - 1 所示。

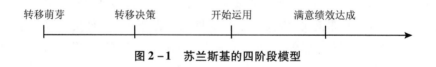

| 转移萌芽 | 转移决策 | 开始运用 | 满意绩效达成 |

图 2 -1　苏兰斯基的四阶段模型

迈尔纳·吉尔伯特等（Gilbert et al.，1996）提出知识转移的五步骤模型。第一步是知识获取，组织通过过去的经验、实践或者从具有新知识的员工那里不断搜索得到新知识。第二步是沟通交流，交流可以是书面也可以是口头。第三步是应用知识，获取和经过交流的知识必须加以应用来保持。第四步是接受知识，知识接受方通过从实践、历史、指导中学到知识、控制知识并加以反馈后，会判断这种知识是否值得接受和将其同化。第五步是同化知识，知识转移过程的关键是消化应用所获得的知识。

赫德伦（Hedlund，1994）首先提出 N 型组织（n-form organization）的概念，然后围绕此总结了知识转移的模式。该模型包括了三个主要步骤：第一步是知识的外显和内化，外显是指如何将隐性知识转述、表达和扩散的过程，而内化是指如何在有限的认知和资源的条件下将知识转化为个体或组织的隐性知识。第二步是凝聚与延伸，延伸是指知识由低层次向高层次转移，而凝聚是延伸的相反方向，其中显性与隐性知识以相互交替的形式，出现在各组织结构中。第三步是吸收与扩展，即知识的流出和流入，其中吸收知识主要指较低层次的载体对知识的流入，而扩展作用于知识向较高层次的载体流出（翁清雄和胡蓓，2007）。

达文波特等（Davenport et al.，1998）认为知识转移包括两个步骤：第一步是知识转移给潜在的接受者，第二步是由该接受的个体或组织加以吸收的过程。如果知识没有得到接受者的吸收，知识转移就不算成功，因为知识获取的渠道载体在知识转移路径中是必要的，应该确保这些转移后的知识能被有效应用。因此他们将知识转移表述为"转移 = 接收 + 吸收"。

2. 知识转移要素模型

要素模型是以知识转移过程中的要素为基础建立的研究模型。杰佛利等（Jeffrey et al.，2003）提出知识转移包括四个方面的因素，即知识源、知识受体、转移的知识及转移情境。他们从知识转移过程要素的角度提出知识转移的一般模型。国内学者王开明、万君康（2000）认为，知识转移包括知识的发送和知识的接受两个基本过程，这两个过程是由两个不同的参与者即发送者和接收者分别完成，并通过中介媒体连接起来。

维托等（Vito et al.，1999）把知识转移分为四个部分，包括转移主体、转移情境、转移内容和转移媒介。他们认为知识转移依赖于上述四个部分的相互作用，因为知识的主体包括个体或组织，转移情境可以分为组织内外两种情境，而有效的知识转移取决于转移过程中知识的内容，转移媒介指知识转移所运用的方法（潭大鹏和霍国庆，2006）。

狄克逊（Dixon，2000）提出有三种因素影响到转移机制的抉择和转移模式的有效性，即知识的可能接收者、转移任务的属性、转移的知识类型。根据这三种因素，他提出了五种知识转移的类型，包括连续性转移、相似性转移、差别性转移、策略性转移和专家性转移。他还在研究中强调共享知识的过程和结果需要符合组织中个体的利益，因为提供知识的个体在得到他人的知识共享要求时应感到自豪，而他人在获得了个体的知识后应尊重知识传播方，彼此在良性的知识互动中共同改进知识。卡明斯等（Cummings et al.，2006）从知识转移的要素视角总结了知识转移包括四种因素，即知识源、知识接受方、知识内容和转移情境（唐炎华和石金涛，2006）。

3. 知识创造螺旋模型

知识创造螺旋模型（SECI）最早由野中郁次郎和竹内弘高（Nonaka & Takeuchi，1995）提出，他们从四个维度论述了知识创新活动的过程，分别为认识论、本体论、时间与活动，以及有利的组织情境。其中认识论维度把知识分为隐性知识与显性知识，区分了四种知识转换过程：社会化、外部化、融合化、内部化。社会化指的是隐性知识向隐性知识的转化，外部化指隐性知识向显性知识的转化，融合化是指显性知识和显性知识相互作用，内部化即显性知识向隐性知识方向转化。本体论维度则区分为个人、团队、组织和组织间四个层次。时间与活动维度分为五阶段：分享隐性知识、创造观念、确认观念、建立原型、跨层次的知识扩展。有利的组织情境包含：意图、自主权和重复等。这四个维度共同构成了知识螺旋模型。该模型认为，在个人、团队、组织与组织间四个层次，知识创造是通过隐性知识与显性知识持续不断地转换实现的，内部化、外部化、融合化、社会化四种模式的交互运作，使隐性知识与显性知识不断地转换与重组，进而实现知识创造的循环。SECI模型如图2-2所示。

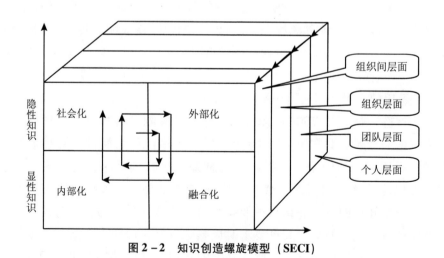

图2-2　知识创造螺旋模型（SECI）

2.2.3 对外直接投资知识转移绩效

关于知识转移绩效的界定，学术界没有达成统一的标准。主要有以下一些观点。苏兰斯基（Szulanski，1996）从项目管理方面对知识转移绩效进行了界定：知识发送方在预算范围内能够按时的将知识传递给接受方，且接受方对接收到的知识感到满意。迈尔等（Meyer et al.，1977）从制度理论的观点对知识转移绩效进行了界定：知识接受方参与到知识转移的程度，对所接收到的知识是否感到满意及是否拥有所有权。赞德（Zander，1995）从接收者的角度将知识转移绩效界定为知识接收者能够吸收、消化、整合、运用新知识，从而增加自身的知识存量，提升知识的利用率。施勒格尔米尔希（Schlegelmilch et al.，2003）在整理了先前文献的基础上，认为知识转移绩效是知识接收者整合和创造新知识的能力。而在很多有关技术转移的文献中也将知识转移绩效界定为接收者知识创新的程度。

关于知识转移绩效的衡量，国外学者主要是基于知识本体的视角展开的。可以通过知识本身的变化和接受方的绩效变化来衡量（Argote & Ingram，2000），这也是目前应用比较广泛的方法。蒂斯（Teece，1997）认为知识转移成本是衡量知识转移绩效的重要指标，决定了知识转移绩效产生和形成的强度。迈尔等（Meyer et al.，1977）指出，成功的知识转移包括知识的内化和知识的可接受两个方面，这两个方面共同体现了知识的所有权。温特（Winter，1995）指出，应该用知识接受方对知识复制和应用的程度来对知识转移的绩效水平加以评价。科斯多瓦（Kostova，1999）则将知识接受方对知识转移的承诺作为衡量知识转移绩效水平的指标，即在知识转移过程中，如果知识接受方对知识转移的承诺度越大，则表明知识转移的绩效越大。罗伯茨（Roberts，2000）认为知识转移不妨由两个指标衡量：形象化的知识扩散，即将吸收的知识整合到机器、器械与零件的生产过程中；非具体化的扩散，包括专利、授权或技术知识等。哈坎森等（Hakanson et al.，2000）认为知识转移的绩效可以一定时间内转移的知识数量的多少和转移的知识质量的高低两方面来加以衡量。另外，知识转移效果也包括接受者对知识转移的满意程度，以及对所得转移知识加以应用和再创造的容易度。苏兰斯基（Szulanski，1996）、卡明斯等（Cummings et al.，2003）将知识接受方对知识转移的满意度作为衡量知识转移绩效的指标，指出知识接受方对知识转移的过程、内容和成本越是满意，则知识转移的绩效则越高。

除此之外，国外学者还从知识转移对企业绩效影响的角度，对知识转移的绩效进行了研究。西莫宁（Simonin，1999）通过收集151家企业的调查问卷，对联盟中企业的知识学习与合作绩效进行了实证研究，结果发现：第一，合作技术诀窍与从合作中获得的利益正相关；第二，合作技术诀窍与合作经历正相关；第三，企业规模与合作绩效正相关。在此基础上，他建议联盟企业之间要通过发展相互合作中的技术诀窍，来提高未来的合作绩效。苏布拉马尼亚姆等（Subramaniam et al.，2001）将企业新产品开发能力作为衡量知识转移绩效的指标，他们通过对45个跨国公司中的90个新产品开发团队的实证研究，结果发现：信息获取的内隐程度和信息处理机制的丰富程度将影响知识转移后的新产品开发能力。伊莉仁科等（Yli-Renko et al.，2001）在对180家高科技合资企业知识获取与组织绩效的研究中，从产品、技术、市场和社会层面，构建了新产品开发、技术独创性、销售成本效率、社会交互作用等衡量知识获取绩效的指标体系。

国内学者对知识管理绩效的研究论述较多，但对知识转移绩效评价的研究较为薄弱。任荣（2005）从员工能力变化和投资成本两个维度构建了知识转移效果的评价指标。卢兵等（2006）从获得知识的主体数、每主体数获得知识的长度、每主体数获得知识的宽度三个维度构建了知识转移的效果立方体模型。肖久灵（2007）对中国海外企业知识转移的绩效评价进行了研究，采用模糊综合评价法，构建了包含4项一级指标（技术创新、组织层面、利益相关者层面、员工层面）、13项二级指标和48项三级指标的知识转移绩效评价体系，但没有对知识转移绩效的扩散与传递机制进行分析，导致指标体系的目标层缺乏一定的关联性。王珩骞（2007）从知识的制度化、转移成本、企业盈利能力、创新绩效、受体满意度五个因素对知识转移绩效进行了测量；曹竹（2008）基于知识转移的影响因素，从知识供给方、知识需求方、编码化措施水平、人际沟通措施水平、知识情景五方面构建了合资制造企业知识转移的绩效评价指标体系。丁秀好、黄瑞华（2008）基于媒介丰度理论和知识基础理论，提出媒介丰度在知识内隐性、专属性和复杂性对知识转移的影响中起调节作用，企业可以依据知识模糊性和媒介丰度属性合理选择知识转移媒介，提高知识转移绩效。陈明、周健明（2009）指出企业创新型文化不但对企业间知识转移绩效有显著的正向直接影响，而且还分别通过人员交流以及团队交流两个知识整合机制分别对企业同知识转移绩效产生显著的正向间接影响；支持型文化对企业间知识转移绩效没有直接的显著影响，但通过程序交流，仍然对企业间知识转移绩效产生显著的正向影响；知识整合机制包括人员交流、团队交流和程序交流，均对企业间知识转移绩效产生显著的正向直接影响。李楠和严素梅（2009）构建了转移频率、转移成本、知识使用效果、知识再创程度、受体投入程度等科技服务企业知识转移绩效评价的五因素指标。申小莉（2011）以中小企业样本为例，通过实证分析研究认为影响知识转移绩效的主要因素是知识距离、信任机制、转移能力、转移意愿、知识转移机制和吸收能力。易加斌（2012）构建了跨国公司母子公司之间知识转移绩效的评价层次模型，并将知识转移绩效划分为个体绩效、团队绩效、组织绩效三个纬度。李柏洲、徐广玉（2013）低知识黏滞程度，提升知识转移绩效，是企业获得持续竞争优势的关键所在。王冰、郭东强（2016）在自建评价指标体系的基础上采用 BP 神经网络方法构建综合评价模型，通过大量发放企业问卷进行样本数据采集，用于神经网络的训练、检验及仿真。结果表明，BP 神经网络评价模型更接近实际评价过程，有效规避了常规综合评价方法中人为因素干扰及权重确定的主观性等弊端，从而具有较高的准确性和实用性。赵炎（2016）认为企业间的地理邻近性对联盟知识转移有显著的促进作用，而网络邻近性对联盟知识转移也有正向影响，但并不显著。较高的网络密度能够进一步提升地理邻近性对知识转移的促进作用。孔德议（2017）认为网络的规模、强度和中心度均对知识转移绩效产生显著的正向影响；就影响的程度而言，网络中心度的影响最大、网络规模的影响次之、网络强度的影响最弱；较短期而言，在长期内上述三个维度的影响更强且更显著。苏世彬、陈美乔（2018）指出企业专利风险与隐性知识转移绩效存在负向影响关系；企业采取的专利风险管控措施会降低企业专利风险；非正式管控措施对隐性知识转移绩效具有显著的正相关关系，而正式管控措施会减弱隐性知识转移绩效；创新政策对正式管控措施与隐性知识转移绩效有显著调节作用。

总结现有文献可以发现，学者们关于对外直接投资知识转移问题的研究，对象多以发达国家跨国公司为主，以我国企业母公司作为知识转移参与主体的研究文献较少。其次，在研究中国企业跨国知识转移的文献中，学者多从逆向知识转移角度分析相关因素对知识转移效率的影响，鲜见从全球价值链层次全面分析我国企业对外直接投资的知识转移问题研究。

2.3　全球价值链研究

2.3.1　全球价值链由来

全球价值链（Global Value Chain，GVC）理论来源于 20 世纪 80 年代由迈克尔·波特（Porter，1985）提出的有关价值链的观点。他在阐述公司行为和竞争优势相关概念的同时，指出价值链是"一种商品或服务在创造过程中所经历的，从原料到最终产品的各个阶段或者是一些群体共同工作，不断地创造价值、为顾客服务的一系列工艺过程。"公司价值创造过程由基本活动和支持性活动组成。其中，基本活动包括生产、销售、物流、售后支持等，支持性活动包括人力资源、财务、采购等。波特还指出不同产业存在不同的价值创造过程，其中那些价值创造量大的环节，称之为"战略性环节"。很明显，波特所提出的价值链主要用来分析单个公司行为和竞争优势，仅适用于垂直一体化组织中的各项经营活动。

其后寇伽特（Kogut，1985）在波特的基础上，在分析国家比较优势和企业竞争能力的时候，对价值链理论进行了完善。他认为，国际商业战略的设定形式，实际上是国家的比较优势和企业的竞争能力之间相互作用的最终结果。其中，国家比较优势决定了整个价值链条各个环节在国家或地区之间如何进行空间配置；企业的竞争能力则决定了企业应该专注于价值链条上的哪个技术层面和环节，才能在竞争中保持竞争优势。与波特强调和关注单个企业竞争优势的价值链观点相比，寇伽特的这一观点更能反映价值链的垂直分离和全球空间再配置之间的关系，因而对全球价值链理论的形成更为重要。

进入 20 世纪 90 年代以后，格里芬（Gereffi，1994）在结合价值链和价值增加链的基础上，研究全球范围内企业间合作关系，提出一个新的概念——全球商品链（Global Commodity Chain，GCC）。GCC 是指在产品价值链中，不同的企业承担产品的设计、生产和营销等各自不同环节，并相互合作。格里芬认为 GCC 是发挥全球资本主义产业网络优越性的动力，是研究全球产业网络的一种新工具。之后，格里芬（Gereffi，2001）在分析全球范围内产业联系以及产业升级问题时，在 GCC 基础上提出了全球价值链（Global Value Chain，GVC）的概念。GVC 概念的提出重点关注价值在哪里、价值创造与分配主体是谁等问题，并且该理论的提出也为回答上述问题提供了有效的分析方法，在价值网络基础上，对国际性生产地理和组织特征进行深度剖析。卡普林斯基等（Kaplinsky et al.，2002）认为 GVC 是各项行为从概念到产品的完整的实现过程，包括几个基本环节：技术研发与设计环节、生产环节、销售环节和售后服务环节。他们指出 GVC 上并不是每一个环节都创造价值，价值链上的战略环节才是最重要的环节。根据全球价值链的"微笑曲线"理论，在产业价值链中，上游的研发设计环节与下游的营销环节属于价值链的高附加值环节，而位于价值链中间的组装加工环节属于低附加值环节，一旦企业抓住了战略价值环节，也就控制了该产业的 GVC。

2.3.2　全球价值链驱动模式

对于 GVC 形成的驱动机制存在着多种观点，其中"全球价值链驱动力"的观点得到普遍接受。格里芬（Gereffi，2003）根据 GVC 上两种不同驱动力将 GVC 划分为生产者驱动型和购买者驱动型。其中生产者驱动型价值链由大型制造商（通常为发达国家大型跨国生产者）充当领导企业，通过海外直接投资推动市场需求，经过向前与分销零售建立密切联系、向后控制原材料供应商实现生产过程的连接，从而形成全球生产供应链的垂直分工体系；购买者驱动型价值链由大型采购商（通常为发达国家大型零售商、营销商或品牌制造商）充当领导企业，利用自身拥有的品牌优势或销售渠道，在建立销售网络的基础上，建立散布于全球（尤其是奉行出口导向战略的发展中国家或地区）的生产网络，并在其中起到控制与协调核心作用。GVC 的二元驱动机制主要是基于买卖双方力量的强弱对比提出的，且不同驱动机制其价值链分布的产业也不相同。

然而，在实际经济活动中，GVC 的二元驱动机制的划分并非绝对，实证研究特别是早期实证研究主要集中于传统劳动密集型产业，相关案例和实证研究的失衡性使得 GVC 的二元驱动理论存在着许多缺陷。张辉（2006）指出，事实上除了生产者驱动和购买者驱动外，在许多产业（如 IT 业）部门内部同时具备了两种动力机制的特征，甚至即使是在同一产业部门内部的不同价值链环节，其动力机制也有可能是完全相悖的，基于上述事实，他对 GVC 二元驱动力进行了修正，提出了混合型全球价值链驱动模式。此外，于明超等（2006）则将生产者驱动型与购买者驱动型价值链进一步划分为技术驱动型、品牌驱动型和混合型 GVC，翁春颖、韩明华（2015）将全球价值链驱动模式划分为生产者驱动型、购买者驱动型以及中间驱动型 3 种。

2.3.3　全球价值链治理模式

随着国际分工的进一步细化，价值链也变得更加复杂，内部环节不断增加。这时要想通过提高价值链中的单个环节的效率从而提升整个价值链的收益变得很有限，因此需要系统性地协调价值链中各个环节的活动，从而使整个价值链具有竞争力，这种系统性协调就是价值链的治理。价值链治理（governance）一词是由格里芬提出的。汉弗莱等（Humphrey et al., 2000）将价值链的治理定义为：通过价值链中公司之间的关系安排和制度机制，实现价值链内不同经济活动和不同环节间的非市场化协调。作为一种制度安排，治理在全球价值链上居于核心地位。因为价值链上各环节公司之间的各种活动、劳动分工以及价值分配，都处于价值链治理之下。治理能保证价值链上企业间的交互式作用不是随机的，而是具有某种组织性。

关于全球价值链治理模式，邓伟根和王然（2010）认为外向型经济的产业转型受到全球价值链治理模式的束缚，仅以其对应的治理模式为落脚点，才能找到外向型经济转型的最优路径。刘昌年、马志强和张银银（2015）认为全球价值链治理模式、企业战略和市场创新是中小企业技术创新能力影响因素。不同的价值链治理模式下，全球价值链实现与升级方式、路径及局限性各有不同（庄妍，2013）。南京大学刘志彪教授指出，在基于全球价值链的制造业增长模式下，中国产业发展动力衰减。进入新常态的过渡时期，中国必须在全球价值链的基础上，通过扩大内需战略的实施，逐步转向嵌入全球创新价值链，实现要素驱动和投资驱动向创新驱动轨道的发展。

伴随着全球价值链理论研究的不断深入，全球价值链治理的模式由三种类型到四种类型再到五种类型不断细化。起初，一些学者（Powell，1990；Messner & Meyer，2000）将价值链的治理结构分为市场、层级制和网络三种组织形式。鲍威尔（Powell，1990）的创新点在于他创造了一种位于市场型和层级型中间的治理模式——网络型，在网络型的治理模式中参与者是种互补关系。卡普林斯基等（Kaplinsky et al.，2001）从政治权利分离的角度，将全球价值链治理所包含的诸多职能分为了立法治理、司法治理和行政治理三类。立法治理指为界定价值链生产者参与的基础而设定的各种要求、规范等，如 ISO 9000 质量体系、ISO 14000 环境体系、欧洲 GAP 体系甚至一些企业独自设立的规范要求。司法治理指针对链条内的参与企业设立各种标准和规范并进行执行情况检查，从而发现问题并进行解决。行政治理是指为了使参与企业符合各种标准和规范的要求，对企业进行直接或间接的指导帮助。

汉弗莱等（Humphrey et al.，2000）根据全球价值链治理者对价值链的控制程度，将全球价值链治理结构分成四种类型：市场型（markets）、网络型（networks）、准层级型（quasi hierarchy）和层级型（hierarchy），在这四者之中，后三种是较为典型的形式。在汉弗莱和施米茨分类的基础上，格里芬等（Gereffi et al.，2003）将全球价值链的治理模式细分为五种，即市场型（market）、模块型（modular）、关系型（relational）、领导型（captive）和层级型（hierarchy）。五种治理模式中市场和层级制分别处于价值链中行为体之间协调能力的最低端和最高端。市场型是指各个经济行为主体通过货币买卖各种商品和服务，其运行的核心机制是价格机制。层级型则是以企业制为典型，运行的核心就是管理控制。模块型、关系型和领导型都属于网络型，介于市场型和层级型两者之间，其中的模块型是系统的分解与集成，各个子系统需要有很好的创新效率，并按照一定的规则相互联系集约交易费用；关系型模式中厂商由于社会同构性、空间临近性、家族和种族性等联系集聚在一起；领导型模式则是众多中小厂商特别是小型厂商依附于几个大型厂商，由大型厂商对他们实施很强的监督和控制力。格里芬等（Gereffi et al.，2003）还指出，全球价值链治理模式并不是静态，也不是严格与特定行业相关联的，在特定的条件下，全球价值链的治理模式之间也可能相互转换。

2.3.4　全球价值链升级模式

直到20世纪90年代，产业升级理论才纳入全球价值链研究体系之中。产业升级过程是由低层次向高层次转换的过程，具体来说，是指产业由低技术水平、低附加值向高技术、高附加值演进的过程。结合全球价值链理论，产业升级是指价值链外围或低端企业通过技术进步或市场开拓，形成新的企业价值，最终进入增长其价值的过程（庄妍，2013）。卡普林斯基等（Kaplinsky et al.，2002）认为基于全球价值链的升级，是指企业通过达到全球价值链上各种标准，使自身的技术能力和市场进入能力得到提高，从而更具竞争力。

关于价值链升级层次。格里芬（Gereffi，1999）将产业升级分为四个层次：产品层次，即同类型产品由简单向复杂升级；经济活动层次，即产品的生产、设计、营销手段的升级；部门内层次，如供应链上某环节向附加值更高端的转移升级；部门间层次，即从低附加值、劳动密集型部门向资本和技术密集型转移。在此基础上，汉弗莱等（Humphrey et al.，2000）提出了产业升级的四种类型：工艺流程升级、产品升级、功能升级、链条升级。工艺流程的升级主要表现在降低成本、引进新的工艺流程、提高内部工艺效率。产品升级主要表现为改进新产品，包括改变单个环节内或各环节之间的新产品开发程序，以满足市场需求，获得竞争优势。值得注意的是，工艺流程及产品升级仅仅针对价值链原有环节效率及质量的提高，并未从根本上实现整体升级。功能升级表现为通信制造业通过改变价值链上的"战略性"环节（如从生产环节向研发设计环节转移），即通过提高核心技术和采用新的市场战略，进入价值链中高附加值环节，提升价值链中的地位。链条升级则表现为向新的、相关的价值链倾斜，最终完成价值链整体升级。霍布德（Hobday，1995）提出从贸易方式上大致遵循 OEA（组装）—OEM（贴牌生产）—

ODM（自主设计生产）—OBM（自主品牌生产）的升级顺序。这种规律在东亚众多国家工业化进程中得到了反映。无论产业升级的哪个层次，都意味着从劳动密集型价值环节转向资本和技术密集型价值环节，其过程都伴随着资本深化。而资本深化总是意味着随着要素禀赋发生变化，企业在技术选择的过程中不断地以资本代替劳动，以进一步提高资源配置效率。通常产业升级遵循由流程升级、产品升级、功能升级和部门间升级的循序渐进过程，其渐进过程实质上体现了要素禀赋的比较优势循序渐进的变化过程。

关于价值链升级的路径选择问题。阿姆斯登（Amsden，1989）是最早研究新兴市场在全球分工格局下如何进行升级的学者之一，其研究表明一个新兴市场实现产业升级的最佳途径是由委托代工到研发设计，最后到建立自主品牌并拓展销售渠道。霍布迪（Hobbday，2000）以中国台湾、中国香港、韩国和新加坡为研究对象，研究分析了亚洲"四小龙"地区的企业从委托代工到研发设计，最后过渡到建立自主品牌全过程的规律，从而验证了阿姆斯登 1989 年提出的新兴市场由委托代工到研发设计，最后到建立自主品牌并拓展销售渠道实现产业升级的途径是可行的；卡普林斯基等（Kaplinsky et al.，2008）在研究全球价值链时，分析了买方（委托加工方）对家具制造业企业的功能升级、产品升级和过程升级的影响。他们研究发现，这些买方（委托加工方）会通过设计制造业外包的方式、提供人员培训、提供技术和财务支持、制定产品标准等方式帮助那些接受委托加工的家具制造业企业实现升级（转自毛蕴诗等，2009）。张向阳等（2005）利用全球价值链理论分析了通过不同方式嵌入全球价值链的苏州和温州两地面临的价值链战略升级的困境和挑战，建议苏州应注重引进外资质量，引导外资企业在国内设立研发机构，为产业集聚创造有利条件，大力发展民营经济，鼓励大型企业加强研发投入并建立自有品牌；鼓励温州应继续向 GVC（全球价值链）两端延伸，加大引进外资力度，组织集团化大公司。朱有为、张向阳（2005）通过分析始于 20世纪 80 年代末 90 年代初"价值链"模块化的国际分工格局，指出我国应该抓住世界制造业价值链模块化的机遇，积极参与到国际制造业高端价值环节的分工中来，鼓励本土企业在核心价值模块上加大研发力度，争取在核心技术中拥有自主知识产权，向价值链的高端环节延伸。毛加强、刘璐（2009）以西安高新技术产业集群为例，提出了 GVC 下从"功能性升级—产品升级—

工艺流程升级"的集群升级路径。杨慧力、何青松等（2010）认为提升全球价值链上的分工地位是加工贸易升级的方向，并结合山东加工贸易现状，通过实证分析提出优化外商投资结构、加强先进技术的消化吸收能力以及加强人力资本投入等促进山东加工贸易升级的具体对策建议。周春山、李福映等（2014）通过汕头传统制造业嵌入 GVC 的方式、程度及地位的调查分析，认为现阶段汕头传统制造业普遍处于 GVC 低端环节，进而依据企业嵌入 GVC 的不同程度，提出了由"产品升级—功能升级"以及"实现工艺升级和产品升级"两种升级路径。在"一带一路"政策背景下，还有部分国内学者认为中国可以借助"一带一路"构建区域价值链，有针对性地选择某些特定产业进行互补性的分工合作（周绍东等，2017），提出以"一带一路"国际产能合作为契机构建以中国为核心枢纽的双向"嵌套型"全球价值链分工新体系是新时期我国突破"俘获式困境"、提升国际分工地位的关键（黄先海和于骁，2017）。李超、张诚（2017）指出中国对外直接投资促进了中国制造业全球价值链升级；中国对外直接投资显著提升了高技术制造业全球价值链的分工地位，但对低技术制造业和中低技术制造业的全球价值链升级没有产生显著性影响；中国对高收入国家及中等收入国家的直接投资均对国内制造业全球价值链升级产生了显著性影响，但对中等收入国家的直接投资对于国内制造业全球价值链升级的拉动作用更加明显。陈丽娴、沈鸿（2018）认为生产性服务贸易来源多元化是制造业全球价值链升级的重要因素，尤其是进口的作用更为明显。

也有学者认为全球价值链下的企业升级会受到各种因素的制约，并对此进行了一系列的研究和探讨。潘悦（2002）认为，在发展中国家的外资企业所大量从事的加工贸易的发展，使得发展中国家以此为契机而融入国际产业内分工，是发展中国家实现由劳动密集型生产环节向资本、技术密集型生产环节过渡进而实现全球价值链升级的便捷途径。并通过对我国加工贸易的产业分布和产品性质进行了调研分析，从劳动供给、企业技术水平、体制制约因素、政策环境、外资企业战略与目标等五个方面分析了制约我国加工贸易产业升级的影响因素。文嫣等（2005）在全球价值链治理视角下，通过对全球 IDM 公司的治理行为对上海浦东集成电路地方产业网络的调研分析指出，全球价值链治理者对地方产业网络升级的推动或阻挡，其主要因素取决于地方产业网络行为是否侵占价值链治理者的核心竞争力。于明超、刘志彪和江静（2006）以我国台湾笔记本电脑在大陆的封闭式生产网络为例研究了我国大陆企业在台资驱动主导代工模式下的升级困境与突破，研究表明，企业技术能力和生产规模是限制升级潜力的主要因素。毛日昇（2006）利用专业化竞争力指数和实际竞争力指数来刻画我国制造业产业结构升级和优化水平，分析了不同密集度制造业在包括我国在内的 26 个 OECD 国家市场竞争力水平的决定因素，表明一国的贸易专业化水平对绝大多数制造业行业的市场竞争力的升级有正向的促进作用。汪建成、毛蕴诗和邱楠（2008）通过案例分析归纳了格兰仕的技术升级途径，并研究原始设备制造商（original equipment manufacture，OEM）企业升级的成功因素及存在的问题，指出长远的技术战略思想、上游产业供应链中的核心零部件的供应、升级与渐进式的国际化进程有效结合等因素是决定企业升级的关键因素。陶峰、李诗田（2008）选择电子信息制造业代工最为典型的广东省东莞市 105 家相关 OEM 企业作为实证研究对象，分析了知识溢出和学习效应对产业升级的重要性，指出企业应进一步融入全球价值链体系，增强学习意愿，加大学习投入，走"引进消化吸收再创新"的技术创新道路。毛蕴诗、姜岳新和莫伟杰（2009）采用了东菱凯琴和佳士科技两家 OEM 企业的升级战略为案例，进行了对比分析。研究表明，首先，制度环境对 OEM 企业战略选择具有重要影响，其次，组织资源与企业能力是 OEM 企业升级的重要因素。马红旗（2010）以全球化大生产为背景，从产业层面切入，分析我国 21 个细分产业（制造业）的垂直专业化水平与实现全球价值链升级的关系。结果表明：全球价值链治理方式对我国嵌入全球价值链的制造业进行的价值链治理是存在的，且垂直专业化生产与我国制造业价值链升级是先上升后下降的倒 U 型的非线性关系。韩明华、陈汝丹（2014）利用浙江省部分中小制造企业调研数据，运用结构方程分析了中小制造企业 GVC 升级中各因素的影响作用。实证结果表明，本地企业家能力、企业人力资源的质量与层次、技术创新能力、知识内部化及资本化能力等因素对企业 GVC 升级有正向促进作用；升级所需的成本与资金投入因素影响作用不明显；现阶段政策环境没有起到应有的正向促进作用。郝凤霞、张璐（2016）从"价值链升级的必要性""低端锁定的缘由"以及"低端锁定对价值链升级的影响"三个角度，逐步研究并分析我国改变目前的低端锁定现状的迫切性。若不及时突破全球价值链中的低端锁定现状，将造成发展中国家出口贸易结构的失衡、弱化内生性知识积累路径、由价值链中领导的发达国家控制着知识的流动，进而不断嵌入、不断强化并锁定在价值链低端。因此，我国需突破低端锁定现状，实现在全球价值链中的升级。黄蕙萍、尹慧（2016）采用面板数据模型对我国战略性新兴产业 GVC 升级的影响因素进行实证分析，结果表明，研发环节是当前影响我国战略性新兴产业 GVC 升级的关键环节，其中 R&D 经费和人力资源投入强度对产业 GVC 升级具有不同作用；生产环节中技术效率和销售环节中利润率的提高同样有助于产业的GVC 升级，但出口规模的扩大却不利于产业的 GVC 升级。

2.3.5　全球价值链下对外直接投资相关研究

全球价值链的类型决定了企业所能实现升级的方向，也影响了对外直接投资方式。刘伟全（2011）、叶红雨（2013）认为随着生产全球化的开展，全球价值链的类型决定了企业所能实现升级的方向，也影响了 OFDI 获取技术的方式。生产者驱动型 GVC 的战略环节位于"微笑曲线"左边上游，一般都集中在发达国家资本和技术密集型地区。只有掌握和控制核心技术才能成为价值链的主导，因此欲嵌入生产者驱动型 GVC 的企业既可以采用绿地投资，也可以采用跨国并购的方式来获取升级所需的研发技术。而购买者驱动型 GVC 的主导者通过建立全球营销网络、销售和售后服务体系来获得高附加值，欲嵌入购买者驱动型 GVC 的企业一般通过跨国并购来获取升级所需的品牌和市场营销能力，因为较绿地投资而言，跨国并购更易实现资源的整合，并获得对方的销售渠道、甚至是上下游资源。刘伟全（2011）还深入分析了绿地投资与跨国并购这两种对外投资方式的逆向技术溢出效应传导机制。

学者们就全球价值链视角下我国对外直接投资企业的技术进步和产业升级问题进行了研究。陈爱贞、刘志彪（2008）认为虽然从技术溢出的角度来看，技术引进和 FDI 都会在一定程度促进我国本土企业的技术进步，但是随着 FDI 的大量进入，如果与我国本土企业相联系的上下游产业对其支持不足，FDI 企业会对本土企业形成产业链和价值链的双重约束，从而制约了我国本土设备制造企业的自我创新能力，使其被动嵌入全球价值链并被锁定在低端环节。尹华、朱绿乐（2008）认为，投资企业通过嵌入东道国价值链，获得了最新的技术信息以及与上下游企业互动的机会，从而形成联系效应。同时，和东道国企业集群在地理上的接近，还会给投资企业带来不断创新的压力，形成平台效应。此外，投资企业还会通过模仿跟随效应，即在学习、模仿和跟随东道国先进技术中提升自身技术水平以及通过引进东道国高素质技术人员提升自身研发能力的人员流动效应，获得逆向外溢技术。辛晴等（2011）肯定了我国企业通过对外直接投资的技术逆向溢出作用实现价值链的升级，并且他们还从工艺升级和产品升级两个层次考察了我国进行对外直接投资的时点和条件。帕纳农（Pananond，2013）研究了在发展中东道国（地区）的跨国公司子公司寻求国际扩张的问题，他以中国台湾地区电子业跨国公司在泰国的子公司为研究对象，从这些公司向发达国家进行直接投资的角度来探讨这些企业的价值链升级，认为这不仅能够提升东道国（地区）子公司在跨国公司内部的声望，同时还可以提高其在全球价值链领先企业中的地位。庄妍（2013）从全球价值链的角度，分析我国电信运营商对外直接投资过程的现状与发展，并重点分析我国运营商对外直接投资的方式和区位选择，指出：我国电信企业要在国际竞争中具有优势，首先需提升自身价值链上的重要性和相对优势，在对外直接投资中，应从进入市场和获得战略性资源入手，从技术和品牌上占据竞争优势。在区位选择方面，可以充分发挥自身的竞争优势，从具有发展潜力的新兴市场入手，结合企业长期发展战略，开拓目标市场。陈生杰（2015）针对我国主要以加工贸易方式参与全球价值链分工的背景，检验了 OFDI 与我国制造业全球价值链参与程度之间的因果关系。最后，以技术进步为全球价值链升级指标，实证分析了 OFDI 引致垂直专业化分工对我国制造业实现全球价值链分工地位提升的作用。黄锦明（2016）构建了技术获取型对外直接投资提升全球价值链分工位次的作用机制和逻辑模型，并通过华为典型案例的分析，得出结论：技术获取型对外直接投资通过吸纳机制、收益机制、需求机制、竞争机制和传导机制的共同作用，能够提升企业在全球价值链分工中的位次。并对如何通过技术获取型对外直接投资提高中国在全球价值链分工中位次提出建议。刘宏、刘东丽（2016）认为产业内附加值的提高是技术进步的直接表现，选取 1985~2014 年的相关数据建立多元回归模型，利用最小二乘法做多元回归。得出我国 OFDI 存量每提高 1%，将带动产业附加值增长 0.39%，即我国通过 OFDI 可以获取东道国逆向技术溢出，促进技术进步，从而带动我国在 GVC 中的升级。张辉、易天、唐毓璇（2017）在全球价值双环流的框架下，从必然性、发展阶段、经济内涵等方面全面地分析了"一带一路"这一国际合作平台，研究结果表明中国处于全球经济承上启下的位置，通过与发展中经济体、发达经济体的贸易分工，带动了更大区域的资源优化配置，为全球经济特别是发展中经济体的发展带来了新的动力。"一带一路"倡议的深化推进，将进一步强化这一作用，促进更深层次的国际经济合作与交往。刘利（2017）基于全球价值链视角展开OFDI 的产业升级效应研究，重点探究了 OFDI 对母国制造业产业升级的影响机理，并对我国制造业 OFDI 的产业升级效应进行了多层次、较全面的实证检验。总体上，我国制造业 OFDI 的工艺流程升级效应显著，有效提高了行业生产率；不同类型 OFDI 的工艺流程升级效应存在差异，流向发达国家的制造业 OFDI 对技术进步和生产率提升的促进作用显著大于发展中国家；与资源获取型 OFDI、市场开发型 OFDI 相比，效率寻求型 OFDI 更显著地推动了行业整体生产率和技术水平的提升；当前我国制造业的对外直接投资不存在显著的功能升级和链条升级效应，抑或效应尚未显现。

上述研究的相似思路都是对外直接投资企业如何在跨国公司全球价值链布局中被动地实现技术进步和产业升级。国内孙坤乾、刘志彪、刘明宇、肖梅等学者并不认同上述治理观点，孙坤乾（2009）建立完整的理论框架来解释我国对外直接投资在全球价值链链节提升中的途径作用，认为在靠自己实力自主研发和通过引进外资获得技术的效果相对有限的情况下，不妨主动地"走出去"，通过对外直接投资获取技术的逆向溢出，从而拉动企业在全球价值链中链节的升级。刘志彪（2010）认为以贴牌代工方式嵌入由发达国家主导的 GVC 治理下的中国企业，处于全球价值链低端和"依附"地位，很难实现价值链的高端攀升和产业升级。而中国外向型经济战略的调整，必须实施从嵌入 GVC 到融入 NVC（国家价值链）的战略转换，重塑基于 NVC 的治理结构和模式。刘明宇、芮明杰（2012）提出只有通过积极主动参与全球价值链重组和治理，建立中国自主发展型的价值网络，才能破解价值链被"俘获"的难题。中国经济联合会会长李毅中（2013）指出世界经济的复苏来源于各国经济的共同增长，也来源于产业和企业层面的良好发展。要充分发挥

比较优势，共同优化经济资源配置，建设合作共赢的全球价值链。肖梅
（2014）认为 OFDI 能够带来我国现代服务业的工艺流程升级与产品升级，但
是不能实现过程升级与链升级，并通过苏州工业园区典型案例的分析，提出
了我国现代服务业要利用 OFDI 带来的优势，并通过对产品的不断创新，创
建属于自己的价值链，并与全球价值链相融合的价值链治理机制。韩晶、孙
雅雯（2018）指出随着国际竞争格局的变化，发达国家所主导的传统单循环
全球价值链呈现出新的演进趋势，构建中国主导的"双环流全球价值链"正
当其时。夏友富、何宁（2018）认为我国装备制造企业应强化自主创新能
力，结合行业特点和自身实际，合理选择"自主式""集群式""包围式"
"渐进式"的产业升级路径，发挥比较优势迈向全球价值链中高端。同时，
应重点关注技术升级空间较大行业，实现国内价值链与全球价值链的高效对
接，加快推动"两化"深度融合，提升我国装备制造业在全球价值链中的地
位。戴翔、徐柳、张为付（2018）指出对外直接投资总体层面对中国制造业
攀升全球价值链具有积极的促进作用，但对处于不同价值链分工地位或阶段
的行业影响存在差异性，对位于全球价值链中端行业的促进作用要显著强于
位于价值链低端和高端的行业。在中国制造业亟待攀升全球价值链的关键发
展阶段，客观认识当前全球价值链分工的现实和攀升需求，充分利用大力实
施"走出去"战略的重要机遇，对于加快推进中国制造业攀升全球价值链、
提升开放型经济发展水平具有重要意义。以上研究成果强调了在对外直接投
资中自己主动构建全球价值链的重要性，基于全球价值链整合实施对外直接
投资战略的调整，实现企业在全球价值链中的提升，从而提供了有价值的思
路与方法。

2.3.6 全球价值链下知识转移研究

孙坤乾（2009）、刘乐铮（2012）认为在全球价值链中，国与国、企业
与企业之间的竞争实质上很大程度地集中在知识技术层面的竞争，任何层次
的产业升级都离不开知识技术进步。卢军等（2011）通过对 GVC 中旗舰企业
与为其提供中间品和最终产品的供应商之间知识转移结果的分析，得出知识
转移是旗舰企业追求利润最大化结果的结论。翁春颖、韩明华（2015）认为

领先企业为了获取并维持自身利益最大化，在全球范围内进行价值链布局，逐步形成产业内 GVC 的外包体系，其最终结果是知识、技术等被转移到 GVC 不同价值环节的各个节点上。刘昌年等（2015）认为，全球价值链下中小企业技术创新能力形成的实质是技术和知识从全球价值链治理者转移到价值链被治理者，并由价值链被治理者吸收、改造、再创新的过程。王建刚、吴洁（2016）基于全球价值链视角，提出跨国企业内外部网络通过提供知识交换的渠道而塑造了知识转移的过程，为企业提供了学习和资源共享的机会，是企业资源与能力获取的来源，中国企业在对外直接投资过程中一方面要保持内部网络的动态平衡，对网络结构实行优胜劣汰；另一方面要与外部构建广泛的联系，争取在外部网络结构中获得有利地位，从而为重构全球价值链打下基础。肖振红、刘昂、周文（2017）指出逆向知识转移是跨国公司获取海外东道国知识资源、维持竞争优势的重要途径。在现有的研究文献中，一个共识是：在知识经济条件下，知识基础观是价值链整合理论的基本出发点，价值链整合的实质是知识整合。无论是生产者驱动型还是购买者驱动型的全球价值链，想要实现链节的提升，必须掌握先进知识技术，并进行有效知识转移。

关于全球价值链下知识转移机制。厄恩斯特（Ernst et al.，2002）在借鉴显性知识与隐性知识相互转化的 SECI 模式的基础上，提出了全球价值链中全球领先企业和本土企业之间知识转移的机制。他们根据 GVC 知识转移中领导企业的态度（积极或消极）以及知识转移是否通过市场调节（市场或非市场）提出了 GVC 下的 4 种知识转移机制：一是知识传递企业表现积极、市场调节的正式机制；二是知识传递企业消极、市场调节，通过标准的机械化进行的知识转移；三是知识传递企业表现积极、非市场调节的非正式机制；四是知识传递企业表现消极、非市场调节的非正式机制。张停停（2014）认为在知识经济时代，为处于全球价值链高端并保持国际核心竞争力，跨国公司不断加快其国际化步伐，通过全球化学习获取国际先进技术和知识，且受到知识和技术溢出的影响，在原有垂直、水平知识转移基础上，跨国公司内部出现了母子公司之间的逆向知识转移新型模式。

关于全球价值链下知识转移影响因素。彭新敏、吴晓波（2008）以全球价值链为背景，从知识转移的参与要素入手，从发展中国家后发企业知识获取的角度出发，探讨领先企业与本土企业之间知识转移的内在机制及影响因素，他们认为全球价值链中知识转移影响因素包括领先企业知识转移能力、本土企业吸收能力、知识转移平台、知识本身特性因素四个方面。张化尧、叶欣园（2013）在国内外研究的基础上，从知识输出方、知识接受方和知识特性三个方面入手，分析在全球价值链下知识从跨国公司到本土企业的转移受阻原因，确定了影响知识传输的九种因素及知识输出和接收方对知识传输的中介作用。马述忠、刘梦恒（2017）通过剖析 OFDI 默会知识逆向溢出的理论机制，认为影响 OFDI 默会知识逆向溢出的因素主要包括网络成员信任程度、信息开放共享程度和共同解决问题程度等网络嵌入性因素，以及知识吸收能力和 OFDI 合作方式等默会知识溢出调节因素。

一些学者就全球价值链下技术知识保护对企业知识转移的影响进行了研究。知识产权保护是一把"双刃剑"，在不同的技术经济条件下，其发挥的作用和功效也不同。西格斯托姆等（Segerstrom et al.，2010）认为，较强的知识产权保护能够增强全球价值链治理者的知识转移意愿，有利于经济增长和知识转移，可提高发展中国家的知识技术水平。世界知识产权组织（WIPO）认为，知识产权保护能够促进知识扩散，为吸引外资、引进技术提供保障。世界贸易组织的知识产权保护协议也指出，知识产权保护有利于促进知识创新、知识转让和知识传播。然而，诺兰（Nolan，2008）通过对航天航空、电子等行业的研究发现，全球价值链治理者凭借技术优势或品牌优势牢牢控制着价值链，依靠专利和行业标准建立起技术壁垒，使知识难以在全球价值链中自由流动。王平、田彬彬（2011）指出在其他条件保持不变的情况下，中国知识产权保护的提高对于技术和资本密集型的 FDI 有较大的促进作用，知识产权保护水平的提高起到了改善中国 FDI 的质量和优化 FDI 结构的作用。齐欣、张庆庆（2018）基于面板数据模型，实证考察了知识产权保护对中国对外直接投资存量的影响。发现东道国加强知识产权保护对中国对外直接投资具有显著的促进作用，而且这种作用有两个显著的特点，一是在"一带一路"沿线国家样本中强于非沿线国家样本，二是在低知识产权保护度的国家样本中强于高知识产权保护度的国家样本。杨珍、增刘晶（2018）用 GP 指数和 Fraser 指数构建有效知识产权保护指标，基于 2000～2009 年的国家—行业面板数据计算 Koopman 全球价值链地位指标，在考虑知识产权保护和行业专利密集度交互作用的前提下，通过静态和动态面板数据模型完成了经验检验。研究发现，加强知识产权保护可以提高一国的全球价值链地位，这种促进作用存在显著的行业差异，在专利密度较高、模仿成本较低的行业上表现更强。

以上研究成果是对对外直接投资、知识转移、全球价值链等问题进行的一般性和阐释性研究，这些成果为我们提供了有价值的思路与方法。然而，综观国内外文献，鲜有研究涉及我国企业对非洲直接投资的知识转移问题。我们认为，对非洲直接投资的知识转移这一新课题，需要从更加独特的视角来研究。基于全球价值链视角研究我国企业对非洲直接投资的知识转移机制及其绩效，无疑是一个新的思路，具有一定的创新空间。

第3章 全球价值链视角下对非洲直接投资知识转移理论

研究对非洲直接投资知识转移问题的关键在于构建一套系统的对非洲直接投资知识转移理论。但由于其内涵的复杂性，到目前为止，国内外尚无一个成熟的并被广泛接受的对非洲直接投资知识转移理论体系。在经济全球化的背景下，为了维持并加强自身的竞争优势，越来越多的企业开始了基于价值链的全球布局，企业之间的竞争更多体现为价值链的竞争。对非洲国家直接投资的中国企业要想摆脱价值链低端嵌入带来的种种不利影响，就需要构建合作共赢的全球价值链，这样才能在国际分工中获得丰厚的利润。本章将从全球价值链这一视角出发构建一套中国企业对非洲国家直接投资知识转移理论。

首先，本章借鉴已有的国内外文献理论分析界定对外直接投资的概念、类型等内容，并对对外直接投资的分类依据进行详细论述。其次，在探讨知识转移时，界定知识的概念、分类及知识转移的内涵等。最后，提出全球价值链的概念和驱动模式，从理论上定性分析全球价值链视角下对非洲国家直接投资影响知识进步的微观机理，并构建基于全球价值链视角的对非洲直接投资知识转移理论，以为后续章节的研究做好理论铺垫。

3.1 对外直接投资

3.1.1 对外直接投资概念

对外直接投资是资本国际化的主要形式之一，由于不同研究机构和学者关注的重点不同，对外直接投资的概念和划分标准并没有统一的界定，往往受制于国家规定、经济发展状况等因素。国际货币基金组织（IMF）给出的解释，"OFDI 是为了在国外投资获得长期的投资收益，并拥有对公司的控制权和企业经营管理权而进行的在国外直接建立企业或公司的投资活动。"联合国贸易和发展会议在《世界投资报告》中关于对外直接投资的解释是："一国的居民实体（直接投资者或母公司）在本国以外的东道国的企业中建立长期关系，享有持久利益，并对之进行控制的投资。"《新帕尔格雷夫经济学大辞典》对对外直接投资的定义是"对外直接投资是'涉及工厂和土地等生产资料所有权',或'股票所有权使股东控制了厂商的经营活动的投资'",强调对外直接投资是为了获得有效的控制权以及参与经营管理的权利。经济合作与发展组织（OECD）认为对外直接投资是"一国的居民或者实体（直接投资者、母公司等）与另一国的企业建立长期关系，获取长期利益并对之进行控制的投资"。2010 年，我国商务部和国家统计局公布的《对外直接投资统计制度》指出，对外直接投资是指我国国内投资者以现金、实物、无形资产等方式在国外及港澳台地区设立、购买国（境）外企业，并以控制企业的经营管理权为核心的经济活动。

360 百科给出的定义是：对外直接投资（Outward Foreign Direct Investment，OFDI），是指企业以跨国经营的方式所形成的国际资本转移。一般认为，对外直接投资是一国投资者为取得国外企业经营管理上的有效控制权而输出资本、设备、技术和管理技能等无形资产的经济行为。杨静（2011）认为，对外直接投资也可以称为国际直接投资、跨国直接投资或者海外直接投资，指的是企业通过跨国经营活动形成的国际资本转移。具体来讲，就是一国的跨国企业为了获取外国企业的有效经营管理控制权而相应地输出资本、设备、技术以及管理技能等无形资产的相关经济行为。孙延杨（2014）认为，OFDI 是一国的投资者（自然人或法人）跨国境投入资本或其他生产要素，以获取或控制相应的企业经营管理权为核心，以获得利润或稀缺生产要素为目的的投资活动。

从理论上讲，对外直接投资中"是否拥有对企业的控制权和经营管理权"是极为重要的分界线，涉及具体国家时在数量标准（股权比例）有较大差别。例如，美国商务部规定，外国公司 50% 的股权由独立个体的美国投资者所拥有，或 20% 及以上的股权受美国投资公司拥有，或 10% 及以上股权由单一美国投资者拥有，则对该外国公司的投资属于对外直接投资；日本政府规定，日本在国外企业中出资比例达到 25% 及以上，属于对外直接投资；我国商务部规定，中国拥有国外企业 10% 或以上的股权，则对该企业的投资属于对外直接投资。

综上所述，虽然学者们给出的对外直接投资定义各不相同，但是对外直接投资有三个主要特征：一是投资者对所在国（地区）以外的其他国家（地区）所进行的投资；二是投资的目的是获得有效的控制权和经营管理权，从而获得持久的收益；三是投资股权一般要达到10%或以上。本研究参考上述学者观点，结合中国企业对外投资的实际，提出对外直接投资（OFDI）定义如下：对外直接投资是一国投资者跨国（境）投入资本、设备、无形资产，在国（境）外设立、购并企业，以获取或控制该企业的经营管理权，并获得持久收益为核心的投资活动。

3.1.2　对外直接投资类型

1. 按照对外直接投资目的分类

邓宁（Dunning，1977）区分了对外直接投资最主要的三种形式，资源寻求型、市场寻求型、效率寻求型。而伴随着战略管理观点的兴起，1998年，邓宁根据过去20年中对外直接投资动机的最显著变化，提出了第四种对外直接投资形式——战略资产寻求型。针对中国企业对外投资动因的研究文献汗牛充栋，学者们对投资模式的表述也不尽相同，但大体上可以纳入以上四种动机。

（1）资源寻求型。资源寻求型的对外直接投资的主要目的是寻求国内稀缺的资源以及维护原料来源的稳定性。我国对于石油、铁、铜等自然资源需求旺盛，虽然我国的自然资源丰富，但是仍然存在缺口，投资于资源丰富而资金紧张的国家是我国寻求资源的主要方式。此外，一些使用进口原料的企业因为防范国际原料市场供应和价格变化带给企业的不良影响，往往考虑在原材料生产国生产该产品。在这一类型下的直接投资区域主要集中在非洲、中亚、西亚、拉美等资源丰富的国家。

（2）市场寻求型。市场寻求型对外直接投资的主要目的在于规避贸易保护和贸易壁垒以及开辟新的市场。虽然我国加入了WTO进行国际经济交流，但是关税、配额以及非关税等贸易壁垒仍然限制了我国的对外贸易。同时，国内市场很多产品都面临着市场饱和、生产过剩等现象，通过对外直接投资将产品转出到国外，不仅能够解决生产过剩的现象，而且还可以拓展市场。该类型的投资区域主要集中于东南亚、中东欧国家，这些国家与中国地理位置临近，市场规模与增长潜力大，劳动力价格低，产品竞争力强。

（3）效率寻求型。效率寻求型对外直接投资的目的在于降低成本，提高生产效率。通常有两种情况：降低生产成本，如果企业在国内生产出口产品，其生产成本高于在国外生产时，可通过对外直接投资方式在国外设厂生产，以降低生产成本以及运输成本等，提高生产效率；获得规模经济效益，当企业的发展受到国内市场容量的限制而难以达到规模经济效益时，企业可通过对外直接投资，将其相对闲置的生产力转移到国外，以提高生产效率，实现规模经济效益。

（4）战略资产寻求型。战略资产寻求型对外直接投资的目的在于寻求并获得未来竞争的关键性战略资产。为了缩短与发达国家的差距，引进能够应对国内激烈竞争的知识技术，中国企业一般都会采取跨国并购等海外投资的方式，获取商标、营销渠道、技术和跨国管理经验等战略性资产，并引进我国在进行本土化之后，推向市场，提高自己的竞争力。这一类的区域选择主要是以发达国家为主，因为他们有较为高端的技术，主要集中于经济发展、科技水平较高的北美、日本、澳大利亚、西欧国家。福斯弗里等（Fosfuri et al.，1999）和贾亚等（Jaya et al.，2009）分别从理论和实证上证明了企业通过对外直接投资可以获得战略资产，提升技术。

2. 按投资者对被投资企业拥有的股权比例分类

按投资者对投资企业拥有的股权比例的不同，对外直接投资可分为独资模式（wholly-owned subsidiary）和合资模式（joint-equity）。

（1）独资模式，指投入企业的资本完全由一国的投资者提供，投资者对被投资企业的股权拥有的比例在95%以上的投资模式。独资企业包括设立分支机构、附属机构、子公司等。它可以采取收购现有企业或建立新的企业来实现。独资子公司性质是一个不依赖其母公司而独立存在的法律实体，具有独立的法律主体资格，具有自己的组织机构和资产负债表、损益表，同时输入国一般都赋予子公司以本国国籍，在营业范围和业务活动上受到的限制较少。成立独资子公司的最大好处是可以保证国内母公司对其的绝对控制权和经营决策权，不受当地合营伙伴许多因素的干扰，国内母公司可以独享其全部利润。

（2）合资模式，指两国或两国以上的投资者在一国境内根据东道国的法律，通过签订合同，按一定比例或股份共同投资建立、共同管理、分享利润、分担亏损和风险的股权式投资模式。合资企业分为股份公司、有限责任公司或企业、无限共同责任公司，并具有法人地位。合资经营企业总的来说具有以下几方面优点：①可以减少和避免政治风险，由于内外合营可减少东道国政策变化或被征收风险。②由于是外国投资者和当地投资者合资经营共负盈亏，外国投资者除可享受对外资优惠外，对于股权式合资经营企业，还可获得资本输入国对本国企业的优惠待遇。③可利用当地合营者与东道国政府的关系了解所在国政治、经济、法律、文化诸方面情况，增强竞争实力。④对于发展中国家，合资经营也是利用外资、引进设备、开拓国际市场、培训人才的一条重要渠道。正因为如此，合资经营企业在对外直接投资企业中被广泛采用，其主要不利之处在于：合营双方目标难以一致，经营决策难以协调，销售经营意图常有分歧，长期利益与短期利益难以结合。这是由于合营双方来自不同的国家、民族、政治、经济、文化、价值观念所造成的，因此能否选择好合营伙伴和合资经营企业的管理形式是采用这一投资形式的关键所在。

3. **按投资者投资组建方式的不同分类**

按投资者投资组建方式的不同分类，对外直接投资进入模式可分为绿地投资方式和并购方式。

（1）绿地投资（greenfield investment）。绿地投资也可以称为创建投资或者新设投资，指的是跨国企业等投资主体依照东道国的法律，在当地创建的部分或者全部资产所有权归其所有的企业。企业用绿地投资的模式进入东道国会直接增加该国的生产能力、产出和就业。作为国际直接投资的一种十分重要的方式，绿地投资的发展是源远流长的。早期的跨国企业在向国际市场拓展业务的时候所采用的基本都是这种进入模式。绿地投资主要包括两种形式：一是建立独资企业；二是建立合资企业。其中独资企业又有三种形式：分公司、子公司和避税地公司；合资企业又有两种形式：股权式合资企业和契约式合资企业。

（2）跨国并购（cross-border mergers & acquisitions）。跨国并购是指一国企业确定了某种经营目的之后，通过一定的支付渠道和手段购买另一国企业资产的全部或足以把握经营控制权的部分股份，进而对该企业的经营管理实施实际或完全的控制行为。跨国并购包括国与国之间的兼并和收购两种形式，收购是指购买标的企业的资产和股份，全盘买下，称为并吞，买下大部分，则称为控制。收购公司进行收购的目的在于追求最佳生产规模，扩大市场占有率，分散单一经营的风险，控制目标公司的高新技术。兼并是指两家以上的公司依契约及法令归并为一个公司的行为，通常是被兼并的企业丧失法人资格，也可能是兼并企业和被兼并企业都解散，双方产权合在一起，重新成立一家企业，获得新的法人资格。

不同企业对外直接投资的模式不同，然而，无论上述哪一种投资模式都会面临企业内部的知识转移。贾镜渝、赵忠秀（2015）指出许多中国企业海外并购失败的重要原因之一是中国企业缺乏有效的知识转移。

3.2　知　识　转　移

3.2.1　知识的概念

知识一词从哲学的认识论（epistemology）而来，指"被验证过的真的信念"（justified true belief）。现在知识一词已被普遍使用于社会科学领域，尤其是管理学领域。

有的学者在探讨"知识"时，把知识（knowledge）与数据（data）、信息（information）区分开来以突出知识的定义。如野中郁次郎（Nonaka，1994）认为信息是一串讯息流，而知识是依知识拥有者的承诺及信念而被创造及组织过的信息，因此，知识与信息最大的不同点就在于知识与人的信念及行动息息相关。尔后，野中郁次郎和竹内弘高（Nonaka & Takeuchi，1995）又对两者之间的差异做了进一步的说明：首先，知识牵涉到信仰和承诺，即知识与某种特定的立场、看法和意图相关联；其次，知识牵涉到行动，即知识通常含有某种目的；最后，知识牵涉到意义，即知识和特殊情境相互呼应。大卫·尤福洛等（Yuh Foong Law et al.，2001）认为信息非常广泛，包含许多领域，信息可以被收集、分析，但是无法被内化。知识是信息的一个子集合，可以被内化为个人的隐性知识，因此，知识被视为可被内化且可被行动的信息。罗伯茨（Roberts，2000）把知识、信息和数据区分开来以突出对知识的定义。他认为"数据是一组观察、测量或者事实"，信息是"被组织为一种有意义的模式的数据"，而知识则是"对信息的应用或者有效使用，它来自经验、熟练精通或者学习而得到的感知和理解"。

上述关于"知识""信息"不同点的辨析，界定了知识的主要范畴，但是，不同的学者基于各个不同的研究视角对同一范畴的知识所下的定义也不尽相同。

以知识的可变动性而言，野中郁次郎和竹内弘高将知识视为一个动态的过程，是"以追求真理为目标，不断验证个人信念的动态人文过程"。

以知识的输入、输出观点来看，刘常勇（1999）认为信息是知识的输入端，技术是知识的产出端，知识须经由客观分析与主观认知所产生，且与人相关，较难系统化与明确地萃取；信息经过学习过程与价值认知才能成为知识。

以知识的应用观点来看，伍尔夫（Woolf，1990）认为知识是被组织好的信息，可以应用于问题解决上。图尔班（Turban，1992）认为知识是被组织及分析过的信息，使其可被理解及应用在问题解决或决策制定上。贝克曼（Beckman，1997）认为知识是关于信息与数据的推理，以提升绩效、问题解决、决策制定、学习与教学。

以知识是一个集合的观点来看，维格（Wiig，1993）认为知识包含真理与信念、观点与概念、判断与预期、方法与专业技术。范德斯皮克等（Van der Spek et al.，1997）认为知识是一个集合，包含被视为是正确且真理的洞察、经验及程序，因而可以指引人的想法、行为及沟通。达文波特等（Davenport et al.，1998）认为知识来自于智者的思想，是一种流动性质的综合体，包括结构化的经验、价值以及经过文字化的信息。

阿罗毗等（Alavi et al.，2001）整理许多学者的看法，将知识的定义分为六大类，如表3-1所示。

表 3 - 1   不同视角下知识的定义

不同定义视角	描述
知识与数据及信息不同	数据是事实、未经处理的数字。信息是处理过、解释过的资料。知识是个人化的信息
心智状态	知识是一种知晓与理解的状态
对象	知识是一个可被储存及操作的对象
过程	知识是一个应用专业知识的过程
信息的存取	知识是信息存取的状态
能力	知识是影响行动的潜能

尽管对知识的理解多种多样，但有一点是共同的，即知识是人们在社会实践中所获得的认识与经验的总和。本书所研究的知识内涵是：人们在社会生产实践中，通过学习、探索、发现和感悟到的对主客观世界的认识和经验的总和，是人类劳动的成果和认识的结晶。

3.2.2 知识的分类

波兰尼（Polanyi，1967）首先提出知识的内隐性（tacit），将知识分为隐性（tacit）与显性（explicit）两类。隐性知识是指无法说明、不易口语化与形式化的知识，显性知识则包含能被解释与编撰的知识，可以客观加以捕捉的概念，且具有语言性与结构性，如事件、理论、秘诀、标准与程序等。

野中郁次郎和竹内弘高承袭了波兰尼的分类方法，认为隐性知识是无法用文字或句子表达的主观且实质的知识。隐性知识是特殊情境下的产物，包含了认知技能和经验衍生的技能，属于个人技能，很难化转为言语或文字，可能是手艺、专业经验、对特定科技或产品市场的看法等。显性知识是可用文字来表达的客观而形式化的知识，显性知识是有规则有系统可循，且容易借由具体的数据、数学公式、标准化的程序或原则来沟通与分享。

巴达拉科（Badaracco，1991）将知识依其可移动性分为可移动的知识及嵌入组织的知识。可移动的知识包括存在于设计之中的知识、存在于机器的知识、存在于脑海中的知识。嵌入组织的知识存在于个人与组织的特殊关系、规范、态度、信息流程及决策过程之中，很难通过文字或符号来移动给他人。

扎克（Zack，1999）将知识区分为一般性知识（general knowledge）与特殊性知识（specific knowledge）。一般性知识指的是属于公开性（publicly），只要花费一些时间便可获得，也较易传送给对方。反之，特殊性知识指的是属于个人的专业知识或经验，亦是需要花费较多的时间与精力才可获得的知识，所以不易传送给对方。

伦纳德－巴顿（Leonard-Barton，1995）则依知识的专属性将知识区分为员工个人的知识（empolyee knowledge）及内含于组织实体系统的知识（knowledge embedded in physical system）。员工个人知识指的是员工自己的知识，包含技能、经验、习惯、直觉及价值观等，属于员工可以带走的东西；而组织的知识指内含于企业的作业流程、信息系统、组织文化与团队合作等，员工带不走的知识。

OECD（1996）将知识划分为 know-what（知道是什么的知识；意指关于事实方面的知识）、know-why（是知道为什么的知识，意指自然原理和规律方面的科学理论）、know-how（知道如何做的知识，意指做某些特定事物的技术与能力）、know-who（知道是谁的知识，意指有谁知道或有谁知道如何处理某些特定事务的信息）四类。

托马斯·斯图尔特（Stewart，1997）将组织所蕴含的知识视为组织所拥有的"知识资本"（intellectual capital）。这些学者认为，知识资本是组织的无形资产，是指个人与团队能替公司带来竞争优势的一切知识与能力的总和，包含了组织所拥有的知识和其他抽象的财产。他们将知识资本分为三大部分，分别为人力资本（human capital）、结构资本（structural capital）以及顾客资本（customer capital）。

耶尔文佩等（Jarvenpaa et al.，2001）认为知识可分为组织知识以及个人知识。组织知识泛指归属于组织中的知识，其包含种类繁多且丰富，有助于创造组织价值，且易于与他人共享的知识，如数据库、制度、设计图、工作程序等。个人知识则属于个人的知识与智能，个人可再利用与活用，但难以与他人共享的知识，如经验、能力等，可借由员工熟练的技术、表现而显性出来。阿罗毗等（Alavi et al.，2001）提到如果想要定义出对组织内有用的知识类别，可以分成四类：顾客知识（customers knowledge）、产品知识

（products knowledge）、流程知识（processes knowledge）和竞争者知识（competitors knowledge）。

本书所研究的中国企业对非洲直接投资中的知识亦包括企业组织知识和个人知识。组织知识指内含于企业的顾客关系、产品信息、作业流程、制度规范、信息系统、企业文化、团队合作等知识。个人知识指属于企业员工个人的知识，包括企业管理经验、生产服务技术、价值观等知识。

3.2.3　知识转移内涵

蒂斯（Teece，1977）最早提出知识转移（knowledge transfer）的思想，他认为知识转移是一个过程，是个人之间、组织之间以及组织与个人之间知识（包含隐性知识与显性知识）的发送与接收的过程。他提出知识跨国界转移的概念，认为企业通过技术的跨国转移，能积累起大量跨国界应用的知识。此后，知识转移逐渐成为知识管理的关注热点。辛格利等（Singley et al.，1996）从个体的角度阐释知识转移，认为知识转移是个人将其在一种情境下获取的知识用于另一种情景的过程。吉尔伯特等（Gilbert et al.，1996）认为，知识转移是一个动态的过程，是组织不断学习过程中的一部分，只有知识吸收方将知识同化为自身的一部分时才算完成知识转移，而在知识同化为组织一部分之前，必须经历知识的采用与接受等阶段。苏兰斯基（Szulanski，1996）以交换的角度，认为知识转移是知识源方与知识接受方之间进行的双方之间的一个知识交换的过程。更进一步，达文波特等（Davenport et al.，1998）认为，知识转移是把知识从知识源转移到组织其他个体或部门的过程。他们把知识转移分解为知识传递和知识吸收两个过程。知识被接收意味着对发送方传递的知识有充分的感知和理解并且能够以此采取行动。布雷斯曼等（Bresman et al.，1999）认为知识转移是指一种基于彼此的成员交换关系。阿尔戈等（Argote et al.，2000）认为，知识转移是一个单元（群体、部门或分区）受其他单元经验影响的过程。加拉维利亚等（Garavelli et al.，2002）认为，知识转移是一个认知过程，由编码化与通译两部分组成。张大为和汪克夷（2009）进一步将知识转移应用到个体、团体、组织部门以及组织间等不同主体间的知识流动、共享和转化。

跨国公司是国际直接投资的主体，吴映霞、林峰（2009）、易加斌（2012）认为跨国公司知识转移可分为两种：一是跨国公司外部知识转移，即跨国公司与外部环境中的供应商、中介商、战略联盟伙伴、东道国政府、公共组织等机构之间的知识互动转移；二是跨国公司内部知识转移，即母子公司或子公司之间的知识转移。陈佳（2012）认为跨国公司知识转移主要指两种情景：（1）跨国公司母子公司间传递的具有价值的知识、技术；（2）跨国公司子公司与当地的供应商、科研机构、合作伙伴等之间的知识转移。按照公司跨国增长理论，实现规模经济的跨国公司在受到知识和 FDI 技术溢出的强烈影响，突破原有母子公司之间的垂直知识转移和子公司彼此之间的水平知识转移后，出现了母子公司之间的逆向知识转移。

由此可见，不同学者由于自身的知识结构以及研究视角的不同，对知识转移的理解不尽相同，但是他们对知识转移的研究主要是从个体、团队和组织三个层面展开，对知识转移概念的共识也是显而易见的。其主要表现为：（1）知识转移是知识从知识源到知识受体的传递过程；（2）知识转移也包括知识受体对知识的吸收以及对知识源的反馈过程，知识传递与知识吸收相辅相成；（3）知识转移的目的是使知识受体掌握知识源的知识，这种掌握既包括对知识表达的掌握，更包括对知识指导实践能力的掌握。

3.3 全球价值链概念、驱动与升级模式

由第 2 章文献综述可知，全球价值链（Global Value Chain，GVC）概念来源于 20 世纪 80 年代由迈克尔·波特提出的有关价值链的观点。其后寇伽特在波特的基础上，在分析国家比较优势和企业竞争能力的时候，对价值链理论进行了完善。他强调价值链的垂直分离和全球空间再配置之间的关系。进入 90 年代以后，格里芬在结合价值链和价值增加链的基础上，提出一个新的概念——全球商品链（Global Commodity Chain，GCC）。之后，格里芬在分析全球范围内产业联系以及产业升级问题时，在 GCC 基础上提出了全球价值链（GVC）的概念。GVC 概念的提出重点关注价值在哪里、价值创造与分配主体是谁等问题，在价值网络基础上，对国际性生产地理和组织特征进行深

度剖析。2002 年，联合国工业发展组织（UNIDO）提供了一个较为权威的概括：全球价值链（GVC）是指在全球范围内为实现商品或服务价值而连接生产、销售、回收处理等过程的全球性跨企业网络组织，涉及原料采集和运输、半成品和成品的生产、分销、最终消费、回收处理等过程。

在前人对全球价值链研究的基础之上，本研究对全球价值链的定义如下：全球价值链是指在全球范围内为实现商品或服务价值，而连接研发设计、生产、销售、售后服务等过程的全球性跨企业合作组织。散布于全球的处于价值链上的企业进行着从设计、产品开发、生产制造、营销、交货、消费、售后服务、最后循环利用等各种增值活动。一条完整的价值链通常被分为三大环节：第一是研发环节，包括相关产品服务的研发、设计、技术知识的培训提高等环节；第二是生产环节，包括原料采购、半产品的生产、终端加工、测试、质量控制、包装和库存管理等环节；第三是营销环节，包括品牌建设、广告、销售、售后服务等环节。就增值能力而言，这三种环节呈现出由高到低，再转向高的 U 型，这就形成了全球价值链"微笑曲线"模型。如图 3 – 1 所示。

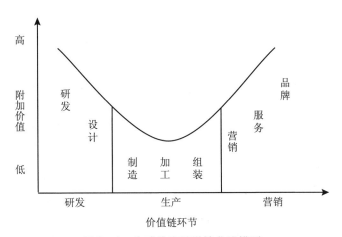

图 3 – 1　全球价值链微笑曲线模型

资料来源：施振荣. 再造宏碁：开创、成长与挑战［M］. 台北：天下文化出版社，2004。

对于全球价值链形成的驱动机制，格里芬的"全球价值链二元驱动力"的观点得到普遍接受。格里芬将 GVC 划分为生产者驱动型和购买者驱动型。

生产者驱动的全球价值链中，生产环节创造了最大的产品增值；而购买者驱动的全球价值链中，流通环节的营销活动创造了最大的附加价值（Henderson，1998）。这一结论为产业升级指明了道路。我国学者张辉（2006）对全球价值链二元驱动力进行了修正，提出了生产者驱动型、购买者驱动、混合型驱动模式。于明超等（2006）则将生产者驱动型与购买者驱动型价值链进一步划分为技术驱动型、品牌驱动型和混合型 GVC，翁春颖、韩明华（2015）将全球价值链驱动模式划分为生产者驱动型、购买者驱动型以及中间驱动型三种。

本书借鉴上述学者的观点，结合中国企业对非洲直接投资的实际，将全球价值链驱动模式划分为生产者驱动型、购买者驱动型以及混合驱动型三种。其中，生产者驱动模式是指由大型制造商（通常为发达国家大型跨国生产者）充当领导企业，通过海外直接投资推动市场需求，经过向前与分销零售建立密切联系，向后控制原材料供应商实现生产过程的连结，从而形成全球生产供应链的垂直分工体系。购买者驱动模式是指由大型采购商（通常为发达国家大型零售商、营销商或品牌制造商）充当领导企业，利用自身拥有的品牌优势或销售渠道，在建立销售网络的基础上，建立散布于全球（尤其是奉行出口导向战略的发展中国家或地区）的生产网络，并在其中起到控制与协调核心作用。混合型驱动模式是指兼具生产者驱动和购买者驱动两者的特征，在致力于构建全球生产供应链垂直分工体系的同时，利用自身拥有的营销网络，建立全球销售体系。三种驱动模式的全球价值链在价值形成中并不是均匀或线性分布的。在购买者驱动的全球价值链中，主要价值增值份额都偏向于流通环节，从生产环节向流通环节转换过程中，价值增值率是边际递增的，如图 3 - 2（a）所示。在生产者驱动的全球价值链中，主要价值增值份额都偏向于生产环节。从生产环节向流通环节转换过程中，价值增值率是边际递减的，如图 3 - 2（b）所示。而混合驱动的全球价值链中，价值增值在生产环节和流通环节都有偏重，在生产环节向流通环节转变的过程中，先表现为价值增值率边际递减，然后又表现为价值增值率边际递增。如图 3 - 2（c）所示。

关于全球价值链的升级模式，在"一带一路"倡议背景下，有部分国内学者认为中国可以借助"一带一路"构建区域价值链，有针对性地选择某些

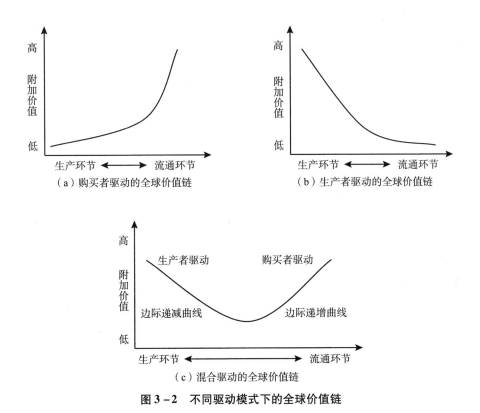

图 3 – 2　不同驱动模式下的全球价值链

特定产业进行互补性的分工合作（周绍东等，2017）。有学者提出以"一带一路"国际产能合作为契机构建以中国为核心枢纽的双向"嵌套型"全球价值链分工新体系是新时期我国突破"俘获式困境"、提升国际分工地位的关键（黄先海和于骁，2017）。刘皖青、张战仁、张润强等（2018）在选取并分析世界第一大经济体美国、老牌经济科技强国英国以及与中国大陆同文同宗的中国台湾的全球创新价值链嵌入案例的基础上，提出伴随着国内转型升级过程，我国全球创新价值链嵌入模式将出现由政府推动型、内部融入型、被动嵌入型为主逐渐向企业自发型、对外走出型、主动构建型为主的过渡。2018 年 9 月中非合作论坛北京峰会上，习近平总书记指出，中国是世界上最大的发展中国家，非洲是发展中国家最集中的大陆，中非双方基于相似遭遇和共同使命，在过去的岁月里同心同向、守望相助，走出了一条特色鲜明的合作共赢之路，中非早已结成休戚与共的命运共同体。中国愿在推进中非

"十大合作计划"基础上，同非洲国家密切配合，未来 3 年和今后一段时间重点实施"八大行动"。因此，本研究认为在"一带一路"倡议和中非合作论坛背景下，中国企业对非洲直接投资的全球价值链升级，应以打造新时代更加紧密的中非命运共同体为指引，从被动嵌入全球价值链到主动构建合作共赢的全球价值链。

3.4　全球价值链视角下对非洲直接投资知识转移理论

我国企业总体仍处于全球价值链的低端环节，但对一些知识密集型企业的全球价值链的垂直分工参与较深，技术高度指数也较高。因此我国对外直接投资至少有两种类型：一是向劳动、自然资源更加丰富而知识技术相对落后的发展中国家的直接投资；二是向知识技术先进的发达国家的直接投资。尽管向发达国家的直接投资是发展中国家实现逆向知识溢出进而实现母国技术进步的主要途径，但这并不意味着向发展中国家的直接投资活动与母国知识进步无关。近年来，拥有要素比较优势和增长潜力的非洲各国逐渐成为我国产业海外转移的热土。那么，对非洲国家直接投资活动如何通过知识转移改善东道国和母国企业的知识禀赋状况，以提升全球价值链，其微观机理是什么？本节旨在对此进行探讨。

3.4.1　对非洲直接投资影响知识进步的微观机理

知识技术是一个国家产业和企业发展的根本动力所在。知识进步有广义和狭义之分，狭义的知识进步主要指在知识技术应用的直接目的方面所取得的进步，包括知识进化和知识革新。广义的知识进步指产出增长中扣除劳动力和资金投入数量增长的因素后，所有其他产生作用的因素之和，又称为"全要素生产率"，包括：技术进步、管理水平的提高、资源配置的改善、生产要素的提高、规模经济等。

1. 接受中国直接投资的非洲国家知识进步微观机理

一国的经济增长离不开生产率的提高，而生产率的提高又与知识进步密切相关。中国直接投资可以通过对非洲东道国的知识溢出效应，实现对东道国的知识转移。非洲东道国通过吸收我国对其直接投资转移的知识，能够将中方企业的先进技术、管理经验等知识扩散到东道国，从而促进东道国知识技术的进步。

中国直接投资对非洲东道国的知识溢出效应，指中方跨国公司将所具有的研发产品的技术、先进的管理经验、企业文化等知识向东道国企业扩散的效应，客观上促进了东道国技术、管理经验等知识水平的提高。知识溢出效应从跨国公司向非洲东道国传导的渠道主要有以下几种：（1）示范和模仿效应。前者指中国公司在东道国投资运作与活动所产生的先进知识技术的示范效应，后者指非洲东道国企业主动学习或模仿中国公司的先进技术、管理经验等知识。（2）市场竞争效应。中国公司的进入增加了东道国当地企业的竞争压力，当地企业不得不提高技术知识水平和生产效率，以维护自己原有的市场份额。（3）企业的关联效应。中国公司的子公司或分支机构与当地企业之间在技术与管理方面的合作所产生的知识溢出效应。（4）人力资本的溢出效应。中国公司对东道国当地员工进行培训，提高了他们的技术和管理水平，如果这些员工后来受雇于当地企业，就可以提高当地企业的技术和管理水平。

上述中国直接投资对非洲东道国的知识溢出效应，可以实现先进技术、管理经验等知识从跨国企业向非洲东道国的转移。根据内生增长理论，对外直接投资的资本、先进技术、管理经验知识的一揽子转移，能够成为东道国经济增长的内在决定因素。对外直接投资可以通过创造新产品、新工序，采用新的管理方法和组织结构，以及提高劳动者技能等方法，扩增东道国的知识存量，进而促进东道国生产率的提高。

2. 对非洲国家直接投资的母国知识进步微观机理

非洲国家劳动力丰富，劳动成本低，适宜劳动密集型价值链环节的存在，这是我国企业对其进行直接投资的主要原因。这些投向非洲国家的直接投资，无论是绿地投资，还是合作经营等，主观上可能是为了进一步降低劳动成本或获取东道国自然资源、市场，虽然不是以获取知识技术为直接目的，但是因产量上升、市场扩大而带来的规模经济和母公司 R&D 费用的分摊等，客观上也会带来整个企业知识技术水平的提升，对于母国的知识技术升级具有正效应。具体来说，向非洲国家开展直接投资促进我国技术进步的微观机理主要有规模经济效应与 R&D 分摊机制。

（1）规模经济效应，包括静态和动态规模效应。静态规模效应主要是指中方企业在技术和产品多样化过程中，可以在原有技术的基础上根据不同的产品要求对其进行改进，从而生产出符合非洲市场需求的本土化产品。这种改良后的技术使得生产出的产品技术档次和质量得以提高，但调试成本却很少，企业规模的扩大伴随着平均成本的下降，其原因在于技术的"通用"特征，即每增加一种新的用途，相对于获取这种知识的固定成本而言，其可变成本是很少的；一种技术拥有的用途越广泛、适用的产品领域越多，这种静态规模经济越有意义。动态规模经济及是指中方企业特有的技术在应用中不会损耗或衰败，反而通过数次应用后由于非洲东道国"干中学"效应的作用，使得知识水平得以提高，也就是用得越多，技术的质量、技术的效率和效应越能得以提高。

此外，根据小规模技术理论，低收入国家商品市场的一个普遍特征是需求量有限，大规模生产技术无法获得规模效益。许多发展中国家拥有劳动密集型小规模生产技术，这种小规模生产技术能为小市场需要服务，达到规模经济，从而获得竞争优势。非洲国家属于低收入国家，市场需求量有限，我国众多赴非投资的民营企业所拥有的小规模生产技术开发了非洲市场需求的特殊产品从而获得竞争优势，通过节约成本达到规模经济，以实施产品低价营销战略，开拓非洲市场。

（2）R&D 费用分摊效应。通过向非洲国家直接投资，一方面，刺激非洲政府或企业分摊部分 R&D 费用，由此使中方企业腾出部分资源用于核心项目的 R&D；另一方面，利用扩大了的市场，从而增加了规模，降低单位产品 R&D 费用，从而对非直接投资获得高于国内的收益，进而有能力增加 R&D 投入。实践中，我国有不少向非洲国家投资规模较大的企业，如海信集团、浙江力帆等。这些企业在非洲国家均建有较大的生产基地，他们对非洲地区的直接投资带动了国内上游产品和设备的出口，由此不仅获得了规模经济效应，还产生了 R&D 成本单位产品分摊的效应。

3.4.2 对非洲直接投资进入模式与全球价值链升级

前文分析表明，接受中国直接投资的非洲国家知识进步微观机理不同于向非洲国家直接投资的母国知识进步微观机理。此外，对非直接投资进入模式本身对于中非双方的知识进步而言具有不同的优势和劣势，在具有不同驱动机制的全球价值链中可能有不同的应用，从而影响全球价值链升级过程。

1. 对非洲直接投资主要进入模式

经过长期的探索，中国对非洲的直接投资方式日趋多样化，现有投资方式主要包括绿地投资、合作经营、跨国并购、境外园区、承包工程等。

绿地投资又称新建投资，是对外直接投资的传统方式。即资产的产权全部或部分归投资方所有，包括独资企业和合资企业。这种方式可以为非洲地区带来较高的就业率和经济发展契机。很多非洲国家更愿意采用。例如，1992 年，海信集团在南非成立贸易公司经营彩电业务，并于 1996 年建立首个生产基地，成功占领南非家电市场，全面实现不同层次消费理念的有效满足，成为南非家电行业的领军者，该集团在南非建立了多家生产厂家，有力推进了本地化经营。

合作经营方式主要是合作双方就合作形式和分配比例进行协商，通常是非方提供固定资产及劳动力，而我国提供相应资金、设备及高端人力资源，并附加雇用非洲员工超过六成以上的条件，双方协定最终利益分配的比例。中兴通讯是其中较为成功的案例。2009 年，该公司与利比亚 GPTC 公司达成 CDMA2000 网络合作意向，就业务范围做了协定，并每年获得 10% 的经营利润；第二年又与埃塞俄比亚签订合作协议，合作建立了非洲首家手机厂，非方建厂房，中方提供技术支持，在非洲实现了广泛的技术覆盖。

跨国并购方式也成为中国企业开始采用的方式。跨国并购是跨国兼并和跨国收购的总称，主要指我国企业为了特定的目标，通过一定的渠道和支付手段将非方企业的所有资产或足以行使运营活动的股份收买下来，从而对非方企业的经营管理实施实际的或完全的控制行为。例如，中国核工业集团以接近两亿美元的价格收购了非洲纳米比亚一个铀矿的股份，这是非洲最大的铀矿之一。

境外园区成为中国对非洲国家集群式投资的重要方式。境外园区全称"中国境外经贸合作区"，是中国企业在境外投资建设的境外经贸合作区，是以企业为主体，以商业运作为基础，以促进互利共赢为目的，主要由投资主体根据市场情况、东道国投资环境和引资政策等多方面因素进行决策。投资主体通过建设合作区，吸引更多的企业到东道国投资建厂，增加东道国就业和税收，扩大出口创汇，提升技术水平，促进经济共同发展。这些境外经贸合作区已然成为中国对非洲集群式投资的重要平台。比如坐落在埃塞俄比亚的东方工业园区，不仅是我国目前在埃塞俄比亚的唯一的国家级经济合作区，还是埃塞俄比亚政府的国家工业发展计划优先发展项目。东方工业园产业定位明确，主要发展适合埃塞俄比亚及非洲市场需求的纺织、皮革、建材、机电等产业，同时发展为工业园配套服务的仓储、物流、商贸、餐饮等服务业，旨在建成一个以加工贸易为主的经济综合区域。

对非洲承包工程业务也是其重要方式之一。工程承包是指项目业主为实现项目目标而采取的一种承发包方式，即从事工程项目建设的单位受业主委托，按照合同约定对从决策、设计到试运行的建设项目发展周期实行全过程或若干阶段的承包。非洲是中国对外承包工程的第二大市场。近年来，随着非洲经济的快速发展，工程承包市场不断扩大，中国企业的业务也不断增长。总体来看，中国工程承包项目报价比较低、在确保质量的前提下工期比较短，不干涉非洲国家内政，获得了非方的认可。首先，相对于当地企业，中国建筑企业很多原材料从国内运来，成本比当地企业要低很多。其次，中国建筑业发展已经比较成熟，技术力量较强，企业积累了大量技术和工程经验，在全球具有竞争力。

2. 对非洲直接投资进入模式与全球价值链驱动机制

根据小岛清的边际扩张理论，对外直接投资应该从本国边际产业开始，并依次进行，边际产业就是已经处于或者即将处于比较劣势的产业。边际产业的转移不仅可以促进国内产业结构调整、促进本国对东道国贸易的发展，而且还有利于东道国产业结构的调整、促进东道国劳动密集型行业的发展，对双方均产生正面影响。我国对非洲直接投资主要是将边际产业转移到非洲，使得边际产业从我国市场退出，释放出沉淀生产要素，把沉淀生产要素用于支持新兴产业的发展，又能收获非洲国家高额的投资回报率，提升我国的产业结构。此外，在带动产业上下游产品出口贸易的同时，还能促进东道国产业结构调整。

对非洲直接投资方式的不断发展使得我国企业可以在"中非区域"范围内按照双方资源的禀赋状况组织运营。我国企业在"走出去"时，采用哪一种投资方式，取决于很多因素。从价值链的视角看，全球价值链的驱动模式决定了我国企业所能实现升级的方向，也影响着对非直接投资方式。嵌入"中非区域价值链"的中非双方企业通过投资与被投资获取知识进步实现价值攀升，同样也会受到价值链驱动模式的影响。

（1）对非洲直接投资与生产者驱动的全球价值链升级。

在生产者驱动的全球价值链中，作为主导者的中方核心企业掌握着产品、项目等的 R&D 和核心部件生产等高附加值环节，如中信、华为公司，通过将一些低附加值的环节转移到非洲国家，建立全球运营体系，并利用专业分工优势和全球协作网络的整合优势，实现利润最大化。对于赴非洲投资的我国企业而言，以增强核心技术能力为中心的策略就是合乎全球竞争规则的正确路径。我国企业应强调企业的技术创新、生产能力和相关产业的垂直整合，并以此作为参与市场竞争的核心竞争能力。

生产者驱动的全球价值链的战略环节是研发设计、零部件制造等，位于"微笑曲线"的左边上游，嵌入全球价值链低端环节的我国企业，只有掌握和控制这些核心环节才能成为价值链的主导者，才能在价值链分配中获取更多的利润。一般认为，以"走出去"的方式，到技术要素丰富的发达国家主动获取这些类型的技术，才能通过示范效应和波及效应快速提升产业整体技术水平，进而占据国际产业价值链的高端环节，打破技术进步和产业升级的路径依赖。而事实上，对发展中非洲地区的国家进行直接投资也能间接促进我国企业对核心环节的掌握。这种间接促进主要发生于合作经营和工程承包模式下的对非洲直接投资。

中国最开始对非洲进行直接投资的主体主要是国内大型国有企业，随着中国"走出去"战略的推进以及对非洲直接投资规模的扩大，政府鼓励企业"走出去"，越来越多的中小企业和民营企业加入对非投资大军，因此这些企业不仅会和东道国同行产生竞争，其数量庞大的赴非国际投资群体间也会形成一种"竞争效应"，在"双重竞争"的压力下，对非投资企业能更大程度地增强企业自主创新能力，增强产品的耐用性、安全性和舒适度，以提高产品的技术含量和质量；此外，与独资、新建相比，合作经营和工程承包的进入模式能通过与东道国企业分摊费用和风险有效降低风险因素，并且因与东道国企业联合，较易融入当地环境，制度和环境的阻碍也较小。另，从资源投入的角度看，合作经营和工程承包方式因可以与非洲企业分摊物质资本及人员资本，从而达到节约费用的目的。于是，更小的风险及成本使得对非投资企业能将相对充足的资金投入生产、研发环节，以间接促进本企业知识技术的进步，从而构建合作共赢的全球生产网络。

（2）对非洲直接投资与购买者驱动的全球价值链升级。

在购买者驱动的全球价值链中，"链主"通过建立全球营销网络、销售和售后服务体系来获得高附加值。购买者驱动的价值链条大多是类似鞋业、服装和玩具等的劳动密集型传统行业。这些行业的合约制造商所遇到的来自"链主"的核心技术的压力要小得多，可以充分利用本国的比较优势，加强核心技术开发和品牌建设，借助"链主"的全球采购和营销网络实现自身品牌在全球价值链中的地位，实现向高附加值环节的升级。所以，以商业资本为原动力的购买者驱动的价值链的升级强调通过市场营销、拓展销售渠道获得范围经济，因此，政策的重点应是适当推进品牌策略，强化贸易扶持措施，着重培育企业的市场营销能力。

如果以对非洲直接投资的方式实现购买者驱动的价值链的升级、获取品牌和提高市场营销能力，跨国并购就比其他进入方式有着更多的优势。通过新建投资在非洲市场建设销售渠道、推广宣传自有品牌耗时长、成本高，而且效果不一定理想，这是因为品牌认同度受到文化、价值观等因素的影响，我国企业的品牌不易在非洲国家受到高度认同。另外，自建、管理销售渠道也是很困难的事情，我国作为发展中国家，企业在市场营销方面本来竞争力就不强，在海外市场白手起家，其难度可想而知。跨国并购就可以解决这些不足，轻松获取对方的品牌、销售渠道，甚至是上下游的销售关系，如果整合得好，中国方并购企业就可以迅速进入非洲市场，增强能力。因此，对于嵌入购买者驱动的全球价值链的中方企业来说，选准时机，跨国并购非洲地区一些经营出现问题的老牌企业，整合其品牌、销售渠道，有助于提高企业在全球价值链的地位，实现价值链攀升。

（3）对非洲直接投资与混合驱动的全球价值链升级。

在实际经济活动中，除了购买者驱动和生产者驱动的价值链外，实际上还有许多价值链处于两者之间，即兼具购买者驱动和生产者驱动特征的混合驱动价值链。混合驱动模式下的价值链条的价值增值在生产环节和流通环节都有偏重，产业的价值增值过程受到双动力机制的共同作用。因此，混合驱动下的全球价值链与前两者相比较为复杂。其如何决定对非投资企业实现价值链升级的方向？如何影响对非洲直接投资方式？如何通过对非直接投资进行知识转移最终实现价值攀升？其中的机理还需要根据实际情况来看该类混合驱动产业是偏向生产者驱动型还是购买者驱动型，然后根据具体情况决定政策取向，按照具体偏向来考虑发展策略。总体而言，以生产者驱动特征为主的混合驱动价值链的升级，可以主要采取合作经营和工程承包等对非洲直接投资方式。以购买者驱动特征为主的混合驱动价值链的升级，可以主要采取跨国并购等对非洲直接投资方式。

因此，合作经营和工程承包较适用于生产者驱动的全球价值链升级，跨国并购更适合于获取购买者驱动的全球价值链的品牌和市场营销能力等因素，而对于混合驱动机制下的全球价值链则需要通过实际情况具体分析。

3.4.3 全球价值链视角下对非洲直接投资知识转移理论分析框架

国内外关于全球价值链视角下对发展中国家直接投资知识转移理论研究的时间不是很长，有关理论研究和评价方法上还有很多争议，但在以下方面已经形成共识：科学的分析框架是研究对外发展中国家直接投资知识转移的关键。知识经济时代，企业获取持续竞争优势的关键，在于促进知识有效转移和流动的能力。对于在非洲直接投资的中国企业而言，要想避免价值链低端嵌入带来的种种不利影响，需要建立有效的跨国知识转移机制，积极构建合作共赢的全球价值链，这样才能在国际分工中获得丰厚利润。此部分将在前文理论研究的基础上，设计一套基于全球价值链视角下的中国企业对非洲直接投资知识转移理论分析框架，以为后续章节的研究做好铺垫。

基于全球价值链视角的中国企业对非洲直接投资知识转移理论并不是对已有的知识转移理论的否定，而是对已有知识转移理论的进一步延伸与拓展，以使其能够更加真实地反映现实，并更加有效地指导中国企业在重塑全球价值链的背景下，如何在对非洲直接投资过程中培育与提升知识转移能力。因此，基于全球价值链视角下的中国企业对非洲直接投资知识转移理论研究可借鉴已有的知识转移分析框架，主要从三方面展开，如图 3 - 3 所示。

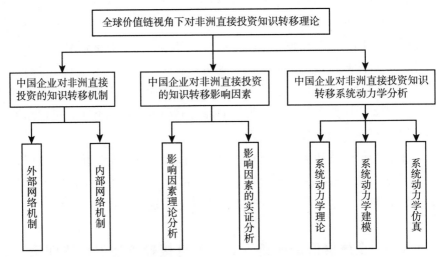

图 3 - 3　全球价值链视角下对非洲国家直接投资知识转移理论框架

1. 中国企业对非洲直接投资的知识转移机制

基于全球价值链视角的中国企业对非洲直接投资知识转移机制是中国企业非洲投资知识转移研究领域的重要课题。由于全球化进程中，每个组织都镶嵌在特定的网络之中，通过网络结构研究对非直接投资知识转移的具体机制，有利于从网络的视角认识知识转移的本质，进而为我国提升对非投资知识转移效率、重塑合作共赢新型全球价值链的研究提供新思路和新方法。

在知识转移机制部分，首先，基于中国企业在非洲地区直接投资现状，结合中非直接投资过程中知识转移情况，梳理出全球价值链视角下中国企业对非洲直接投资知识转移网络结构，包括跨国公司与东道国间的外部网络以及母子公司间的内部网络。其次，针对内外部网络，借助不同价值链驱动模式下的产业案例，从知识转移动机、知识转移路径、以及影响因素三方面从理论上具体分析对非直接投资知识转移机制。研究内容详见第 4 章。

2. 中国企业对非洲直接投资的知识转移影响因素

知识转移网络是一个包含众多环节和要素的复杂系统，当网络处于运行状态时，内外部网络中的诸多因素均会影响对非直接投资过程知识转移绩效。有效识别各因素是提高知识转移绩效的关键。然而作为企业难以把控外部大环境，因此此部分主要针对中国企业对非洲直接投资过程中母子公司的知识转移环节展开影响因素研究。前文第 2 章文献梳理发现，就母公司间知识转移绩效影响因素的研究，国内外学者主要围绕知识属性、知识源企业、知识接受方企业、知识转移情境四个方面展开。这一结论能否经得住实践的检验？我们有必要从上述四个方面就中国企业对非洲直接投资的知识转移影响因素进行实证检验。

此部分，我们将影响中非母子公司知识转移的影响因素划分为知识属性、知识源、知识接受方、知识转移情境四维度，从而构建中国企业对非洲直接投资知识转移影响因素要素模型，采用基于最大似然法的结构方程模型进行理论假设的检验。研究内容详见第 5 章。

3. 中国企业对非洲直接投资知识转移系统动力学分析

中国企业对非洲直接投资知识转移是一个复杂系统，许多学者已经证实知识转移系统符合系统动力学建模的基本条件。该知识转移系统的知识流在中国知识源企业和非洲知识接受方企业之间的转移，具有明确的系统边界，同时其转移过程遵循基本规律，模式较为固定，存在互动和反馈，因此，中国企业对非洲直接投资知识转移系统符合系统动力学建模的基本条件。然而，限于本书篇幅，且为了简化系统模型设计，该部分只研究中国企业对非洲直接投资知识转移内部网络机制中的顺向知识转移，主要以中国知识源企业和非洲知识接受方企业为两个行为主体，以知识源企业向知识接受方企业知识转移为主要方向进行模型设计，其中涉及的影响因素划分为知识源企业、知识接受方企业、知识属性和情境因素四个层面的进行分析。

此部分在前面理论分析的基础上，对中国企业对非洲直接投资知识转移系统建模并进行模型检验和分析。首先，通过系统分析确定模型的边界；其次，提出所建模型的假设条件；再次，通过分析变量之间的因果逻辑关系建立因果回路图和存量流量图；然后，在存量流量图的基础上建立方程和进行参数赋值，建立中国企业对非洲直接投资知识转移系统模型；最后，对系统模型进行检验与仿真分析。研究内容详见第 6 章。

第4章　中国企业对非洲直接投资的
知识转移机制

对非洲直接投资知识转移不仅可以促进中国企业的技术进步和研发能力的提升，同时还能改善非洲当地的经济发展现状。20 世纪 50 年代，在新中国第一代领导人和非洲政府的努力下，双方开启了中非合作新纪元。早在 20 世纪 60 年代，中国企业就已经在铁路项目上对非洲地区实施技术援助，当时中国政府出资十亿元为非洲修建坦赞铁路，自此建立了中非之间的深厚友谊。这一阶段，中国对非的援助主要集中在对几项突出产业的技术支持上。70 年代，中国先后与 25 个非洲地区的国家建立合作关系，扩大了对外援助的领域，包括制造业、农业、交通运输业以及部分轻工产业。进入 21 世纪以来，中国已成为非洲地区最大的经济贸易合作伙伴，双边具有广阔的合作空间。2000 年，中非合作成立"中非合作论坛"，标志着中非合作实现了全方位发展的跨越，中国对非洲地区的投资净额呈现逐年增长趋势。2015 年，习近平总书记提出"一带一路"倡议，在该倡议下，中非关系升级为"全面战略合作伙伴关系"，为了实现沿线国家的互联互通，进一步深化和拓展对非洲投资的深度和广度是国内企业"走出去"的重要方向。随着国内要素成本的攀升，中国参与全球价值链分工的比较优势面临重塑，深入推进"一带一路"倡议，构建合作共赢的新型全球价值链是中国更加主动积极参与新一轮国际分工的明智之举。2018 年 9 月，在中非合作论坛北京峰会上，中国政府提出未来 3 年和今后一段时间中非合作重点实施"八大行动"，鼓励中国企业扩大对非投资，在非洲新建和升级一批经贸合作区，特别是制造业等传统及新兴领域扩大对非洲投资，支持非洲更好地融入全球和区域价值链。非洲作为中国"一带一路"倡议发展战略的重要节点，将中非区域价值链的构建作为重塑全球价值链的重要环节，是构建合作共赢的新型全球价值链的题中之义。政府应当鼓励边际产业外移、优势服务业积极投资非洲国家，实现双方知识信息的互动交流，这对于促进中非友好和非洲的经济发展、改善非洲基础设施薄弱的局面等具有十分重要的战略意义。

本章在现有研究的基础上，将全球价值链区分为生产者驱动模式、购买者驱动模式以及混合型驱动模式，在简单分析中国企业对非洲直接投资知识转移网络结构后，基于中国企业对非洲地区直接投资现状，从知识转移动机、知识转移路径、影响因素三方面，并结合龙源电力、鹿王集团以及华坚集团等代表性案例，从理论上定性分析不同驱动模式下内外部知识转移机制。分析表明，中国企业对非洲直接投资知识转移的载体主要是跨国公司，知识转移网络体系不仅包含了母子公司之间的内部网络，还涵盖了跨国公司与东道国之间的外部网络。影响外部知识转移网络的因素主要包括关系嵌入、位置嵌入以及文化距离，而影响内部知识转移网络的因素包括知识源企业、知识接受方企业、知识属性以及情境因素等。

4.1　中国企业对非洲直接投资的
知识转移网络结构

中国企业对外直接投资的主要载体是跨国集团公司。跨国公司网络中的知识流动至少以五种不同的形式发生（Gupta & Govindarajan，1991）：（1）从母公司流向子公司；（2）从子公司流向母公司；（3）从东道国当地环境流向子公司；（4）从子公司流向道国当地环境；（5）子公司之间的流动。努里亚认为，随着技术进步和外部市场环境的不断变化，母子公司内部关系发生了变化，母子公司关系从传统的母子科层结构关系逐渐向网络化关系演变，母公司与各子公司在网络系统内的角色也发生了变化。其中，母公司和分布在不同地区的子公司所构成的组织间网络形成早期跨国公司内部网络（Ghoshal & Bartlett，1990），进一步的，哈坎森等（Hakanson et al.，2000）将母公司向子公司的知识流动定义为顺向知识转移，而将子公司向母公司的知识流动过程定义为逆向知识转移。罗利亚等（Nohria et al.，1993）提出跨国公司网络结构不只是一个简单的公司内部网，还是一个网络嵌入结构，既除去母子公司之间形成的内部网络，还包含海外子公司与其当地供应商、消费者、研发机构、当地政府等相关利益机构与群体构成的外部网络，内外部网络之间的互动交流，可以有效优化资源配置和权力分配。国内学者提出跨国公司内部网络是指母公司（或总部）、子公司及其子单位通过正式及非正式联结所组成的网络；跨国公司外部网络是指子公司与东道国的供应商、顾客、政府机构、科研院所、竞争者及其他利益相关组织等组成的组织间网络（田泽和顾欣，2015），跨国公司通过建立内外部网络，可以将学习到的国别性或区位性专有知识向跨国公司内部网络其他节点转移（薛求知和阎海峰，2001）。内外部网络通过提供知识交换的渠道而塑造了知识转移的过程，为企业提供了学习和资源共享的机会，是企业资源与能力获取的来源，中国企业在对非洲直接投资过程中一方面要保持内部网络的动态平衡，对网络结构实行优胜劣汰；另一方面要与外部构建广泛的联系，争取在外部网络结构中获得有利地位，从而为重构全球价值链打下基础（王建刚和吴洁，2016）。

综上所述，伴随着中国企业对非洲地区直接投资项目的日益增多，双方之间的知识转移现象越来越明显，而这一过程主要是通过跨国公司这一主体实现。本书基于全球价值链视角，将跨国公司初步区分为生产商、购买商以及兼具生产和购买特征的混合型跨国公司，分别以龙源电力、内蒙古鹿王集团以及华坚集团为例，分析生产者驱动模式、购买者驱动模式以及混合驱动模式下跨国公司内部网络以及外部网络中各主体之间的知识转移机制。其中包括中国企业在对非洲直接投资过程中，跨国公司与同行业公司、供应商、科研机构等组织之间形成以转移核心技术、供货信息、客户信息以及政府政策等为主的外部知识转移机制；以及跨国公司子公司与母公司之间涉及品牌、文化、管理经验等为主的知识转移和共享机制（吴映霞和林峰，2009）。因此，本节所研究的知识转移网络机制，既包含了跨国集团公司与东道国政府、同行企业、供应商、客户等组织之间的外部网络机制；也涵盖了跨国公司母子公司之间的内部网络机制，具体知识转移机制如图4-1所示。

4.2 中国企业对非洲直接投资知识
转移外部网络机制分析

全球价值链视角下，中国企业对非洲地区直接投资知识转移外部网络的形成，如图4-1所示，是基于跨国公司与东道国政府、供应商、客户、同行企业以及当地居民等组织之间紧密合作或竞争的网络机制。中非之间的合作历史悠久，中国企业对非洲地区的知识转移，其雏形最早可追溯至20世纪60年代对当地铁路建设的技术援助，对当地工程项目派遣技术人员进行指导。2000年"中非合作论坛"成立，建立了中非之间技术援助的保障机制。2014～2015年，国内政府先后颁布了《中国的对外援助》白皮书和《中国对非洲的

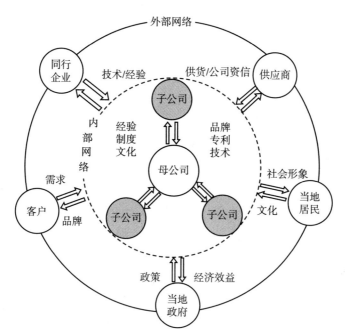

图 4-1　中国企业对非洲直接投资知识转移网络结构

政策文件》，表明中国对非洲的援助开始走向稳定性和长期性，援助形式开始发生本质上的变化，跨国公司开始成为对非洲直接投资的重要载体，所涉及的领域涵盖农业、交通运输业、基础设施建设以及金融业等，并在持续扩展；双方交流的深度也在不断深化，从最初单向的技术援助到目前中非之间实现双向知识技术转移，初步形成中非区域价值链条。本节根据中非之间直接投资知识转移网络框架，对不同驱动模式下中非外部知识转移网络机制进行梳理。其中，向外转移的知识主体可能是当地子公司自身发展过程中创新积累的，也可能是通过跨国公司内部知识转移网络从国内母公司获取的，此时生产商以转移技术为主，购买商以转移营销体系为主，而混合型企业兼具上述两者的转移特色。反之，向内转移的知识主体包括跨国公司通过与东道国政府、同行企业、供应商、客户以及当地居民等进行交往过程中，获取的关于政策红利、供应商信息以及文化习俗等信息。针对跨国公司外部知识转移机制，本节从转移动机、转移路径以及影响因素三个方面进行阐述。

4.2.1　向外知识转移

1. 转移动机

（1）源于中国企业资源寻求型对外投资战略。早期，我国凭借土地、劳动力资源禀赋，以产品代加工方式从低端融入由发达国家主导的全球价值链，但是经过几十年的发展，越来越多的中国企业意识到如果延续现有发展模式，企业的持续经营将陷入资源竞争、劳动力成本攀升等不利局面，使其在全球价值链中处于更劣势的地位。立足于资源寻求型发展战略，先发企业开始在全球范围内寻求合适的投资目标，非洲作为发展中国家的后起之秀，在发展初期经济增势一路高歌，虽然近几年的经济发展疲软，但其拥有的丰沛自然资源与低价的劳动力，足以吸引中国企业将大量的技术、资金向当地投资。以矿业为例，非洲大陆拥有丰富的铁矿资源，迫切希望通过出口资源来改善区域民生，却因缺乏技术和资金而身陷窘迫，而矿业作为中国的传统产业，中国企业具备成熟的开发技术以及雄厚的资金实力，两国之间的供需对接，不仅能够缓解现阶段中国企业发展的资源压力，而且能够解决非洲经济当下的困境。

（2）基于中非产能合作，加快产业转移步伐。中国企业特别是一些大型国有企业已经积累了大量资本和产业生产能力。在经济新常态背景下，产能过剩以及资本滞留俨然成为中国经济实现进一步发展的最大拦路石。产业转移倡导从最初的"引进来"，转变为"引进来"与"走出去"并重（李敦瑞，2018）。在构建中非"区域价值链"诉求下，非洲地区的基础设施建设以及工程承包项目需求逐渐延伸至基建、金融、工业制造、电信以及新能源等众多产业。植根于重塑全球新价值链的背景，中国企业借助双方产能合作，积极在非洲地区投资建厂、承包工程项目，促进成套生产设备输出，实现资金、技术、产能的系统输出（李敦瑞，2018）。以中国外交新名片——高铁为例，中国铁建、中国中铁等大型国资企业，在非洲地区投资承建的众多铁路项目使得中国高铁技术标准在非洲大陆落地生根，成功实现从设备输出到知识技术转移的跨越。根据国家统计局对外投资数据显示，截止到2018年底，中国企业对非直接投资总量超过460亿美元，是2000年的近70倍。

（3）在"一带一路"国家发展倡议背景下，中国致力于重塑合作共赢的全球价值链条。目前，全球价值链的主导权依旧掌控在发达国家手中，中非双方作为价值链的被动参与者，均处于非常不利的地位。非洲作为新型价值链分工体系的重要组成部分，"中非区域价值链"不可能游离于"一带一路"区域价值链之外独善其身。中国企业在稳步拓宽以及深化对非洲地区的投资领域的同时，重点突出双方在基础建设、工业、农业等核心产业的合作，积极扶持金融、教育、新能源等新兴产业的发展，初步建立"中非区域价值链"，日后在"一带一路"政策助推下，逐步完善价值链的分工体系。借此构建合作共赢的新型全球价值链分工体系。

2. 转移路径

在"一带一路"倡议下，我国要以"一带一路"建设为契机构建合作共赢的全球价值链分工新体系，我国有能力也有责任通过技术溢出、逆向跨国并购等方式从其他国家承接、吸收、转化、创新与扩散新技术、新产品，继而又作为"一带一路"区域价值链内前沿技术、高新产品的主导国通过区域产能合作、对外直接投资等途径合理安排区域分工与利益分配，带动沿线国家经济的快速发展（黄先海和余骁，2017）。

在生产者驱动模式下，大型的生产型跨国公司向外知识转移的路径主要体现在：在全球市场横向竞争体系中，通过与非洲当地甚至是全球范围内的同行企业间建立竞争伙伴关系，实现技术标准的溢出。以龙源电力集团为例，非洲地区电力发展起步晚，市场杂乱，用电不普及，尚未形成统一大电网，不具备统一的电力产品标准，行业整体发展疲软。这一现实困境却让龙源电力找到转移国内产能的方向。2013 年，龙源电力成功中标南非 24.45 万千瓦风电项目，分两期建设，地点均位于南非北开普省德阿镇附近，装机容量分别为 10.05 万千瓦和 14.4 万千瓦，共安装由中国国电联合动力生产的 1.5 兆瓦风机 163 台，由龙源电力、南非穆利洛可再生能源公司及项目所在地社区公司共同开发，龙源电力为控股股东。为保障南非项目风机的可靠性，提高机组运行性能，龙源电力超前谋划，周密实施，牵头组织风机厂家与国际专业咨询机构进行了多次技术论证与优化设计，严格按照国际风电的技术标准 IEC61400 及南非并网准则，在当地建立起一套具有中国知识产权的电力行业标准。这是中国在非洲第一个集投资、建设、运营为一体的风电项目，为未来中国电力行业技术持续性输出打下坚实基础。

而以大型购买商（通常为大型零售商、营销商或品牌制造商）为主的跨国公司，其特有的知识转移路径主要表现为：购买者驱动模式下的跨国集团，通常与当地供应商签订代加工合同，通过产品出口向外转移企业品牌、产品质量信息等软文化。购买者驱动模式下，中国企业对非洲直接投资主要涉及服装业、纺织业、鞋业等产业。以内蒙古鹿王羊绒有限公司为例，作为"中国名牌产品"企业，在马达加斯加、柬埔寨等国建立起年产 200 万件的代加工生产基地，营销网络网罗美国、欧盟、日本和韩国等国际主流市场，是国内比较典型的大型营销企业。作为购买商，鹿王公司以现有的产品模板、技术标准，与马达加斯加当地的供应商建立代加工工厂，雇用当地廉价劳动力，利用当地的优势资源，使代加工企业独立生产出品质优良的羊绒产品，然后借助鹿王品牌销往非洲、日本、美国、德国等国际市场，实现企业品牌、产品质量信息等的输出。

混合驱动模式下跨国公司的知识转移路径，兼具上述两种驱动模式下知识转移的特点：该类型的跨国企业不仅与同业企业建立横向合作竞争关系，实现技术标准的转移；同时，沿着产业链向后与当地供应商达成代加工协议，转移品牌、产品质量信息、企业文化等。混合驱动模式下跨国公司的典型代表为华坚集团，公司利用埃塞俄比亚的羊皮、牛皮等原材料质量好价格低、人工便宜等优势，在该国投资建设华坚国际鞋城（埃塞俄比亚）有限公司投产短短 3 个月，就使得当地皮革产品出口增长了 57%，创造了埃塞俄比亚的"华坚速度"，也创造了在非洲国家生产出美国最主流女鞋的神话，成为埃塞俄比亚最大的出口企业。华坚集团立足全球生产供应链的劳动密集型加工环节投资。类似中国改革开放初期"三来一补、两头在外"的加工贸易模式，这类对外投资知识转移最大的特点就是：所需产品模板、管理经验与技术标准较多来自华坚集团，而产品的销售市场主要在第三国特别是欧美发达国家。同时，华坚集团的此类发展模式，受当地原材料供应和市场规模限制较小，可以比较充分发挥非洲国家劳动力成本低廉的优势，为这些国家提供大量非农就业机会（卢锋等，2013）。此外，在以投资带动非洲发展的同时，华坚集团也依托"以人为本、服务人类"的经营理念、"为企业而生存、为行业而努力"的企业使命，"建文明小社会、创高效大集团"的企业目标，将先进的企业文化、企业品牌、产品质量信息等软文化植入非洲。

4.2.2 向内知识转移

1. 转移动机

（1）丰富公司智库，提升企业在全球价值链中的竞争能力。基于重塑全球价值链的战略目标，中国企业必须以技术、知识产权、创新能力等新型要素禀赋替代传统资源要素参与全球价值链分工的竞争。在未来几年，我们将以打破投资的贸易壁垒以及提高技术创新能力作为对非投资的工作重点。除了获取经济效益，在投资过程中实现跨国企业自我竞争力提升是中国企业攀升全球价值链的重要助力。葛洲坝能源重工有限公司，是 2014 年在非洲投资的国有企业，作为电力行业这一新兴产业的表率，公司在非洲地区的投资主要肩负两大任务：节约能源和环境保护。公司业务包括融资、投资、工程设计咨询以及设备生产，在近几年的发展中，公司一直秉承着通过高效利用资源以及吸收当地甚至全世界各国的先进技术来完成上述两项任务，同时生产出符合当地需求的技术和产品，快速获得消费者的青睐。

（2）弥补跨国集团公司运作模式缺陷。当跨国公司在发展过程中运作模式出现问题时，会选择从外部同业竞争者之中寻求弥补缺口所需的知识。运作模式缺陷的出现引发跨国企业知识转移的动机，此时跨国集团就会根据自身的需求，分析外部网络中存在紧密联系的知识源企业，有针对性地选择转移对象，获取知识源企业的信息（王晓彤，2015）。斯瓦科普铀矿公司是中国广核集团在非洲纳米比亚投资设立的一家矿业公司，公司的首席执行官郑克平在企业发展初期发现，中国企业运行模式中固有的官僚惰性以及繁文缛节正在严重阻碍中国企业在非洲的发展进程。公司若想依靠中国的良好声誉在非洲地区占据一席之地，必须在运行模式上做出创新。2012 年，中国广东核电集团与中非基金合作收购了位于纳米比亚西部的哈萨博铀矿公司，同时吸纳了埃潘杰罗矿业公司，成功实现了董事会和管理层人员的国际化和多样化。及时更新企业运行模式，不仅能够适应跨国企业的海外拓展业务，而且在决策时能充分考虑地方利益，对企业实现产业全球化有极大的助推作用。

2. 转移路径

在生产者驱动模式下，大型的生产型企业向内知识转移的路径主要体现在：在全球价值链纵向分工体系中，通过实地对后向供应商市场的调研，获取当地供应商信息。近年来，在构建中非"区域价值链"诉求下，越来越多的中国企业不断推进自身在非洲地区的投资。2009 年以来，龙源电力积极响应国家"走出去"号召，并牢牢抓住"一带一路"倡议提供的新机遇，超前谋篇布局，开拓非洲市场，参与全球资源配置。这一过程中集团从外部获取的知识内容主要包括供应商信息、客户需求、政府政策等（钱贺，2018）。龙源电力在南非商的德阿电力项目，招标要求风电场生产设备须满足本土化率的要求，包括塔筒在内的设备需向当地供应商采购，否则将面临巨额罚款。但当时南非本土具备塔筒供应能力的厂家仅有一家。龙源人通过对该厂家进行实地考察，且详细搜集该供应商最近两年的产能数据，认为其产能不能满足德阿项目供货时间要求。在与南非能源部、贸工部等政府部门进行长时间的多轮沟通后，最终争取到所有塔筒设备从中国进口的权益，既节约了塔筒的整体造价，又保证了项目的设备供货进度和施工工期。除大型设备（如风机、塔筒、主要电气设备）可利用中国国产设备外，龙源南非项目所涉及的一般设备、安装服务、技术及法律咨询服务、劳工乃至部分高级管理人员都是尽量本土化。特别是在技术及法律咨询服务方面，龙源南非公司都尽量采用当地服务商，主要是考虑到本地咨询公司更熟悉本地政策法规及政府管理体制，更有优势。

购买者驱动模式下，大型购买商的向内知识转移途径，主要是通过在当地构建集研究开发—生产制造—物流运输—市场销售为一体的产品推广基地，向内转移当地的廉价劳动力、优势原材料以及贸易优惠政策等信息。鹿王公司作为大型购买商，具备强大品牌优势以及国内外销售网络，在非洲投资发展已有 20 年的鹿王公司对中非的经济合作信心满满。首先，马达加斯加当地温和湿润的气候条件，是羊绒在生产过程中不易损坏，相比其他地区的工作车间，其生产的产成品具有更高的质量。其次，当地淡水资源特有的偏酸性水质，能够省去原有的硬水软化处理工艺。最后，当地富足的劳动力资源，为企业提供了用工保障，并且劳动力成本相比国内具有明显优势。更重要的是，鹿王企业在借助非洲营销网络重塑全球价值链时，能够享受国际市场对非洲当地的贸易优惠政策。马达加斯加作为 SADC 南部非洲经济共同体、COMESA 东南合作组织以及 COI 印度洋联盟等多个区域经济体的成员，经由其出口的产品在欧洲、美国等市场均有优惠待遇。这对中方构建全球价值链新分工体系有极大的助推作用。

而在混合驱动模式下，混合型的跨国公司向内知识转移的路径主要体现在：跨国企业通过与当地政府建立合作关系，借此及时获取政策信息；同时，通过实地调研，获取当地原材料、劳动力等优势资源信息。作为混合型企业的华坚集团，选择埃塞俄比亚作为集团战略主战场，看中的不仅是非洲丰富的自然资源和人口优势，更重要的是埃塞俄比亚政府提供的税收优惠。2010年以来，埃塞俄比亚制定并实施了两个五年计划——《增长与转型计划》（*Growth and Transformation Plan*），希望大力推动工业化和经济结构转型，皮革和皮革制品产业被列入制造业优先投资的领域。埃塞俄比亚政府还高度重视工业园发展，推出一系列法律和优惠措施吸引企业投资和入驻工业园。此外，埃塞俄比亚外汇储备短缺，希望通过大力发展出口，解决外汇紧张问题。华坚的投资不但推动了埃塞俄比亚的工业化进程，而且帮助当地实现出口创汇，与埃塞俄比亚的国家政策高度一致，可以享受海关、税务和换汇等多方面的优惠和便利（陈笑等，2018）。2015 年，华坚还邀请埃塞俄比亚投资委员会和工业部等机构在其筹建的轻工城内设立办公点，提高埃塞俄比亚政府在轻工城建设中的参与度，促进双方及时交流信息、共同处理问题。从东方工业园区到华坚轻工城，华坚集团与政府之间的政策信息沟通，是华坚在非洲取得巨大成功的秘诀之一。

4.2.3 影响因素

跨国企业外部网络结构主要是子公司与东道国政府、同行企业、供应商以及客户等组织构成的外部关系网。影响中国企业对非洲直接投资外部网络知识转移绩效的因素主要有以下几个方面。

1. 关系嵌入

关系嵌入是指在外部网络结构中，子公司与当地政府、企业、客户等关系的紧密程度，子公司与外部组织之间的联系越紧密，关系嵌入程度越深，外部网络结构中知识转移的效果越好；反之，关系嵌入程度越浅，网络结构中知识转移的效果越差。而外部网络中各方之间的关系基本上会经历共同解决问题—信任—信息共享三个阶段。作为外来者，中国企业在发展初期，对当地投资的同时会采取一些利好措施，比如高铁企业在非洲承建项目工程时，考虑到非洲地区资金链的问题，会选择与当地企业合作，同时承担大份额的建设资金并给非方提供优惠的贷款政策，借此与当地企业和政府建立合作关系。随着合作的深入，各方之间不可避免的会因为各方面的差异产生争议，中方企业在东非建设蒙内铁路时，非方最初的建造计划是铺设电气化轨道，中方技术人员针对东非地区现有的电力设施后认为当地的电力设施不足以支撑电气化轨道的运营，因此建议非方采用内燃设备。蒙内铁路的顺利通车也表明中方企业给出的解决方案是正确的，同时在这一争议解决的过程中，会增加彼此之间的互信程度。在非洲地区，民众非常注重对自然的保护，中国铁建等企业在当地投资项目时，不仅仅注重于获利，对当地自然环境的保护也十分的重视，积极配合当地的环境保护组织，不遗余力地修改工程建设方案，做到绝不破坏自然平衡，受到了非洲政府、民间组织以及民众的一致好评，与各方建立了良好的合作关系。

2. 位置嵌入

位置嵌入是指跨国公司在非洲外部网络中所处的战略地位。每一不同的时点，跨国公司与当地政府、企业、供应商等在网络结构中都有其特定位置。网络位置是对非投资企业与网络中其他网络成员前期活动的结果，并成为促进和限制该企业发展的基础（李元旭等，2010）。在外部网络中，占据核心位置的跨国企业会获得更有优势的地位、信息和资源，并借此攫取非洲地区更丰厚的利润。首先，中心位置的企业拥有信息优势，如果企业处于核心位置，能够更好地获取与非洲政府、同行企业、供应商以及客户相关的信息，降低与各方之间的信息不对称程度，寻求更广阔的发展前景。为了重塑全球价值链，我国跨国公司在外部网络中必须提升其重要性，获得更多与非洲各国建立商业伙伴关系的机会，积极吸收消化外部网络中其他成员的知识，进一步创新自己已有的知识，借以提升跨国公司自主创新能力。同时，跨国公司在非洲地区的嵌入位置越深，同行企业、供应商以及当地政府对其信任程度越高，跨国公司在向外转移知识、产品时受到的阻碍也会大大降低。

3. 文化距离

中国政府提出的"一带一路"倡议，为中国企业基于全球价值链视角对非洲的直接投资又注入一针强心剂。然而，跨国公司在与当地政府、企业、客户以及民众等组织交往时，面临着因中非双方在文化方面的显著差异，导致外部网络中知识转移效率低下的困境。双方的文化距离首先体现在中非之间历史发展的差异。由于历史上受到西方诸多国家的殖民统治，非洲的经济制度得不到建立，现阶段的市场经济制度仍得不到完善，因此中非双方之间的知识转移很难得到市场制度的支持，跨国子公司也很难寻求到合适的知识转移对象。其次，双方在宗教信仰方面的差异，也会增加知识转移的难度。根据调查显示，全球宗教信仰比例最低的是中国（不含港澳台），仅有7%，而在非洲地区这一比率高达80%（吴倩，2017）。中国企业员工信奉宗教者不多，而非洲地区的民众基本上有严格的宗教信仰，而且存在地区差异，此时加强公司与当地居民之间的双向交流就非常必要。最后，中非之间的语言差异是阻碍双方知识转移另一大因素。中国企业对非洲直接投资，双方就不可避免的会有语言上的交流，由于历史原因，非洲地区的官方语言存在多种形式，在知识转移过程中，语言的差异导致误差的可能性在不断攀升。因此，如果想要提高跨国企业外部知识转移网络的运行效率，就不得不考虑如何缩短网络结构中主体之间的文化距离。

4.3 中国企业对非洲直接投资知识转移内部网络机制分析

在传统的跨国公司管理理论和实践中，跨国公司内部知识转移主要是母子公司的顺向知识转移，企业的专有优势只存在于母公司，母公司作为知识创造的主体，承担着知识发展与扩散的责任。中国母公司在全球经营中吸收并开发知识，再将知识自上而下地转移到非洲子公司（周仙华，2009），从而实现跨国企业内部顺向知识转移过程。然而，已有众多学者们注意到跨国企业在海外成立子公司，进行收购、合资或建立研发机构等举措，同时还具有明显的知识搜寻倾向（Awate et al.，2015），目的是获取知识资源（Kedia et al.，2015），并将知识流转至母公司（Nair et al.，2015）。通过海外子公司进行知识搜寻，跨国企业获取战略性的知识资源，能够帮助其克服后来者劣势，增强企业在全球市场中的竞争优势（Bangara et al.，2012）。现有研究主要以母公司为研究对象，重点探讨其资源获取能力开发等行为，但对非洲子公司缺乏研究（Wang et al.，2014）。实际上非洲子公司是跨国企业最重要的分支机构，是其资源获取与能力开发的重要渠道，影响着母公司的资源储量与能力构建。因此本节将中国企业对非洲直接投资的母子公司同时作为研究的重要对象，关注全球价值链视角下中国企业对非洲直接投资母子公司间发生知识转移的动机，以及不同驱动模式下，以龙源电力、鹿王集团以及华坚集团为案例，分析不同类型跨国公司之间资源获取、知识转移路径的差异。

4.3.1　顺向知识转移

1. 转移动机

（1）传承企业核心价值观念。目前，全球价值链分工体系依旧是西方主流国家主导的价值链，中非双方作为价值链的被动参与者，并不占优势。基于重塑全球价值链分工新体系，中国企业在非洲各国逐步布局子公司的同时，母子公司间如何传递企业核心价值观，以此维持员工忠诚度，提升集团的控制能力，是进一步开展对非投资面临的首要问题。企业核心价值观作为企业和员工的共同价值取向，母子公司之间的价值观念转移，更多的是以员工为载体。安徽建工集团海外工程分公司成立于2008年，经过近十年的发展，先后在非洲的阿尔及利亚、安哥拉、尼日利亚、肯尼亚以及几内亚等地区发展分支。集团在整体层面上已经形成比较成熟的企业文化，并且深入人心。从中国文化中心、奥贡电站，到州政府办公楼、援尼日利亚医院；从中国驻尼使馆、经参处，到尼日利亚的业主、政府部门；从项目跟踪、商务谈判到合同履约、挖潜增效，非洲地区的作业团队始终坚持企业"安全为天"的理念，实现了所有施工项目安全事故零报告，让集团核心价值观成功在海外扎根。

（2）实现业务目标。该模式的转移主体，主要是一些比较成熟的、隐性属性不高的知识技术。其目的是母公司通过顺向知识转移途径向子公司输出优质知识技术，帮助跨国公司迅速建立竞争优势，节省研发和开发成本，帮助企业迅速占领东道国市场，达到以技术换市场的目的。近年来，非洲地区的基础设施项目迅速增长，重型机械和水泥的供给出现缺口。2010 年，由中材建设有限公司设计、采购和施工承包的尼日利亚奥贡州水泥工厂建成，并由母公司向子公司输出优质水泥生产技术，为奥贡州提供日均 5000 吨的水泥产量。加上子公司在索科托州以及依多的生产线，合计水泥日生产能力加起来预计将超过 11250 吨。目前，公司的业务已涵盖近 7 个非洲国家，凭借其全球运营规模，成功跻身世界十大水泥生产商，和法国拉法基集团、瑞士霍尔希姆公司、德国海德堡水泥集团以及意大利水泥集团齐名。

（3）实现知识的持续价值增值。跨国母公司作为知识传递方，向非洲子公司输出知识技术的动机之一就是实现价值持续增值。母公司通过自身或者与科研机构合作研发的知识，必然都投入了大量的成本，形成知识的原始价值。企业研发知识技术的最终目标自然是借此获得收益，实现知识的价值增值，而为了实现这一目标就必须将知识转化为生产力。现阶段，许多传统产业的国内市场已趋近饱和，生产力疲软，其中最突出的就是钢铁产业，国内企业开始寻求海外市场。随着"一带一路"倡议的提出，相关国家和地区的钢铁产业投资机会逐渐显现，从最具投资潜力的地区和国家来看，非洲无疑是不二之选，该地区基础设施落后，在公路、铁路、电网以及城际交通方面存在巨大发展空间，对钢铁的潜在需求量巨大。中国宝钢等钢铁企业在非洲设立子公司，将有价值的知识通过跨国企业内部顺向知识转移网络传递至非洲，将生产力向海外转移，保证企业知识技术的价值增值途径得到拓展。

2. 转移路径

生产者驱动模式下跨国公司，主要包括基建、电力、能源等大型的生产型企业，此类母子公司间顺向知识转移的路径主要体现在：母公司通过委派集团内部高级人员担任海外项目主干，以员工为知识转移的载体，向海外子公司转移核心技术。2009 年 6 月，龙源电力启动南非风电项目开发的前期接洽与考察工作，并以此为契机成立龙源电力海外公司。2013 年，龙源电力成功中标南非两个风电项目，总投资约为 25 亿元人民币，分两期建设，地点均位于南非北开普省德阿镇附近，装机容量分别为 10.05 万千瓦和 14.4 万千瓦，共安装由中国国电联合动力生产的 1.5 兆瓦风机 163 台。为保证项目如期开展，公司建立了确保两个项目 163 台风机及时交付并高标准投运的员工工作机制，集中主要调试运维技术骨干人员，参与南非项目风机调试和运维工作，为保障风机的高可利用率及年利用小时数创造有利条件。目前，龙源南非公司共有员工 25 人，其中中国外派员工 10 人，主要从事管理及核心技术工作。

而对于大部分购买型跨国公司而言，在购买者驱动模式下，其主要顺向知识转移路径为：母公司基于集团内部网络，通过客户资料、订单信息、供应商信息等内部文档的实时共享，迅速为子公司建立现代化营销渠道和体系。以鹿王集团为例，其现已成为中国出口量最大的羊绒加工贸易主导企业，产品通过本集团的进出口公司和设在日本、美国、德国、马达加斯加等国的分公司销往海内外。对于以鹿王集团为代表的营销型企业而言，成熟的网络营销体系是支撑此类公司蓬勃发展的中流砥柱。鹿王集团在非洲子公司的发展初期，鹿王完善的营销体系为非洲子公司在产品销售方面提供了重要保障，给非洲子公司提供了与全球范围内需求商沟通联系的机会，保证其在短时间内形成销售能力。同时，集团内部网络间的互联互通，能够增强母公司对非洲子公司的控制力度。在很多非洲子公司发展过程中，母公司成熟的内部网络，为将原有的销售渠道、营销体系应用到子公司的日常运营发挥了巨大积极作用。

混合驱动模式下，混合型跨国公司应当同时具备上诉两种驱动模式下知识转移的特点：母子公司之间的顺向知识转移过程中既包含了母公司对子公司的技术指导，还包括了子公司对母公司营销体系、管理经验等多方面内容的吸收和应用。2011 年 11 月，华坚集团决定在埃塞俄比亚投资建设华坚国际鞋城（埃塞俄比亚）有限公司，并于 2012 年 1 月 5 日正式投产。华坚在埃塞俄比亚子公司有员工 6000 余人，其中中方员工仅 160 余人。在公司里，埃塞俄比亚员工分工明确，各司其职，能够熟练进行皮革切割、黏合、缝纫等制鞋工序。然而设厂初期，本地员工由于缺乏制鞋经验，工作效率和中国国内员工相比大打折扣，造出的鞋子报废率极高，为此，华坚集团加大力度培养本土化人才。对于新员工的培训，他们在埃塞俄比亚当地建立了专门的培训教室，由经验丰富的中方老师用一带多的技术教学方式进行手工、设备的手把手教学；对于表现优异的本地员工，公司更是为他们提供去中国华坚东莞总部和华坚赣州技校接受培训的机会，学习设备操作技术、企业管理经验和中文。此外，中国华坚总部通过集团内部网络向埃塞俄比亚子公司共享营销渠道信息，迅速为子公司建立营销体系，打开欧美等发达国家市场。因此，集团赴非投资的成功主要得益于华坚总部不遗余力地向埃塞俄比亚子公司输送成熟的制鞋技术、先进的管理经验、营销体系等知识。

4.3.2 逆向知识转移

1. 转移动机

（1）提升非洲子公司在整个跨国网络结构中的战略地位。非洲当地的子公司通过逆向知识转移路径，向国内母公司转移当地的先进知识技术，动机之一是提升子公司自身在整体跨国公司网络结构中的战略地位，来获取跨国企业更多的优势资源。作为母公司，为了构建国际经营框架，会有针对性地选择多个境外国家或地区进行投资，而对整个跨国经营集团而言，所拥有的发展资源是有限的，基于获利的目标，母公司无疑更倾向于将更多的资源配备给战略地位更加重要的子公司。因此，如何提升自己的战略地位，是非洲子公司在发展过程中必须要思考的首要问题。比如在内部网络的逆向知识转移过程中，母公司获取来自非洲地区有价值的知识，会增加对当地子公司的信任并进行更多的顺向知识转移，提升非洲子公司在跨国经营网络结构中的战略地位。

（2）有利于母公司获取先进知识资源。逆向知识转移方式是跨国经营企业获取东道国优质知识资源，并借此保持竞争力的途径之一。国内企业在对非洲地区进行直接投资时，可以通过在该地区设立子公司的方式，接触到当地的优势知识资源。并利用母子公司之间内部逆向知识转移网络实现知识共享。双方之间的逆向知识转移频率越高，知识转移路径被制度化和规范化的程度越高。母公司对新知识的了解及吸收效果越好，企业实现创新的能力越强。中国建材有限公司阿布贾分公司在与当地合作伙伴在设计标准方面会产生冲突，在这一过程中母公司为了确立子公司的定位，于 2012 年与天津水泥工业设计研究院进行整合，以巩固自己的科研能力。因此，随着经济全球化的进程，国内跨国企业积极鼓励境外子公司定期与母公司逆向转移知识，借此不断改进企业技术，增强自主创新能力，提升跨国企业在全球价值链中的战略地位。

2. 转移路径

作为生产型企业，以基建、电力、能源行业为主，对此类跨国集团而言，对海外项目的前期调研是工程建设的必经环节。因此，在生产者驱动模式下，绝大多数的生产型企业，母子公司之间的逆向知识转移路径体现为：海外子公司通过实地考察调研，形成调研报告向母公司传递市场信息，母公司据此做出项目最终决策。龙源电力海外公司党委书记、副总经理吴昊表示，根据集团公司"十三五"规划，明确海外业务发展思路和方向，确定海外新能源业务的开拓目标，制定了中长期发展规划，涵盖了五大洲的发达和欠发达地区。同时，龙源人非常重视在"一带一路"国家的市场开拓。2016 年 10 月，应加纳北部地区开发署署长、稀树草原管理局局长查尔斯·阿布格雷邀请，海外子公司果断派出工作组赴加纳考察。工作组克服高温、疟疾、黄热病等困难，沿加纳与多哥边境的东部走廊驱车 700 余公里，深入加纳北部内陆山区，进入热带雨林深处的风电场址，完成市场初步调研。2017 年，公司再次组建工作组赴埃塞俄比亚考察风电项目，先后拜会了埃塞俄比亚政府机构、金融机构、多家中外资上下游企业，全面摸清了埃塞俄比亚的新能源政策（朱怡，2018）。龙源电力在非洲电力产业获得的初步成就，与海外子公司通过实地调研传递到的一手市场信息有着密不可分的联系。

而在购买者模式下，作为营销型企业，母子公司之间的逆向知识转移机制显著区别于生产型企业。购买型跨国集团中，海外子公司通过定期报告制度、营销人员轮岗制度等向母公司回流销售渠道、客户需求、管理经验等信息。知识转移必须要借助一项或者多项转移工具才能实现，比如产品、文字、人员等，而当人作为载体时，因为具备主动性以及学习能力，能够转移那些相对比较复杂的隐性知识，是有效实现知识转移的途径之一。对于大型购买商企业而言，母子公司之间逆向转移的内容主要是非洲当地的产品需求信息等，以此调整集团整体的全球化营销战略。鹿王集团在非洲地区设立子公司，均会附带委派重要的营销人员，来帮助子公司快速形成营销系统。同时相关人员服务于非洲子公司，会在工作过程中源源不断地获取新的市场需求、文化习俗等信息，并判断这些因素对现有产品、销售策略的影响，然后通过市场反馈报告、员工轮岗制度等路径反馈给国内母公司，母公司以此判定是否需要对产品、营销策略实施调整。

而针对以华坚为代表的混合型跨国企业，其实现母子间逆向知识转移的途径主要体现在：前期通过外派工作组获取一手市场调研信息，包括工厂选址、员工招聘等，后期经营过程中，定期由专门人员组织召集当地员工代表和经理，分享最近的发展情况、销售渠道、客户需求、管理经验等，并向集团总部定期汇报。华坚集团作为劳动密集型产业，转移到非洲可以获得加工制造基地，扩大生产规模和增长产品需求。通过实地调研发现，埃塞俄比亚地区气候条件适宜，畜牧量位居非洲国家前列，主要畜种涵盖了牛、驴、骆驼、螺、马、绵羊以及山羊等，出售畜牧及其产品是当地经济收入的主要来源，这一独特的自然优势，非常契合华坚作为皮革生产商的发展需求（张军霞，2008）；前期调研工作促成了华坚国际鞋城（埃塞俄比亚）有限公司的设立。在埃塞俄比亚公司运营过程中，也会源源不断地向中国华坚总部回传客户需求、管理经验等信息。

4.3.3　影响因素

基于第 2 章的文献综述，以及中国企业对非洲直接投资实践，本书将中国企业对非洲直接投资知识转移内部网络的影响因素归纳为以下几个方面。

1. 知识源企业

知识源企业，即知识提供方，应当从转移意愿与转移能力两方面对其进行衡量。转移意愿，是指国内母公司作为知识提供方，愿意将自身的知识技术提供给非洲子公司的倾向程度。母公司对所拥有知识的保护倾向主要来源于两方面的原因：一是知识的外溢导致权力的丧失。知识技术作为跨国企业的核心竞争力，母公司为了避免在全球价值链陷入被动局面，削弱了跨国企业内部知识转移的主动性。二是知识转移成本高昂。完成一次知识转移过程，特别是跨国转移，需要母公司投入大量的人力、物力以及资金，对大部分跨国企业而言，知识转移的代价是昂贵的（宋亚非等，2010）。转移能力，是指国内母公司拥有的独特知识的价值并将其转化为能被非洲子公司接受的形式的能力。当母公司的知识具有不可替代性且与非洲子公司存在高度关联性时，该知识在双方之间的内部转移能够为跨国公司集团创造较高的价值水平。

2. 知识接受方企业

一是，非洲分公司的创新偏好。在中非区域价值链视角下，国内母公司为了获取在非洲的优势地位，会在非洲全国范围内寻求值得投资的对象，并设立子公司，形成一个横跨多地区跨国子公司网络。非洲当地子公司研发团队的创新偏好在内部知识转移中扮演着重要角色。随着跨国企业发展的日渐成熟，越来越多的当地子公司运营已经不再只是沿用传统的提供生产、销售、服务等模式，更多的通过与非洲地区的本土企业、供应商以及科研机构等组织的合作竞争，成为新产品的开发者、新技术的创新者，并将新的知识通过内部网络转移给国内的母公司，从而增加对母公司的战略价值。二是，知识的吸收能力。非洲分公司的消化吸收能力决定了中非母子公司间顺向知识转移的效率，主要涵盖了对知识的学习、整合以及应用能力。万事开头难，学习能力决定了转移路径，整合能力要求将知识与子公司自身现状进行结合，而应用能力要求将理论落地，由此形成完整的知识转移路径。

3. 知识属性

知识的隐性、复杂性和专用性影响知识的可辨认水平，进一步影响了知识的可转移度。知识隐性是指跨国企业内部的某些核心知识，难以通过语言、文字、图表或者符号明确表述。这类知识存在于个人头脑中，它的主要载体是个人，它不能通过正规的形式进行传递，因为隐性知识的拥有者和使用者都很难清晰表达。但是隐性知识并不是不能传递的，只不过它的传递方式特殊一些。现阶段，中国企业在对非洲进行投资时，一般会委派关键技术人员、企业中高层管理人员等，该方式在一定程度上能缓解知识隐性带来的转移壁垒。知识的复杂性，表现为在跨国企业内部各个部门、各项资源、技术之间具有高度关联性，知识技术所呈现的产品是多个员工或部门合力创作的成果，越复杂的知识在内部转移网络中流转的效率越低。而具有专用性的知识，其呈现的成果往往有特定的适用环境或地区，这时候中非母子公司内部要实现知识转移，可能需要巨额的知识复制成本。

4. 情境因素

组织信任度。在"一带一路"以及"走出去"政策背景下，中国政府致力于构建合作共赢的全球价值链条分工新体系，鼓励国内企业积极对非洲投资，跨国经营成为对非直接投资的首选方式，但是中非之间国家制度、产业政策、风俗文化、地理位置等情境因素的差异，会使母子公司之间的信任程度遭遇危机。而现阶段，中非双方之间的知识转移在很大程度上会涉及企业关键技术、核心管理经验等保密性知识产权，因此母子公司之间的组织信任程度在内部知识转移过程中起着举足轻重的作用。比如内部顺向知识转移路径中的母公司，如果他对非洲子公司完全信任，在知识技术转移过程中就会减少对风险的考虑，在主观上也更愿意向非洲地区转移有价值的知识技术。对子公司来说，由于完全信任母公司输出的知识，会积极地理解、消化和运用，提高知识转移的效率。同时，母子公司之间的完全信任，会减少传递方对输出知识的控制力度，有利于受让方在接收到新的知识后，在原有基础上实现再创新，更有利于企业知识技术在非洲国家的良性发展，以此促进企业的整体创新能力和技术水平。

第5章 中国企业对非洲直接投资知识转移影响因素分析

在第2章中，本研究在梳理国内外文献综述的基础上，总结出学者们就对外直接投资知识转移内部网络影响因素的研究主要着眼于知识属性、知识源企业、知识接受方企业、情境因素等方面。但学者们的结论主要基于对外发达国家投资的知识转移影响因素分析，鲜有研究围绕发展中国家展开，而针对非洲国家投资的研究更是寥寥无几。那么，上述结论对中国企业对非洲直接投资知识转移过程是否具有普遍性意义？本书第4章基于知识转移四要素模型，从理论上将中国企业对非洲直接投资知识转移内部网络的影响因素归纳为知识源企业、知识接受方企业、知识属性、情境因素四个维度。严谨的结论需要建立在对问题深入分析的基础之上，本章将运用结构方程模型（SEM）实证检验投资方中国母公司与被投资方非洲子公司之间的知识转移影响因素，从而促进知识的高效转移，重塑合作共赢新型全球价值链，有效提升中国企业在全球价值链中的分工地位。

5.1　知识转移影响因素检验的方法选择

关于知识转移影响因素的识别方法，已有诸多学者进行了相关研究。比如，尹洁等（2011）采用多元回归分析检验ERP实施顾问向关键用户知识转移影响因素的理论假设，验证了知识内隐性与因果模糊性、领导重视程度、学习文化、实施顾问沟通编码能力、关键用户沟通解码能力对于实施顾问向关键用户知识转移效果的显著性影响。刘京等（2018）鉴于因变量属于有序的离散型变量，采用有序逻辑回归模型识别大学科研人员参与产学知识转移的影响因素，并构建了一个包括个体特征、组织氛围和外部环境三类因素的产学知识转移总体框架。田泽等（2016）分析跨国公司内部网络规模、网络密度、网络节点的转移动机和吸收能力这四个因素对知识转移的影响，构建跨国公司内部网络知识转移影响因素理论模型和基于多主体的仿真模型：借助NetLogo平台进行仿真实验，并用多元方差分析方法分析仿真实验结果，验证上述四个因素对跨国公司内部网络知识转移影响的主效应和交互效应。魏江等（2006）基于现有知识管理理论，以个体、群体和组织为中心，提出知识转移的因素模型。通过多家企业的问卷调查，采用结构方程（SEM）的分析方法，对该因素模型进行了验证和修订。揭示了信任、人际关系、激励、决策者态度、知识管理系统、知识吸收能力六因素及其相互间的量化关系，为企业知识管理的实施和改进提供指导。以上学者均基于各自实证研究中变量的特性采用了适合的方法。考虑到对非洲直接投资的现实情形，本研究将运用处于统计分析技术前沿的结构方程模型对中国企业对非洲直接投资知识转移的影响因素进行假设检验。现将结构方程模型原理介绍如下：

结构方程模型（Structural Equation Modeling，SEM），有学者也把它称作潜在变量模型。通常结构方程模型被归类于高等统计学范畴中，属于多变量统计，它整合了因素分析与路径分析两种统计方法，同时检验模型中包含的显性变量、潜在变量、干扰或误差变量间的关系，进而获得自变量对因变量影响的直接效果、间接效果或总效果。SEM 模型分析的基本假定与多变量总体统计法相同，样本数据要符合多变量正态性假定，数据必须为正态分布数据；测量指标变量呈现线性关系。结构方程模型可同时处理多组变量之间的关系，有助于研究者开展探索性分析和验证性分析。当理论基础薄弱、多个变量之间的关系不明确而无法确认因素之间关系的时候。我们可以利用探索性分析探索变量之间的关系；当研究有理论支撑的时候，可应用验证性分析来验证变量之间的关系是否存在。

具体而言，结构方程模型（SEM）具有以下几个方面的优点：（1）可检验个别测验题项的测量误差，并且将测量误差从题项的变异量中抽离出来，使得因素负荷量具有较高的精确度。（2）研究者可根据相关理论文献或经验法则，预先决定个别测验题项是属于哪个共同因素，或置于哪几个共同因素中，即测验量表中的每个题项可以同时分属于不同的共同因素，并可设定一个固定的因素负荷量，或将数个题项的因素负荷量设定为相等。（3）可根据相关理论文献或经验法则，设定某些共同因素之间是具有相关，还是不具有相关存在，甚至于将这些共同因素间的相关设定为相等的关系。（4）可对整体共同因素的模型进行统计上的评估，以了解理论所建构的共同因素模型与研究者实际取样搜集的数据间是否契合，即可以进行整个假设模型适配度的检验。故结构方程模型可以说是一种理论模型检验的统计方法。

SEM 包括测量模型和结构模型两部分，测量模型反映可测变量与潜变量间的关系，结构模型反映潜变量之间的因果关系。实证分析中，SEM 分析大概分为以下七个步骤：理论分析、模型构建、模型识别、可测变量的选择和数据收集、模型估计和评价、模型修正及模型解读。如图5－1所示。

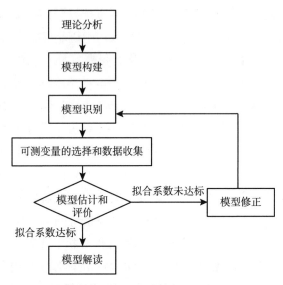

图5－1 结构方程模型分析步骤

（1）理论分析。结构方程模型虽然也能用于探索性分析，但这不是它的主要优点。结构方程模型主要是一种验证性分析方法，因此变量之间相互关系的确立必须要以理论为基础，而且能够在实践中得到合理的解读。否则，即使模型得到验证，也无意义和价值。

（2）模型构建。结构方程中各变量间的关系由线性回归方程确定，构建结构方程模型是为了获得线性回归方程中的系数，这些系数包括潜变量与潜变量之间的影响系数以及潜变量与观察变量之间的影响系数。模型构建过程大致分为三个步骤：首先，确定观测指标和潜变量之间的关系；其次，确定潜变量之间的关系；最后，根据模型具体情况，可以限制指标与潜变量之间的载荷或者限定潜变量之间的相关系数。

（3）模型识别。识别模型就是判断该模型能否应用与操作，即根据特定条件判断是否能用软件分析模型，判断标准主要有两个。首先，要厘清模型中观察变量的个数与需要估计的参数个数，根据t法则，判断模型的可行性。

n 是指测量变量，又称观察变量，n 个测量变量可以得到 $n(n+1)/2$ 方差或者协方差。t 表示需要估计的参数个数，只有满足 t 不大于 $n(n+1)/2$，模型才能被识别。其次，在模型分析时，应该建立测量标准，一般方法是将其中一个潜变量标准化。总之，满足 t 法则和潜变量标准化是判断该模型能否应用和能否操作的两个基本条件。如果模型不能被有效识别，则第二步建构的模型就是失败的。

（4）可测变量的选择和数据收集。此步骤乃是选择用于模型中的可测变量，并且收集指标数据作为分析、评价模型之用。

（5）模型估计和评价。这一步主要是根据模型类别选择合适的参数估计方法。SEM 分析中提供七种模型估计方法，但常用的主要有两种，分别是极大似然法（Maximum Likelihood，ML）和广义最小二乘法（Generalized Least Square，GLS）。模型参数估计后，还需进一步考察数据与模型间的拟合优度是否达到要求。检验模型拟合度主要是为了检验所构建的模型与实际调查数据的一致性，即检验模型的匹配程度。结构方程模型的拟合程度检验通过，表明所构建的模型与实际调查数据之间拟合程度高。但是，模型的拟合程度较好，仅仅从拟合指标上判断说明该结构方程模型与研究调查数据匹配，而在实证分析中，模型检验不仅包括模型拟合度检验，还包括模型中的具体路径的检验，即理论假设的检验。如果两个检验均通过，表明该模型既符合统计要求，又能反映现实意义。

（6）模型修正。如果前面的模型评价中发现整体模型、测量模型、结构模型中任意一个的拟合度达不到要求，就必须根据模型拟合分析所给出的结果对模型进行修正，或者将固定的参数释放，或者反之。在理论允许的前提下，这一步可以一直持续到三个环节的拟合度都达到要求为止。

（7）模型解读。即对模型的统计结果进行合理解读。这里要注意非标准化参数和标准化参数的不同意义。非标准化参数与指标度量单位有关系，它是指当其他变量都维持平均数的时候，一个单位的变量会引起因变量变化的程度。而标准化参数则消除了观测指标单位的影响，可以在模型内各参数之间进行比较，从而发现影响最大的变量。另外，还必须分清楚直接效应、间接效应和总效应三个概念。以便找到变量之间的影响路径，从而为政策制定提供帮助和依据。

5.2 知识转移影响因素检验的理论模型框架

5.2.1 模型构成

构成本研究模型的理论基础是知识转移四要素模型，主要用于检验知识源企业、知识接受方企业、知识属性和情境因素对中国企业对非洲直接投资知识转移绩效的影响。知识转移绩效是用来衡量知识转移效果的指标，学术界关于知识转移绩效的衡量指标并未达成统一的标准。中国学者易加斌（2012）在构建跨国公司母子公司之间知识转移绩效评价层次模型时，将知识转移绩效划分为个体绩效、团队绩效、组织绩效三个维度，该划分方式不仅能够集中反映知识在个体、团队、组织间的传递机制，还能体现知识在这三个维度间的传递路径。中国企业对非洲直接投资主要基于市场和能源的寻求动机，因此知识转移过程多由中国母公司向非洲子公司传递，且全球价值链充当着非洲子公司吸收中国母公司先进知识从而提升自身能力的中介角色。具体表现为中国投资方企业将国内先进的组织文化、管理经验、产品质量标准、生产技术、专利技术、营销体系等转移到当地子公司，帮助非洲子公司顺利开展生产经营活动。同时，非洲子公司通过自身努力将所获得的编码化知识转换成更适合自身条件的显性知识，并通过在非洲当地的实践和创新，对母公司进行知识反馈，如将在当地总结的先进管理经验、流程制度等反馈回母公司，或者将产品根据当地民俗、消费需求进行本土化改良后传递回母公司等。此外，还有一些植根于工作人员头脑内或组织记忆中的工作经验、诀窍、价值体系等无法用文字编码传播或嵌入工具的知识也会在中非双方企业间进行双向转移。无论是顺向转移还是逆向转移，作为知识的接受方，都需要对所接收的知识进行相应的转换、吸收和创新。此过程必定涉及员工个人、小组团队和组织三个层次。以此为依据，本书将知识转移绩效划分为员工个体绩效、小组团队绩效和组织绩效三个评价层次，并将其作为结构方程模型的内因潜变量。其中，员工个体绩效指标用以衡量知识转移双方单个员工个体对所转移知识的掌握程度以及满意程度，员工个体绩效是小组团队绩效的前提，知识只有被个体消化吸收后，才能为团队创造新的知识。同样，小组团队绩效也是组织绩效的基础，由小组团队创造的新知识最终会应用到企业的运营管理中，将新创造的知识转变成实际生产力，从而提升企业的组织绩效。本书结构方程模型基本框架如图 5-2 所示。

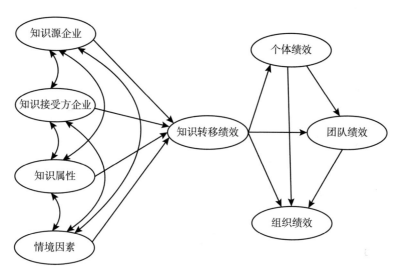

图 5-2 结构方程模型基本框架

5.2.2 模型假设

中国企业对非洲直接投资知识转移过程中，知识源多为知识密集型或技术密集型企业，并能利用自身独有的核心知识型资产获取更高的回报，在知识转移中起主导作用。而知识接受方多为劳动密集型或资源密集型企业，在知识转移中起辅助作用。因此在中国制造业水平已经大大提升并且国内产能严重过剩的背景下，中非产能合作中地域空间选择多为人口密集、劳动力丰富、制造业相对滞后的非洲国家。在投资过程中为带动非洲地区的发展，中国方母公司作为全球价值链中的主要知识来源方，应主动承担起对非输送知识的任务。但知识转移过程并不是单向存在的，作为主要知识接受方的非洲子公司在吸收从中国母公司传递而来的知识后，会尝试进行更加适合东道国环境的本土化改造，然后将改良后的知识反向传递回母公司，此时非洲子公司也充当起知识来源方的角色。在这种知识的双向转移中，只有当知识来源方具备较强的知识转移能力时才能有效地将知识传递给知识接受方。知识源企业在输出知识的过程中，其对知识的转移能力和转移态度很大程度上影响着知识转移的效率。转移能力主要包括知识源企业传递和讲授被转移知识的能力以及以往年度积累的转移经验。而转移态度主要衡量知识源企业转移知识的主动性，主要体现于是否在知识转移过程中投入了足够的时间、人力、物力资源。中非母子公司间转移的知识除了比较容易编码可通过文字依附于文档与手册等进行传播的显性知识，还包括编码难度较大的隐性知识。在隐性知识的传播过程中，对知识源企业知识转移能力的要求就相对较高。另知识转移过程难免会遇到阻滞，而知识源企业是否有经验和能力来及时解决这些问题也切实影响着知识转移的效率。一般来说，知识源企业传递和讲授被转移知识的能力越强，经验越丰富，转移主动性越强，知识接受方企业从知识源企业那里获取的知识就越多，就越有利于知识的高效转移。

基于以上分析，本书假设 H1：知识源企业知识转移能力和转移态度等属性对知识转移绩效具有显著的影响。

中国企业对非洲直接投资过程中，非洲子公司作为全球价值链中的主要知识接受方，其知识储备和技术储备均较为薄弱，因此在全球价值链中长期处于低端位置。为了提升自身在价值链中的地位，东道国企业必须积极识别、吸收并应用母国公司的先进知识并转化成自身的实际生产力。在这一过程中，非洲子公司最容易得到的是来自中国母公司的显性知识，如先进的管理经验、标准的作业程序等。但最终目标是通过自身对隐性知识的领悟从而实现对知识的运用与实践。前已述及，对非直接投资过程知识转移是双向进行的，非洲子公司会将中国母公司传递而来的知识与本地的文化与商业习惯相统一，并将改良后的知识重新传递回母公司，如将改良后的管理经验、标准作业流程反馈给母公司。埃姆斯特等（Emst et al.，2002）指出，影响知识转移速度和有效性最重要的因素是当地企业的吸收能力，隐性知识在其中的作用尤其明显。而在中国企业对非洲直接投资过程中，知识接受方企业获取知识的影响因素主要可以归类为吸收能力、学习动机及氛围。吸收能力是指知识接受方企业识别、理解新知识，创造并应用新知识的能力。在知识转移过程中，知识接受方企业的吸收能力越强，其获取的知识就越多，能创造应用的新知识也越多。同时，知识接受方的学习动机及氛围也是影响知识转移绩效的重要因素。良好的学习氛围和积极的学习动机能够提高企业内部的知识分享，促进企业重要资源的及时挖掘。相反，不良的学习环境和消极的学习动机会阻碍知识的转移，并通过组织行为对新知识产生曲解或抵制等。

基于以上分析，本书假设 H2：知识接受方企业吸收能力、学习动机和氛围等属性对知识转移绩效具有显著的影响。

知识属性主要包括知识的缄默性和情境嵌入性。首先，知识根据是否能用正式的语言或符号来编码分为显性知识和隐性知识。显性知识容易通过工作手册等载体清晰地被储存和转移。隐性知识指那些植根于人的头脑的难以编码和表述的知识，只有在特定的情境下，隐性知识才能被表示与转移。近几年服务业逐渐成为中国企业对非洲直接投资的新领域，国内多家 IT 企业在短时间内通过对非洲直接转移本企业有竞争力的产品技术成功解决了非洲东道国子公司的实际问题，从而有力推动了当地经济的发展。例如浪潮集团将自行研发的云计算核心产品技术广泛应用于南非、尼日利亚等国的医疗、税务、教育等领域，从而极大地提升了这些国家的信息化水平。因此显性知识相对容易转移成功，而隐性知识由于难以被知识接受者把握其全貌和本质，转移过程中知识破损在所难免，知识转移绩效也会因此受到影响。其次，知识的情境嵌入性也会影响知识转移。在全球价值链中，与某项"最佳实践"相关的知识产生于特定的情境中，这种情境既包括组织结构、企业文化等内部情境，又包括企业所处的经济、政治、文化等外部社会环境。一般情况下情境嵌入的程度越高，相关知识的转移就越困难。

基于以上分析，本书假设 H3：知识缄默性和情境嵌入性等属性对知识转移绩效具有显著的影响。

此外，知识转移的每一步骤都发生于特定的情境中。情境因素可以分为知识转移双方企业的内部情境和外部情境。内部情境主要包括组织内部的知识存量、企业文化、价值观、技术科研水平、组织战略、领导风格等；外部情境既包括基于国家层面的文化环境、法律制度、经济发展水平等，又包括基于行业层面的产业政策环境、产业特征等。个体总是在一定的情境中进行相关活动，绝大多数情境因素都会潜移默化地影响个体行为，而知识转移双方相似的情境为企业发送和接收、创造知识制造了聚焦点，以此提高知识转移绩效。中国某矿业集团在投资赞比亚的过程中，不仅没有发挥出中国方母公司成熟管理经验的作用，反而因为两国的文化差异引起了罢工事件，这也恰好证实了情境因素会显著影响转移绩效。

基于以上分析，本书假设 H4：情境因素对知识转移绩效具有显著的影响。

5.2.3　潜变量观测指标选择

由于图 5-2 的结构方程理论模型中的各个因子都是潜变量，无法直接测量。因此，必须为每个潜变量选择观测指标。指标由指标名称（特定维度）和数值（具体数值）构成。指标名称是表明所研究数量方面的科学概念，即质的规定性，它表示一定的社会经济范畴。指标数值是统计工作按指标表征的社会经济范畴所取得的统计数字。所以，指标是质与量的结合与统一。

1. 潜变量观测指标选取的原则

指标的选取对于模型的检验结果有着极大的影响。然而再具体应用中，指标的选取带有很强的任意性与主观性，用不恰当的指标体系测量潜变量必然导致实证结果偏离实际。因此有必要设定指标体系建立的原则，指导实证分析所需指标的选取。若指标选得过多过细，容易造成指标间的交叉重复，影响结果的效度；若指标选得过粗过少，则无法为决策者提供充分的信息。因此，如何科学地选取各个潜变量的观测指标就成了实证检验的首要工作。本研究认为，在选取对非直接投资知识转移影响因素的观测指标体系时，应遵循以下原则：

（1）目的性。选取指标要考虑到实证检验的目的，即指标的选择要服从对非直接投资知识转移影响因素检验的目的。投资形成的知识转移是一个由知识输送方、知识接受方以及转移情境等组成的复杂过程，各要素指标的选取应结合母国与东道国的现实背景，以知识转移四要素模型为指导，以求科学全面地验证对非直接投资知识转移影响因素。

（2）全面性。对非直接投资知识转移的各个投入产出要素都是复杂的子系统，投入方面涉及知识源企业的人力、财力、物力；知识接受方企业的吸收能力、创新能力、学习氛围、转移主动性；知识的内隐形、适用性、嵌入性以及情境维度的制度、文化、管理系统等，产出方面又涉及员工个体绩效、小组团队绩效、组织绩效三个维度。所以，各潜变量的观测指标选择需要全面、系统。

（3）代表性。单一或少量的指标无法准确反映对非直接投资知识转移过程的影响因素，但指标过多也会把问题复杂化，难以抓住根本。因此需要选出具有代表性的指标。

2. 外因潜变量观测指标的选取

知识源企业属性测量指标的选取。本书借鉴大多数学者的观点，把研究重点集中在转移意愿和转移能力上。转移意愿是指作为知识拥有者的知识源企业愿意将个人知识与其他成员分享的程度或利用保护机制来影响知识流动的程度。转移能力是指知识源企业通过合适的方式对所拥有的知识进行恰当解释说明并有效传授的能力。在知识转移意愿方面，本书用指标"知识源企业在知识转移过程中是否投入了足够的时间、人力、物力资源"进行衡量。而在知识转移能力方面，则通过"知识源企业是否具有经验、是否能够有效表达相关知识和能否及时解决转移过程出现的问题"指标进行测量。

知识接受方企业属性测量指标的选取。与知识源企业的转移意愿和转移能力两大属性相对应，本书在知识接受方企业测量指标的选取中，将重点放在接受意愿和吸收能力上。接受意愿是指知识接受方企业具有接受所转移知识的意图及主动参与知识转移的程度，本书用"知识接受方企业在吸收知识转移过程是否投入了足够的时间、人力物力资源"这一指标来测量；吸收能力是指知识接受方企业识别、理解知识源企业所转移的知识并将其消化吸收后运用于企业实践的能力，本书选择"知识接受方企业积累吸收知识所需知识的程度、倡导学习文化氛围的程度、对接收的知识进行本土化改良的能力"三个指标进行测量。

知识属性测量指标的选取。在知识属性测量指标的选择过程中，大多数学者把知识特性概括为两点，分别是知识的缄默性和情境嵌入性。其中西莫宁（Simonin，1999）结合知识的缄默性等定义，主要从知识能够用语言、图像文字等进行清晰地说明和表达，以及知识接受方企业能够清晰准确地理解知识源企业转移的知识进行了缄默性的测量。哈坎森等（Hakanson et al.，

1998）采用"三指标"衡量情境嵌入性，即知识从员工交流接触中获取——人员嵌入，任务活动和流程中获取——任务嵌入，产品和服务中获取——工具嵌入。因此本书在确定知识属性指标时，主要集中在缄默性和情境嵌入性上，可观测指标主要为"知识是否可以通过工作手册等清晰地表达、是否需要专业的技术人员和管理人员长期的指导、是否需要引进专有的设备和是否在实干中获得、转移的知识是否只适用于特定的情境"等。

情境因素测量指标的选取。学者们将情境因素的测量集中在三个维度，即关系距离、组织距离和知识距离。苏兰斯基（Szulanski，1996）将知识转移双方的亲密程度作为测量尺度，从双方沟通的难易程度、合作的积极性程度两个维度展开，得到双方企业知识管理者之间的关系对知识的有效转移有积极影响的结论。而组织距离的研究者西莫宁（Simonin，1999）认为双方企业在商业惯例、企业文化、制度方面的不相似程度可以作为组织距离的衡量，认为组织距离的远近影响知识转移的效率。本书在情境因素的测量上广泛吸纳学者们的观点，以"双方企业所处国家的制度文化、产业政策环境、企业领导风格、知识管理系统、企业组织文化的相似程度"作为情境因素的测量指标予以衡量。

3. 内因潜变量观测指标的选取

（1）个体绩效测量指标的选取。中国企业对非洲直接投资知识转移过程中，对于知识接受方企业而言，其首要任务是承担相应知识接受任务的员工将知识源企业转移而来的知识转化为个体知识。也就是说，知识有效转移的第一步是知识接受方企业要对知识源企业传递而来的知识有正确的认识，能系统地接受。这实际上也是知识社会化和外部化的过程，其承担者为知识接受方企业的员工。由此形成了中国企业对非洲投资知识转移绩效的第一个评价维度：个体绩效评价，实质是评价员工个体对知识的理解程度和接受程度。具体可观测指标包括"学习这些被转移的知识对员工是否重要、员工为了知识的转移成功付出努力程度、员工对这些被转移知识的理解程度、员工对知识转移过程、内容、结果的满意程度"等。

（2）团队绩效测量指标的选取。中国企业对非洲直接投资知识转移的团队绩效是指在作为个体层面的知识接受方企业员工理解和内化相关知识的基础上，通过知识在员工之间、各部门之间，以及部门与外界之间的交流、共

享、内化与再创造，最终形成的知识接受方企业团队成员对知识转移的绩效
水平。其本质是评价知识接受方企业团队对知识转移的共享程度和再创造水
平。具体可观测指标包括"团队成员是否愿意进一步转移与共享新创造的知
识、对团队成员间知识转移效率感到满意程度、团队成员间知识转移增加成
员的知识存量程度、团队成员间知识转移提高成员的工作效率程度，以及团
队成员间知识转移提升团队的研发能力程度"等。

（3）组织绩效测量指标的选取。竞争力提升与价值创造是中国母公司与
非洲子公司间知识转移的最终目标。对非洲子公司而言，将母公司传递而来
并内化与创新后的知识应用于本企业的实际运营后能实现企业的价值创造，
并形成自身的竞争优势。这些竞争优势将帮助非洲子公司与东道国的政府部
门、合作伙伴、竞争对手与消费者协会等组织建立起紧密的合作关系。基于
此，非洲子公司可进一步通过吸收这些合作组织的先进知识来强化自身的竞
争优势。形成自身独特竞争优势的非洲子公司可以通过逆向转移将这部分先
进知识传递回投资方中国母公司，最终实现中非双方母子公司整体竞争力提
升与价值创造的目标。因此，组织绩效水平的核心是评价双方企业的竞争力
提升与价值创造水平。具体可观测指标选择"知识转移是否增强了双方企业
的关系、双方企业整体是否创造出更多新知识、双方企业整体员工的满意度
是否增加、双方企业整体经营业绩是否得到大幅提升、是否增加了双方企业
整体全球竞争能力"。

5.3 数据分析与讨论

5.3.1 问卷基本情况与变量描述统计

本研究采用问卷调查法进行实证分析，调研问卷的对象设定为中国企业
对非洲直接投资的母、子公司管理人员和项目负责人。问卷总体设计为李克
特 5 点量表，通过把变量转化为可观测的问题，然后由受访者在相关陈述中
做出选择。

　　本次问卷调查通过赴非洲企业实地调研、国内企业实地调研、发放电子邮件调查、问卷星在线调查等方式进行。共发出 150 份，有效回收 105 份，有效回收率 70%。本研究潜变量只有 8 个，数量并不多，且样本数大于 100，符合卡方检验有效性的要求。所以样本容量符合要求。调查对象的基本情况汇总表见表 5-1，问卷的变量均值、标准差和相关系数见表 5-2。

表 5-1　　　　　　　　被调查企业的行业分布及填写问卷情况

项目	类别	样本数量（份）	占总体的百分比（%）	项目	类别	样本数量（份）	占总体的百分比（%）
企业背景	民企	64	48	主营业务	金融业	1	0.7
	国企	24	18.1		房地产业	9	6.3
	外资	2	1.5		租赁和商务服务业	4	2.8
	合资	17	12.8		科学研究和技术服务业	1	0.7
	独资	25	18.8		水利、环境和公共设施管理业	3	2.1
	其他	1	0.7		居民服务、修理和其他服务业	1	0.7
	合计	133	100		教育	0	0
主营业务	农、林、牧、渔业	6	4.2		卫生和社会工作	0	0
	采矿业	4	2.8		文化、体育和娱乐业	1	0.7
	制造业	55	38.2		公共管理、社会保障和社会组织	0	0
	电力、热力、燃气及水生产和供应业	7	4.9		国际组织	0	0
	建筑业	23	16		合计	144	100
	批发和零售业	15	10.4	填写人职务等级	高层	58	55.2
	交通运输、仓储和邮政业	2	1.4		中层	29	27.6
	住宿和餐饮业	2	1.4		基层	18	17.1
	信息传输、软件和信息技术服务业	10	7		合计	105	100

　　注：为了本书的研究分析需要，表中企业背景和主营业务分类有重叠。

表 5 - 2 变量均值、标准差和 Person 相关系数矩阵

变量名称	平均值	标准差	1	2	3	4	5	6	7
1 知识源企业	15.70	3.214	0.80						
2 知识接受方企业	15.03	3.704	0.930 **	0.89					
3 知识属性	14.23	4.170	0.512 **	0.471 **	0.70				
4 情境因素	18.15	4.572	0.759 **	0.765 **	0.498 **	0.81			
5 个体绩效	22.70	5.018	0.724 **	0.749 **	0.490 **	0.730 **	0.91		
6 团队绩效	19.09	4.524	0.753 **	0.790 **	0.419 **	0.619 **	0.783 **	0.909	
7 组织绩效	19.87	4.519	0.799 **	0.828 **	0.464 **	0.759 **	0.759 **	0.816 **	0.908

注：** 表示 $P < 0.01$，对角线上的数据表示 Chrobach α 信度。

5.3.2 问卷信度与效度

为保证问卷的信度和效度，根据问卷中设置的指标变量和模型潜变量，建立了相关联系，并进行一阶验证性因素分析，得到关于 Chrobach α 信度分析（见表 5 - 2 对角线上的数据），有关统计结果和问卷处理方式列于表 5 - 3 中。

表 5 - 3 问卷题项的验证性因素分析结果及 α 信度

量表分类	测量项目简称	信度 α	验证性因素系数 λ	P 值
知识转移影响因素分量表	知识源企业属性	0.8		
	X1 投入足够的资源		0.724	0
	X2 丰富的知识经验		0.755	0
	X3 高效的知识表达		0.612	0
	X4 应变能力		0.753	0
	知识接受方企业属性	0.89		
	X5 深厚的知识基础		0.849	0
	X6 浓厚的学习氛围		0.804	0
	X7 有效的接纳吸收		0.777	0
	X8 投入足够的资源		0.835	0

量表分类	测量项目简称	信度 α	验证性因素系数 λ	P 值
知识转移影响因素分量表	知识属性	0.7		
	X9 可通过工作手册等清晰地表达		0.553	0.285
	X10 需工程师，技术员或管理人员长期指导		0.842	0.275
	X11 需引进专有设备		0.627	0.27
	X12 需实干中获得		0.617	0.247
	X13 适应特定的组织结构，企业文化，社会政治		0.121	0.258
	情境因素	0.81		
	X14 国家制度文化相近		0.506	0
	X15 产业政策环境相近		0.758	0
	X16 领导风格相近		0.861	0
	X17 知识管理体系相似		0.894	0
	X18 企业组织文化相似		0.688	0
	$\chi^2 = 172.222$			
	$\mathrm{d}f = 115$			
	$P = 0.000$			
	$GFI = 0.853$			
	$CFI = 0.960$			
	$AGFI = 0.781$			
	$PGFI = 0.574$			
	$\dfrac{CMIN}{\mathrm{d}f} = 1.498$			
	$RMSEA = 0.069$			
知识转移绩效分量表	员工个体绩效	0.91		
	Y1 对员工很重要		0.826	0
	Y2 员工很努力		0.766	0
	Y3 理解所转移的知识		0.727	0
	Y4 过程感到满意		0.798	0

续表

量表分类	测量项目简称	信度 α	验证性因素系数 λ	P 值
知识转移绩效分量表	Y5 内容感到满意		0.817	0
	Y6 结果感到满意		0.861	0
	小组团队绩效	0.909		
	Y7 愿意共享新创知识		0.769	0
	Y8 成员间彼此满意		0.75	0
	Y9 增加了知识存量		0.922	0
	Y10 提高工作效率		0.893	0
	Y11 提升研发能力		0.743	0
	组织绩效	0.908		
	Y12 增强企业关系		0.859	0
	Y13 双方企业整体创造性增强		0.802	0
	Y14 营业业绩大幅提升		0.822	0
	Y15 增加双方企业整体满意度		0.843	0
	Y16 提升双方企业整体全球竞争力		0.747	0
	$\chi^2 = 109.519$			
	$df = 93$			
	$P = 0.116$			
	$GFI = 0.892$			
	$CFI = 0.988$			
	$AGFI = 0.841$			
	$PGFI = 0.61$			
	$\dfrac{CMIN}{df} = 1.178$			
	$RMSEA = 0.041$			

实务研究中一般认为 Chrobach α 系数达到 0.6 即可。表 5 - 2 和表 5 - 3 显示本次调查问卷测得的不同因子 α 值均大于等于 0.7, 因此问卷量表具有

相当的信度。

5.3.3 结构方程模型构建与假设检验

在前述理论与假设的基础上，结合表5-3的问卷信度和效度分析，本书构建了用于验证假设的结构方程模型，图5-3显示了变量间的作用关系和模型参数构成。

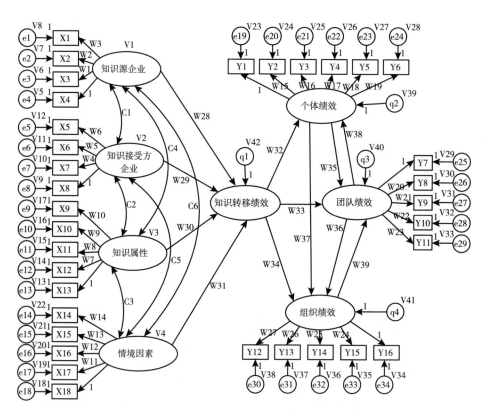

图 5-3 结构方程模型：变量间关系及参数构成

使用最大似然法，经过原始模型和一组修正模型的比较，在拟合指标符合要求的前提下选择改动最少的模型，其参数估计值和有关拟合指标见表5-4。

表 5 – 4　　　　　　　　　　变量作用系数和模型拟合指标

自变量	因变量							
	知识源企业 $\beta(p)$	知识接受企业 $\beta(p)$	知识属性 $\beta(p)$	情景因素 $\beta(p)$	知识转移绩效 $\beta(p)$	个体绩效 $\beta(p)$	团队绩效 $\beta(p)$	组织绩效 $\beta(p)$
知识转移绩效（假设验证）	0.288 (0.009)	0.400 (0.009)	0.032 (0.744)	0.301 (0.033)				
个体绩效（假设验证）					0.655 (0.002)		0.207 (0.000)	0.015 (0.843)
团队绩效（假设验证）					0.444 (0.004)	0.237 (0.000)		0.234 (0.003)
组织绩效（假设验证）					0.715 (0.000)	0.016 (0.843)	0.215 (0.003)	

$\chi^2 = 483.76$

$df = 471$

$P = 0.13$

$\dfrac{CMIN}{df} = 1.02$

$GFI = 0.887$

$AGFI = 0.835$

$PGFI = 0.760$

$CFI = 0.955$

$RMSEA = 0.067$

在评价模型整体拟合方面，本书采用 χ^2 值、渐进残差均方和平方根（*RMSEA*）、拟合优度指标（*GFI*）、调整拟合优度指标（*AGFI*）、简约适配度指标（*PGFI*）和比较适配度指标（*CFI*）等指标检验假设模型的整体适配度。其中 χ^2 反映模型拟合优度，若 χ^2 值不显著，模型易接受；近似误差均方根 *RMSEA* 对错误模型较敏感，其值小于 0.1 时表示较好的拟合；*PGFI* 是简约适配度指标，一般认为 *PGFI* > 0.5 时模型精简程度较高。*CFI* 表示比较相对模型拟合情况，通常认为 *CFI* > 0.9 模型可接受。拟合检验表明，该结构方程模型拟合程度可接受。

　　表 5 - 4 模型路径分析结果显示，知识源企业属性、知识接受方企业属性以及情境因素都对中国投资方母公司与非洲子公司间的知识转移绩效有显著影响，前文的 H1、H2 和 H4 得到了支持。这说明知识源企业处理知识的能力越强、知识接收方企业吸收知识的能力越强，知识源企业与知识接受方的情境因素越相似，双方企业知识转移的绩效就越高。但实证结果显示知识属性对知识转移绩效的作用并不显著，无法支持假设 H3。产生这种差异的原因可能是本次调研对象多为制造业、建筑业和批发零售业企业，中非双方企业间转移的知识为较成熟的显性知识，知识属性变数小，对知识转移绩效的影响不大。本书知识转移绩效主要通过知识接受方企业吸收消化知识源企业输送的知识后对自身造成的影响来衡量，包括是否能够提升企业核心竞争力、增加国际知名度以及扩大销售规模等。在实际调查中发现，被调查企业中制造业、建筑业和批发零售业占了 90%，高新技术企业涉及不多。所以中非双方企业间转移的知识多为发展较成熟的相关技术和管理经验，对高素质专业人才的嵌入性程度较低，属于编码程度较高的显性知识，通过改变缄默性和情境嵌入性等知识属性提升知识转移个体绩效、团队绩效、组织绩效的作用微小，因此知识属性对知识转移绩效影响不显著。

　　模型路径分析还显示员工个体绩效对团队绩效有显著正向影响，团队绩效对组织绩效有显著正向影响，个体绩效、团队绩效和组织绩效对知识转移整体绩效亦存在显著正向影响。这表明中非双方企业知识转移过程中，员工个体绩效是小组团队绩效的前提，而小组团队绩效也是组织绩效的基础；个体绩效、团队绩效和组织绩效对知识转移整体绩效具有较好的解释力度，验证了本书所构建模型的合理性。同时该结果也表明，在中非双方企业间知识转移过程中，个体、团队和组织的作用缺一不可，中非双方企业应调动各个层面积极性，主动参与企业运营流程和制度规范、企业文化、企业管理经验、生产/服务技术等知识转移活动，并促进知识转移效果的提升。

5.4　研究结论

　　通过结构方程模型检验对非洲直接投资知识转移影响因素的假设后，得出如下结论：

（1）知识源企业属性显著影响对非洲直接投资知识转移绩效。该结论与前文经验判断相符，同时与前人研究成果相近。即知识源企业的知识转移经验、能力意愿等会显著影响知识转移绩效。经验丰富的知识源由于与同行企业的交流时间较长，对行业特征和员工特点都有较高程度的了解，因此会针对不同企业选择合适的交流方式和频率，以提高知识接受方企业对知识转移的重视程度和理解程度。知识转移能力强的知识源企业在如何选择与知识接受方企业合作模式上也更有经验，他们知道通过怎样的合作方式可以减少转移过程中的沟通障碍，并将两国个体员工间的交流冲突减至最小，使中非企业间能够建立起稳定的合作关系。

（2）知识接受方企业属性显著影响对非洲直接投资知识转移绩效。主要表现为知识接受方企业的知识基础、吸收能力和学习氛围等会显著影响知识转移的绩效。在中国企业对非洲直接投资过程中，非洲子公司技术能力的形成首先是获取来源于附加值相对较高价值链环节中国母公司的知识转移，而知识转移的绩效如何又受到企业自身属性的影响，非洲子公司知识基础、吸收能力、学习动机和氛围等的强弱显著影响知识转移绩效。

（3）情境因素显著影响对非洲直接投资知识转移绩效。知识转移意味着特定的知识从自身情境转移到新的情境。一般来说参与知识转移的每个组织都处在几个情境维度中，不同的情境导致了组织在识别、发送、接受、使用知识的能力差异。如果投资方中国母公司与被投资方非洲子公司具有高相似性的情境维度，那么两者的情境范围就会出现特定的重叠区域，在这部分重叠的情境区域中，更容易获得知识转移的成功。即两个相似的社会环境有利于组织间的沟通交流，最终提高组织间的知识转移绩效。具体表现为知识转移双方企业的国家制度文化、产业政策环境、领导风格、知识管理系统和组织文化等越相近，知识转移效率就越高。

（4）知识属性对中国企业对非洲直接投资知识转移绩效无显著影响。该结论与前文假设不符，原因可能是本书知识转移绩效主要通过知识接受方企业吸收消化知识源企业输送的知识后对自身造成的影响来衡量，包括是否能够提升企业全球竞争力、增加国际知名度以及提升营业业绩。但实际调查中制造业、建筑业和批发零售业占了总样本企业的90%，高新技术企业涉及不多。所以中非双方企业间转移的知识多为发展较成熟的相关技术和管理经验，对高素质专业人才的嵌入程度较低，属于编码程度较高的显性知识，通过改变缄默性和情境嵌入性等知识属性提升知识转移个体绩效、团队绩效、组织绩效的作用微小，因此知识属性对知识转移绩效影响不显著。

第6章　中国企业对非洲直接投资知识
转移系统动力学分析

进行中国企业对非洲直接投资知识转移研究的最终目的，无非是为投资双方企业管理者做出提高知识转移效果和效率的决策提供支持和指导。目前对于知识转移的研究文献有很多，研究方法既有理论研究也有大量实证研究，但是对于全球价值链视角下中国企业对非洲直接投资知识转移的研究并不多，相关的研究方法也比较少。"一带一路"下实现我国企业全球价值链升级的关键在于构建合作共赢的全球价值链，提升我国企业国际分工地位。中国企业对非洲直接投资知识转移过程是一个复杂的系统，而系统动力学是一门以信息反馈理论为基础，通过计算机仿真来定量研究系统动态发展行为的应用学科，它打破了传统的功能模拟，从系统内部结构入手进行建模，通过构造系统的基本组成结构，对系统的动态变化进行模拟与分析，因此，它可以较好地反映随时间变化的复杂系统问题。本章将在前文全球价值链视角下中国企业对非洲直接投资知识转移内部网络机制的基础上，运用系统动力学方法，建立中国企业对非洲直接投资知识转移系统模型，并用仿真软件 Vensim 对模型进行仿真模拟，得出相应的分析结论，为相关企业管理者提供借鉴和参考。

6.1　系统动力学理论概述

6.1.1　系统动力学简介

系统动力学（system dynamics，SD）由美国麻省理工学院的福瑞斯特教授于 20 世纪 50 年代所创建，初期它主要应用在工业企业管理，处理诸如生产与雇员情况的变化、股票与市场增长的不稳定性等相关问题。到了 20 世纪 60 年代，许多代表着系统动力学理论与应用研究成果水平的著作相继发表，福瑞斯特教授在 1961 年发表的《工业动力学》就说明了系统动力学的原理与典型应用，他在 1969 年发表的《城市动力学》则总结了美国城市兴衰问题的理论与应用研究的结果。随后系统动力学进入蓬勃发展时期，以福瑞斯特教授为首的美国国家模型研究小组，将美国的社会经济作为一个整体，详细研究了通货膨胀和失业等社会经济现象，第一次从理论上解释了经济学家长期争执的经济长波产生和机制，这一成就受到西方的重视，也使系统动力学于 20 世纪 80 年代初在理论和应用研究两方面都取得了巨大的进步，因此也达到了更成熟的阶段。90 年代以后，系统动力学在世界各国得到了更广泛的传播，其理论、方法和工具也在不断完善和更新。系统动力学在 20 世纪 70 年代传入中国，经过几十年的研究在该领域取得了飞跃的发展，从最开始的自成系统和独立应用的状态，逐渐发展为以系统动力学为主体框架的多学科相结合的研究方法体系（王其藩，2004）。

系统动力学是以系统论思想为基础，结合了系统论、控制论、伺服机械学、信息论、决策论等相关理论，并且运用了电脑模拟技术为研究复杂系统中反馈行为的仿真方法。它是一门分析研究信息反馈系统的学科，也是一门认识系统问题并且解决系统问题的交叉综合学科。从系统方法论来说，系统动力学是结构方法、功能方法和历史方法的统一，它从系统的整体性功能出发，对系统内部结构进行分析，并研究相关的影响因素，将定量模拟与定性分析相结合，在信息非完备条件下对复杂系统问题进行数值分析和求解（范智慧等，2017）。

系统动力学的模型模拟是一种结构 – 功能的模拟。其模型可作为实际系统的实验室，反映真实世界的某些断面与侧面，但这不等于对实际系统的复制，应该防止必须按照真实世界去建立模型的错误倾向（张洁萍，2015）。系统动力学的建模过程就是一个学习、调查研究的过程，模型的主要功能在于向人们提供一个进行学习与政策分析的工具，可以更好地处理复杂的相关问题。

6.1.2 系统动力学研究对象及构成要素

1. 系统动力学的研究对象

系统动力学是将研究对象视为一个系统来处理的。按照系统动力学的观点，系统是指由相互区别、相互作用的各个部分有机地联系在一起，为某一目的而去完成某种功能的集合体。系统动力学所分析研究的系统几乎都是多变量的系统，社会经济系统是该技术研究的主要对象。系统动力学认为，社会经济系统本身不仅有清晰、确定的相互关系，也存在着相对模糊、随机的因素，这些因素和关系很难用传统的数学方法去描述清楚，而系统动力学能够很好地处理这些问题，因为系统动力学能够描述系统内各种非线性的逻辑函数与延迟因素，注重系统的内部机制和结构，可以更好地处理复杂的系统。

社会经济系统问题的显著特点有：（1）该系统中存在需要决策的环节，对信息加工处理后需要做出最后的决策；（2）系统具有自律性，即具有自我约束的能力；（3）系统具有非线性，也就是指现象当中事物发生的原因和导致的结果之间所体现出来的是一种错综的分散性关系（李小倩，2015）。

2. 系统动力学的构成要素

系统动力学的模型由变量、参数和函数这三个要素构成。系统内部各个要素之间的关系可以通过函数的形式来表达，而且任何要素的行为也能够通过变量在不同时刻的取值变量来表示（董媛媛等，2014）。在系统动力学模型软件 Vensim 中有状态变量、速率变量、辅助变量、常量和外生变量，在建模过程中还需要建立各个变量之间正确的方程式来计算各个变量的值。变量的方程是多种多样的，可以根据其实际意义的定义进行设计，可运用到数学函数、逻辑函数、条件函数、延迟函数、测试函数、平滑函数、随机函数等，对于方程关系设计比较复杂的，还需要利用表函数等。此外，一个复杂系统的行为在不同的时间段里往往是由某些回路和某些主要的变量所决定的，也就是说，复杂系统中往往还存在一些起主导作用的主回路和主要变量。

6.1.3　系统动力学模型的特点及其重要组件

1. 系统动力学模型的特点

系统动力学模型是一种因果机理性模型，和其他技术方法比较，系统动力学最大的优势在于其更加注重大系统内部的机构和机制情况，着重强调各个相关小单元之间的关系和及时的信息反馈等。其内部的动态机制和反馈结构决定，即使在数据不足或参量难以量化的情况下它依然适用部分研究。以下是系统动力学模型的四大特点：

（1）变量多。这主要是因为系统动力学处理的问题有复杂性、动态性等特点所决定的。主要变量分类有状态变量、速率变量、辅助变量、常量。

①状态变量（level）是描述系统累积效应的变量。任何特定时刻的状态变量值是系统中从初始时刻到特定时刻的物质流动或信息流动的累加结果，因此未来时刻的状态变量值可表示为：

$$状态变量(未来) = 状态变量(当前) + 改变量$$

该式中的改变量是从当前时刻到未来时刻时间间隔上的状态变量改变值。

②速率变量（rate）。描述系统的积累效应变化快慢的变量，是速率变量，也称决策变量。速率变量描述的是状态变量对于时间的变化速度，它在任何时刻的值取决于信息反馈决策，这种反馈决策可能由一个或多个方程构成。

③辅助变量（auxiliary），在流图中用圆圈表示。它位于系统的状态变量和速率变量之间的信息通道中，沟通状态变量与速率变量难以直接表达的情况，如作为分离速率方程的中间性变量等。辅助变量的设计是信息反馈决策表达成反馈结构的有用手段，是系统模型的重要内容。

④常量（constant），系统中不随时间变化的量为常量。常量以直接或辅助的形式把信息输入状态变量和速率变量中，仿真时可以通过改变常数值的方法来观察系统行为的分析正确与否。

（2）定性与定量分析相结合，系统分析与综合推理的方法。系统动力学是在结合了结构和数学知识的基础上共同组建的综合模型。钟永光等人（2009）提出建模的过程即先定性后定量，先是对现实系统进行观测，提炼出具有代理表性的数据信息，然后根据问题假设得到模型结构框架，建立基本的"定性"模型，而后细化问题，确定边界条件，再用实际数据支撑分析得到相应的模型演化动态结果。系统动力学的建模，又是根据各种原理进行严密无误的推算和综合各种因素同时加以考虑的过程。

（3）可用来解决动态性、复杂性、非线性、回路多、层次多、部门多、因果闭合等系统问题。从系统动力学的观点来看，任何问题最好用随时间变化的变量图表示。动力学问题一大特点是动态性，即它所包含的量随时间变化而变化。如人口增长、就业人数的增减、城镇与农村的生活品质和物价的涨落等都是动态问题。系统动力学常用四种图形表示：系统结构框图、因果与相互关系图、流图、速率－状态变量关系图。

（4）该模型主要以仿真实验为基础手段，以计算机处理为辅助工具。

系统动力学作为一种计算机仿真分析方法，是实际系统的"实验室"。计算机模拟软件是十分必要的。系统动力学方法通过建立系统动力学模型，利用仿真语言在计算机上实现对真实系统的仿真实验，从而研究系统结构、功能和行为之间的动态关系，使得系统动力学方法和计算机仿真紧密结合，如图6－1所示。

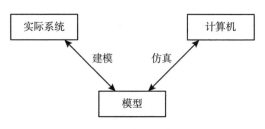

图6－1　系统动力学方法

2. 系统动力学的重要组件

因果反馈关系图、系统流图、设计方程和仿真平台是系统动力学的四个重要组件（李志宏等，2012）。

（1）因果反馈关系图：主要由因果箭、因果链和反馈回路三部分组成。其中，因果箭是指衔接因和果这两个要素的一段有方向的曲线段；因果链是指把具有递推特性的要素之间用因果箭连接起来；反馈回路是由因和果两要素的相互影响、相互作用，通过封闭的因果链形成的。

（2）系统流图：它是系统动力学中结构模型部分的主要表现形式，绘制系统流图是系统动力学建立模型的核心部分。流图一般包括流、水准、速率、参量、辅助变量、源、信息、滞后或延迟等要素。

（3）设计方程：主要是用来将系统内各个要素之间的关系进行量化。在系统动力学模型中，一般会有五种方程：流位方程、流率方程、辅助方程、赋初值方程及常量方程。它们分别用来计算水准变量、速率变量、辅助变量。

（4）仿真平台：它是指利用计算机这一工具和相关软件对系统动力学模型进行模拟、仿真和调试。利用这一平台，研究人员可以根据自己所研究的目的，针对不同的方案，对系统进行仿真。

6.1.4 系统动力学建模步骤

从系统动力学角度来看，一个模型的建立是为了研究和解决一组具体的问题而设置的。而用系统动力学解决问题的过程大体可以分为五步：第一步，用系统动力学的理论、原理和方法对研究对象进行系统、全面的了解、调查分析；第二步，进行系统的结构分析，划分系统层次与子块，确定总体与局部的反馈机制；第三步，构思流图，建立定量、规范的模型；第四步，以系统动力学理论为指导，借助模型进行模拟、评估与政策分析；第五步，进一步剖析系统得到更多的信息，发现新的问题然后反过来再修改模型。以上建模过程及逻辑思维过程可用图 6 - 2 表示。

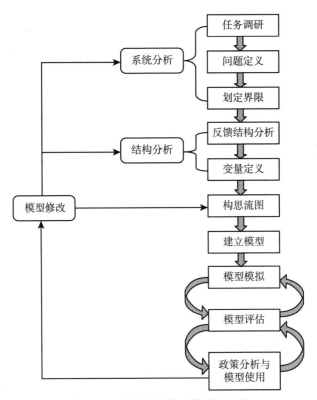

图 6 - 2　系统动力学建模过程流程

6.1.5　系统动力学的研究范式和工具选择

系统动力学是研究分析有关复杂信息反馈系统动态趋势的学科，它以控制论、控制工程、系统工程、信息处理和计算机仿真技术为基础研究复杂系统随时间推移而产生的行为模式。通过建立系统动力学模型，用仿真语言描述为计算机仿真程序模型，并借助计算机仿真技术来研究和分析复杂系统内部结构与外部动态行为的关系，为系统决策者提供决策所需要的科学依据。

自 20 世纪 60 年代弗雷斯特等人开发出第一代仿真软件 DYNAMO 后，特别是 80 年代中后期，可用于微型计算机的仿真软件陆续问世，如面向模型（模型结构对用户开放的）的软件：STELLA/Ithink、Vensim、Professional DY-NAMO 等；面向黑盒的 SimCity、Okolpoly 等商业娱乐仿真游戏；还有一些仅供专家研究使用的 Lohhausen 等 Prototypes 仿真软件。

1. 系统动力学专用模拟语言

系统动力学建模使用的仿真程序语言称为 DYNAMO，是英文 Dynamic 和 Model 两个词头的拼写，含意是"动态模型"。其为麻省理工学院（MIT）的企业动态学研究小组所研究开发，历时三年多的时间才研究成功，用以在计算机上进行系统动力学模型建立及仿真的程序语言。自 1958 年开始研发以来，DYNAMO 就与系统动力学有着密切相关的联系。写成 DYNAMO 语言系统的先驱者是理查德·贝内特，他于 1958 年研制成能用于产生计算机运行数据的版本。福瑞斯特教授于 1961 年创造了 DYNAMO 原型语言，具有自动绘图打印功能的第一个设计者是爱德华·罗伯茨，最后普赫把 DYNAMO 从 IBM704 移植到 IBM709 和 IBM7090 数字计算机上。根据数字计算机的容量不同，已经研制成功各种类型的语言版本。如在大型机上配置的 DYNAMO Ⅰ、DY-NAMO Ⅲ、DYNAMO Ⅳ等系统；在中小型机上配置的 Mini-DYNAMO 和在微型机上配置的 Micro-DYNAMO。用于对策研究的 GAMING DY NAMO I/F、GAMING DY AN-MO Ⅲ/F 软件包也配置到了一些大型的计算机上。其中，尤以 DY NAMO Ⅳ功能最强，它在 DYNAMO Ⅲ的基础上又增加了能处理更高阶问题的方法。

普赫于 1987 年将 DYNAMO 加以改进成为 Professional DYNAMO，可提供简单的编辑、编译、模拟、浏览结果及储存功能，仿真结果能以图形及表列显示。

2. 系统动力学软件介绍

系统动力学具有规范与标准的建模方法，规范与标准的计算机模拟软件来支持建模与模拟。最早的系统动力学软件 SIMPLE 产生于 20 世纪 50 年代，开始是以专门的程序语言来说明模型的结构，直到 80 年代后期才逐渐发展成为可视化界面的形式，常用系统动力学软件介绍如下：

（1）STELLA。STELLA 为 Structure Thinking Experimental Learning Laboratory with Animation 之缩写，为图形导向的系统动力学模型发展软件，原先在苹果、Mac 操作系统下运行，近年来也提供在微软 Microsoft Windows 操作系统上执行的版本；由于其定位在个人的研究及教育上，STELLA 提供拖放式的图形界面，使用者可以将模型组件（包括状态变量、速率、辅助变量及连接）自工具列拖动至图板上，进行模型之建构；在显示仿真结果上，STELLA 除了图形及表列以外，还可以透过动画显示仿真结果，而除了由管理者实际模拟并分析结果外，STELLA 也提供图形化的控件组件，如输入框、开关、转盘等，让其他使用者能透过控件将参数输入模型，再透过动画或控件显示仿真结果。

STELLA 软件操作简便，建模基于图标对象，有功能强大的输入输出、导航演示、错误检查、调试验证等功能，是系统动力学建模的理想工具。

（2）Ithink。Ithink 与 STELLA 属于同一个研发团队所开发，具有相同的图形化使用界面，功能也基本相同，但 Ithink 的定位是在提供企业及组织流程模型的建构及仿真上，除了提供离散事件的模拟外，其用户帮助文件也是针对企业人员为导向撰写。

Ithink 软件是一款功能强大的系统动力学软件，它提供多种建模工具，可以帮助用户轻松建立系统动力学模型，还支持将制作好的模型导出软件，以便用户分享给他人一起观看。Ithink 软件采用最新的操作界面，其功能排列有序，以便用户查找各类工具，能够有效提升用户的工作效率。Ithink 软件还内置软件操作向导，用户可根据向导的指示对软件进行操作，能够让用户在最短的时间内，轻松创建出专业的系统动力学模型。

（3）Powersim。Powersim 为 1980 年中期，由挪威的 Powersim Software 公司出品，致力于用虚拟的电脑模型帮助用户找出问题的解决方法并加强对问题作出分析、理解和制定策略的能力。目前 Powersim 已发展为新版本 Powersim Studio 系列，除了提供 STELLA 的拖放式图形界面，可将组件自工具列拖放至图板外，也提供模型的显示（支持改变模型中组件的色彩及字型）及组件及模型管理（组件的树状检视管理）的相关功能。

（4）Vensim。发源于美国麻省理工学院的 Vensim 软件，是由 Ventana 公司开发，发展于 20 世纪 80 年代中期，于 1992 年改为商业化使用，目前用于企业、科学及教育等方面。Vensim 软件能够同时以图形与编辑语言的方式建立系统动力学模型，具有模型易于构建和能够人工编辑 DYNAMO 方程式的优点，除具有一般的模型模拟功能外，还具有复合模拟、数组变量、真实性检验、灵敏性测试、模型最优化等强大功能，Vensim 有 Vensim PLE、PLE Plus、Professiona 和 Dss 版本，适合不同的用户。

3. 常用系统动力学软件的比较

常用的系统动力学软件各有特色，都能提供建立系统动力学模拟的作业平台。早期的 DYNAMO 软件是一种用来翻译并操作运算一组微分或差分方程式，进行连续模拟的系统动力学软件，只能以传统的 DYNAMO 语言方式编辑，不能采用图形化的界面编辑系统动力学模型；STELLA 和 Ithink 软件利用图形界面建立系统动力学模型，使用者只需绘制系统动力模型的因果关系图，然后输入关系式，即可建立模型进行模拟，但是用户不能对系统自动生成的 DYNAMO 语言编辑；Powersim 软件也提供了图形界面建立系统动力学模型的功能，其内置的运算和统计分析功能较为完善，并且在运算过程中能够直接存取 Excel 表；Vensim 软件能够以图形与编辑语言两种方式，建立系统动力学模型，因此同时具备模型建构容易与人工编辑 DYNAMO 语言的优点，并且具有政策最佳化的功能。

根据表 6 -1 的系统动力学常用软件对比分析表，综合考量，本书选用 Vensim PLE 作为模型构建和分析的仿真软件。

表 6 - 1   系统动力学常用软件对比分析表

软件名称		系统	特点	缺点	适用范围
STELLA		Windows 和 Mac	1. 用直观的基于图标的图形界面简化模型的构建 2. 仿真长时间"运行"系统 3. 讲故事的方法支持逐步的模型展现过程	无法编辑 DYNAMO 语言，且收费	教育和科研
Ithink			1. 能够快速找到方程和单元中的错误 2. 可以轻松分析每个变量的结果 3. 能够快速跟踪变量行为的原因 4. 可快速开发丰富的学习和探索演示文稿		商业、军队和政府部门
Powersim		Windows 2000 版本以上	1. 可能性的范围使处理数组更加容易 2. 可以通过 XLDATA 功能拖到 Studio 中 3. 可视化 Basic 语言功能允许自定义	收费	教育和科研
Vensim	PLE	Windows 和 Mac	具有一般建模模拟功能外，多视窗，原因追踪，复合模拟等	个别版本收费	广泛应用于多个领域（其中 PLE 对教育机构免费）
	PLE Plus		除具有 PLE 功能外，具有 Monte Carlo 灵敏度测试，输入输出控制		
	Professional		除具有 PLE Plus 功能外，具有真实性测试，灵敏度测试，模型优化，方程文本编辑，下标变量等高级功能		
	DSS		具有模拟飞行器开发，宏定义及外部函数引用，通过 DLL 与其他程序交互		

6.1.6　系统动力学与知识转移

系统动力学是一种以反馈控制理论为基础，以定性分析和定量研究相结合的系统分析方法。我国著名系统动力学研究学者王其藩为系统动力学的研究对象做了界定，他认为系统动力学的研究对象应该具备远离平衡的有序的

耗散结构（王其藩，1994）。除此之外系统学研究者还指出系统内部的动态
结构与反馈机制决定系统的行为和特征，整个系统具有相对比较明确的边界
（胡玉奎，1998）。贾仁安和丁荣华（2002）认为系统的动态性是可以预期
的、有一定规律的动态性，而不是随机的不稳定的动态性，且系统内部要素
间有流的存在。

在对知识转移的研究方面，知识系统管理专家王众托（2004）给知识系
统作出定义，认为知识系统是智能型复杂自适应系统；在知识管理系统研究
领域，他指出知识转移是一种包含反馈的双向交流。本书所研究的中国企业
对非洲直接投资知识转移系统，是一个典型的复杂系统，且该系统实际上是
知识的发送者与接收者之间接触、沟通、转移的一种过程，双方在自身内在
条件或外在条件的影响和作用下相互间动态传递交流，最终达到一个相对的
平衡。在这个过程中无论是知识发送者还是接收者，当自身内在或外在条件
中的某个或几个因素发生变化时，两者间新的交流又会开始，直至再重新达
到另一个动态的相对平衡，发送者与接收者不断的循环该过程，直至两者间
在某知识方面的位势差距达到零。但是，从前面几章我们知道，要想达到某
类知识的动态平衡，即实现知识的传播、转移，此过程会受很多影响因素的
制约。

因此，鉴于上述系统动力学的适用范围、特点及知识转移的系统特征，
本书得知中国企业对非洲直接投资的知识转移系统符合系统动力学建模的基
本条件，其知识转移系统可以用系统动力学方法进行建模仿真。本章从知识
转移的影响因素着手，借助于 Vensim 这一系统动力学计算机仿真软件，对中
国企业对非洲直接投资知识转移系统建立模型并进行检验与仿真分析。

6.2　中国企业对非洲直接投资知识
转移的系统动力学建模

本节在前面理论分析的基础上，对中国企业对非洲直接投资知识转移系
统建立模型并进行模型检验和分析。第一，通过系统分析确定模型的边界；
第二，提出所建模型的假设条件；第三，通过分析变量之间的因果逻辑关系

建立因果回路图和存量流量图；第四，在存量流量图的基础上建立方程和进行参数赋值，建立中国企业对非洲直接投资知识转移系统模型；第五，对系统模型进行检验与仿真分析。

6.2.1 模型边界确定

系统动力学中的系统分析主要是针对系统内部要素，并假设系统外部环境的变化不会影响系统行为，认为系统行为是由系统内部要素相互作用产生的。通过前面第 4 章的分析，可以知道中国企业对非洲直接投资知识转移包括外部网络机制和内部网络机制，限于篇幅，且为了简化模型设计，本节只研究内部网络机制相关内容。中国企业对非洲直接投资知识转移内部网络机制包括顺向知识转移和逆向知识转移，即中国母公司向非洲子公司顺向转移知识和非洲子公司向中国母公司逆向转移知识。其中，以母公司向子公司顺向转移知识为主要方向，而逆向知识转移可以为有效完成顺向知识转移提供服务。同时，知识转移是转移双方知识增值的过程。因此，本研究认为中国企业对非洲直接投资知识转移系统是以中国母公司和非洲子公司为两个行为主体，以知识源企业向知识接受方企业转移知识，并在组织内部进行吸收消化和创新的系统。

由于知识具有内隐性、复杂性、专用性等属性，这使得知识转移结果难以度量。现有研究大多采用绩效方法进行度量，但是本书为了简化研究，将知识看作一种动态物质。因此，中国企业对非洲直接投资知识转移系统动力学模型包括知识源企业知识存量、知识接受方企业知识存量、知识源企业知识创新量、知识接受方企业知识创新量、知识源企业知识创新率、知识接受方企业知识创新率；知识转移效果的好坏可由双方的知识存量、平均知识水平、知识势差、转移阈值等进行量化；双方进行知识转移主要是为了提高知识接受方企业的知识存量，减小知识势差，提高双方的平均知识水平。其中，知识势差是指转移主体双方的知识存量之差，不同行为主体会因为某方面知识的缺乏而产生知识差距，这时便会产生知识转移的需求（Gilbert，1996），知识资源的差异性是企业间存在差异的根本原因（Teece，1977），由此可见，知识势差是知识转移的根本动力，是知识转移行为发生的必要条件。转移阈值体现了知识源企业对自己的核心知识进行保护的需要，是其决定是否继续进行知识转移的参数临界值，当转移主体双方知识水平逐渐接近时，双方的知识势差逐渐减小，知识转移量将减少，直至转移停止。知识创新与老化是指组织内部知识转移时产生的创新与老化。知识创新产生于知识转移的过程中，是企业知识的重要来源。与此同时，随着企业内外部环境的变化与时间的推移，企业部分知识将会老化，无法给企业带来经济效益，除此之外，人员流动、技术落后、设备陈旧等因素也会引起知识老化。因此，知识存量受到知识创新和知识老化两者共同影响，知识源企业知识增长由知识创新和知识老化决定，知识接受方企业的知识增长由知识创新、知识老化和知识转移量共同决定。

根据相关文献研究结果及前文的理论分析结果，本次研究中国企业对非洲直接投资知识转移影响因素采用知识源属性、知识接受方属性、知识属性和情境属性四个层面的进行分析，其中知识源属性包含了转移意愿和转移能力两个方面特性，知识源企业的转移能力可通过转移意愿反映，一般来说，转移意愿越高，说明转移能力越强。为了简化模型，本书只考虑知识源的转移意愿因素；知识接受方属性包含知识接受方企业的接受意愿和吸收能力；知识属性包含了知识内隐性这一特性；情境属性包含了组织文化、制度、组织信任度、政策环境和企业领导风格等情境，这里为了简化研究，提炼出文化距离和领导支持度两个代理变量。此外，本书基于全球价值链视角研究中国企业对非洲直接投资的知识转移问题，因此，应当纳入全球价值链因素来描述对知识转移系统的影响。全球价值链的衡量指标包括参与指数和地位指数（李静，2018）。

其中，GVC 参与指数和 GVC 地位指数的计算公式如下：

（1）GVC 参与指数 $= IV_{ir}/E_{ir} + FV_{ir}/E_{ir.}$

GVC 参与指数用于衡量一国参与国际分工程度的高低。其中，IV_{ir} 表示 r 国 i 产业出口的国内中间产品经他国加工后又出口给第三国的附加值；FV_{ir} 表示 r 国 i 产业附加值出口中来自于国外的附加值，E_{ir} 表示 r 国 i 产业的总附加值出口额。GVC 参与指数越大，表明该国参与国际分工程度越高。

（2）GVC 地位指数 $= \ln(1 + IV_{ir}/E_{ir}) - \ln(1 + FV_{ir}/E_{ir})$

国际贸易生产任务的分割使全球价值链出现上游国家和下游国家。全球价值链上游国家一般通过向其他国家提供原材料或中间产品来参与全球价值链，因此其国内中间品附加值所占比例大于国外附加值比例，相应 GVC 地位指数比较大；而全球价值链下游国家要通过大量进口国外中间品来生产最终产品而后再出口，国外附加值出口所占比例大于其国内附加值比例，GVC 地位指数则比较小。

因此，本研究涉及的关键影响因素可以概括为知识内隐性、转移情境、转移行为、中国全球价值链参与程度和知识接受方吸收能力。转移情境、转移行为、中国全球价值链参与程度和知识接受方吸收能力与知识转移呈正相关，而知识内隐性与知识转移呈负相关，转移行为作为影响知识转移的主要因素，它由知识源企业转移意愿和知识接受方企业接受意愿决定；转移情境是决定知识转移效率的重要因素，它主要由领导支持度和文化距离决定；中国在全球价值链分工中的地位和作用由全球价值链地位指数和参与指数共同决定。

综上所述，根据系统动力学关于模型边界确定的标准，本研究把中国企业对非洲直接投资知识转移系统的边界确定为：知识源企业知识存量、知识接受方企业知识存量、知识源企业知识创新量与知识老化量、知识接受方企业知识创新量与知识老化量、知识转移量、知识势差、平均知识水平、转移阈值、知识源企业知识创新率与知识老化率、知识接受方企业知识创新率与知识老化率、知识源企业转移意愿、知识接受方企业接受意愿、知识接受方企业吸收能力、转移情境、转移行为、知识内隐性、文化距离、领导支持度、中国全球价值链参与程度、中国全球价值链参与指数和地位指数等。

6.2.2　假设条件

系统动力学的规范模型仅是实际系统的简化与代表，即一个系统动力学模型只是实际系统的一个断面或侧面。系统动力学中不存在终极模型，任何模型都只是在满足特定条件下的相对成果。也就是说，如果从不同的角度对同一实际系统进行建模，就可以得到该系统各种不同的侧面结果，因此，建模前需要对模型提出假设条件。本书结合自身的研究实际，对模型提出以下假设：

（1）知识转移双方存在合作意愿与合作能力，并且知识源企业的知识存量大于知识接受方企业的知识存量，两者存在知识势差，知识转移主要是从知识势能高的知识源企业向知识势能低的知识接受方企业的知识流动。

（2）中国企业对非洲直接投资知识转移双方的知识存量是指双方全部的知识，而不是仅仅表示需要进行转移的那部分知识，即知识存量包括企业的管理思想、技术经验等各方面知识。

（3）模型中转移阈值不影响双方的转移意愿。本书假设转移阈值是一种客观存在的规律，而转移意愿是知识源企业主观的能动性。

（4）双方获得的新知识仅仅在与对方的互动过程中产生，忽略其他第三方来源。

6.2.3　因果回路图

系统动力学中采用因果回路图表示变量之间的因果关系。因果回路图（causal loop diagram，CLD）是描绘复杂系统反馈结构的有力工具，是显示变量之间因果链的简图，是表示系统反馈结构的重要工具。因果回路图能够快速表达关于系统动态形成原因的假说，引出并表达个体或团队的心智模型。

1. 反馈回路分析

（1）中国企业对非洲直接投资知识存量因果回路图。

无论是知识源企业还是知识接受方企业，通过中国企业对非洲企业直接投资知识转移，双方的知识存量都会有一定增长。在知识转移过程中，中国母公司通过吸收非洲子公司反馈的客户需求、管理经验等知识，进行知识整合和创新形成企业先进的管理思想和业务流程等，能更好地积累更新在该行业的实践经验，提高企业知识存量。对于非洲子公司来说，通过接触、了解和使用来自中国母公司的生产技术、营销体系、管理经验，结合自身的生产运营实践，在知识转移理念和相关激励政策的支持下，转化成有利于本土企业发展的全新技术、管理、营销知识，从而提升非洲子公司知识存量。

由于本研究模型不考虑其他第三方知识来源，中国企业对非洲直接投资相关知识在组织内部知识转移过程中会产生新的知识，即知识创新。知识创新是企业重要的知识来源，知识是一个自我完善的概念构造，即企业拥有的知识越多，相应的学习新知识的行为也就越多，知识创新的速度也就越快

（Zack，1999）。中国企业对非洲直接投资相关知识除了自然老化之外，资料丢失、人员流动等原因也是引起知识老化的重要因素，知识老化是一个演进的过程，是时间的函数。在中国企业对非洲直接投资知识转移过程中，知识存量由知识创新量和知识老化量共同作用，知识创新量与知识存量正相关，知识老化量与知识存量负相关。知识源企业的知识增长由知识创新量和知识老化量共同决定，而知识接受方企业的知识增长取决于知识创新量、知识老化量和知识转移量。知识存量因果回路图如图 6-3 所示。

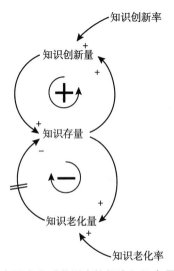

图 6-3　中国企业对非洲直接投资知识存量因果回路

知识存量过程包含两个反馈回路，属于一个典型的一阶多反馈系统，图 6-3 中上半部分的回路表示：当企业知识存量越多时，该企业的知识创新量越多，知识存量就增加得更快，该回路是一个正反馈加强型回路，使企业知识存量迅速增长。图 6-3 中下半部分的回路表示：企业知识存量越多，该企业的知识老化量越多，企业的知识存量就会减少，该回路是一个负反馈平衡型回路。同时，知识创新量和知识老化量分别受到知识创新率和知识老化率的影响。

由于知识的老化需要一定的时间，因此此处有一个知识老化的延迟问题。为了将知识转移进行量化，本书将所有延迟作为物质延迟考虑，进入延迟的知识都按照相同的顺序进行处理，并经过同样的时间离开，这种处理方法在系统动力学中称为"管道延迟"。

（2）中国企业对非洲直接投资知识转移量因果回路图。

实践结果表明，知识势差对于知识转移有着较为复杂的影响，效果好的知识转移要求转移双方既要有着一定的相同知识基础，又不能存在太大的知识交叉，双方知识重复率过高会导致知识转移的动力和有效性降低。中国企业对非洲直接投资知识转移双方的知识存量是完全不同的，以中国母公司向非洲子公司的顺向知识转移为例，在投资初期双方的知识势差较大，中国母公司为了完成企业的投资项目目标，竭尽所能地将自身所拥有的管理思想、技术经验等知识转移到非洲子公司。但是，随着投资步伐的循序渐进，各种技术经验的沟通深入，有些知识源企业为了维护其在对非洲投资项目中的优势和主导地位，出于对企业知识的保护会有意识地减少知识的转移，此外，知识源企业还存在一些不需要转移的知识，当到达转移阈值时，知识转移便会减缓。

因此，在中国企业对非洲直接投资知识转移过程中，在投资初期双方的知识势差较大，知识转移具有较大的动力和有效性，随着知识势差的逐渐减小，知识转移会越来越慢；同时，出于知识源企业的知识保护，知识转移在到达转移阈值时会大量减少。本书假设知识源企业的存量为知识存量1，知识接受方企业的存量为知识存量2，知识转移量的因果回路图如图6-4所示。

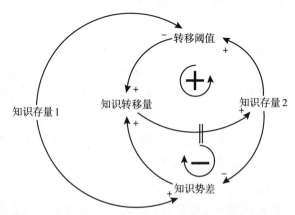

图6-4　中国企业对非洲直接投资知识转移量因果回路

　　知识转移量因果回路图包括正反馈加强型回路和负反馈平衡回路这两个回路。其中，在达到转移阈值的限值前，知识转移量会随着转移阈值的提高而提高，从而增加知识存量 2，即知识接受方企业的知识存量，知识存量 2 的增加又会导致转移阈值的提高，从而形成一个正反馈加强型闭合回路。转移阈值的提高会增加知识转移量，从而增加知识存量 2，即知识接受方企业的知识存量，随着知识存量 2 的增加会使知识势差逐渐减小，即转移双方知识重复率增加，从而降低知识转移的动力和有效性，最终导致知识转移量的降低，因此形成一个负反馈平衡回路。知识存量 1 的增加，即知识源企业知识存量的增加，会使双方知识势差增大，导致知识转移量增加。知识转移过程是一个学习的过程，因此，当知识接受方企业接受所转移的知识时存在一个管道延迟，以便吸收消化所转移的知识。

　　除了上述两个基本回路之外，中国企业对非洲直接投资知识转移系统内部还存在着以下因果关系：

　　①转移行为：在中国企业对非洲直接投资知识转移过程中，双方的转移意愿会影响双方的转移行为。一般地，双方的转移意愿越强烈，转移行为效果越好，知识转移越有效。

　　②知识内隐性：在中国企业对非洲直接投资知识转移过程中，不可避免地会出现通过社会方式传递的隐性知识，知识的内隐性越高，越难以通过语言、文字或其他方式清晰表达，知识转移难度越高。

　　③转移情境：在知识转移情境中，中非双方企业高层领导的支持是知识转移成功最重要的一个因素，除了领导支持度之外，还包括文化距离等因素。因此，一般来说，领导支持度越高，文化距离越近，知识转移情境越好，知识转移效果就越好。

　　④中国全球价值链（GVC）参与程度：根据李静（2018）关于中国在全球价值链中的分工地位及提升路径的研究可知，全球价值链的衡量指标包括 GVC 参与指数和 GVC 地位指数，因此，一般认为，中国 GVC 参与指数和 GVC 地位指数越高，全球价值链参与程度越高，中国企业对非洲直接投资知识转移效果就越好。

2. 因果回路图分析

由上面的因果要素和主要系统反馈回路的因果关系分析，可得出中国企业对非洲直接投资知识转移因果关系图如图 6 - 5 所示，其中，S 表示知识源企业，R 表示知识接受方企业，GVC 代表全球价值链。

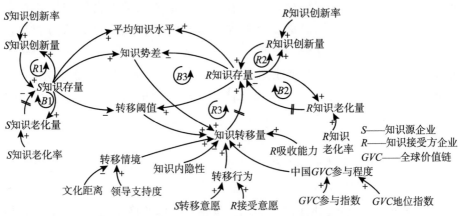

图 6 - 5　中国企业对非洲直接投资知识转移因果回路

（1）原因树。

知识转移量的原因树如图 6 - 6 所示。由图可知，知识接受方企业的吸收能力越强、中国全球价值链参与程度越高、知识势差越大、转移情境越好、转移行为越有效、转移阈值越高，同时知识内隐性越低，则知识转移量就越多。其中，随着时间的推移，知识接受方企业的吸收能力逐渐增强；GVC 参与指数和地位指数越高，则中国全球价值链参与程度越高；知识源企业知识存量越多、知识接受方企业知识存量越少，则知识势差越大、转移阈值越高；文化距离越小、领导支持度越大，则转移情境越好；知识接受方企业的接受意愿、知识源企业的转移意愿越强烈，则转移行为越有效。

知识源企业知识存量的原因树如图 6 - 7 所示。由图可知，知识源企业的知识存量由知识创新量和知识老化量共同决定。其中，知识创新率越高、知识存量越多，则知识创新量越多；知识老化率越低、知识存量越少，则知识老化量越少。

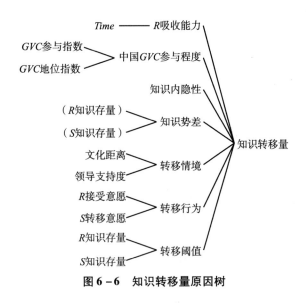

图6-6 知识转移量原因树

图6-7 知识源企业知识存量原因树

　　知识接受方企业知识存量的原因树如图6-8所示。由图可知，知识接受方企业的知识存量由三部分构成，即知识接受方企业知识创新量、知识老化量和知识转移量。其中，知识创新量受到知识创新率的影响，知识老化量受到知识老化率的影响，知识转移量受到知识接受方企业吸收能力、中国全球价值链参与程度、知识内隐性、知识势差、转移情境、转移行为和转移阈值的影响。

　　（2）反馈回路。

　　中国企业对非洲直接投资知识转移因果回路图中的主要反馈回路有6个，它们分别是：

　　回路1：S知识存量→S知识创新量→S知识存量；

　　回路2：S知识存量→S知识老化量→S知识存量；

　　回路3：R知识存量→R知识创新量→R知识存量；

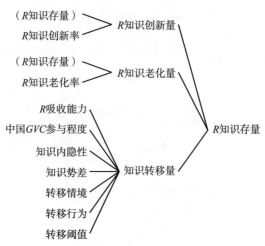

图 6−8　知识接受方企业知识存量原因树

回路 4：R 知识存量→R 知识老化量→R 知识存量；

回路 5：R 知识存量→转移阈值→知识转移量→R 知识存量；

回路 6：R 知识存量→知识势差→知识转移量→R 知识存量。

其中，正反馈回路和负反馈回路各有 3 个，回路 1、3、5 为正反馈回路，回路 2、4、6 为负反馈回路。

6.2.4　存量流量图

因果回路图适合于表达系统要素之间的相关性和反馈过程，但是，因果关系图只能描述反馈结构的基本方面，而不能表示不同性质的变量的区别，即不能反映系统状态发生变化的机制。系统建模需要对模型变量进行量化处理，通常我们会运用存量流量图来建立数学关系。存量流量图在因果关系图基础上对系统更细致和深入的描述，不仅能清楚地反映系统要素之间的逻辑关系，还能进一步明确系统中各种变量的性质，进而刻画系统的反馈与控制过程。存量流量图中的变量包括状态变量、速率变量、辅助变量和常量。

根据因果回路图，建立了中国企业对非洲直接投资知识源企业与知识接受方企业之间的知识转移系统存量流量图，如图 6−9 所示。

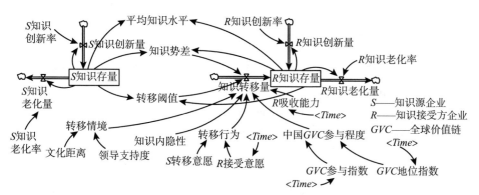

图6-9 中国企业对非洲直接投资知识转移系统存量流量图

由图6-9可知，中国企业对非洲直接投资知识转移系统的存量流量图中包含2个状态变量：知识源企业知识存量和知识接受方企业知识存量，5个速率变量：知识源企业知识创新量、知识源企业知识老化量、知识接受方企业知识创新量、知识接受方企业知识老化量和知识转移量。中国企业对非洲直接投资知识转移系统动力学变量集合如表6-2所示，其中，S表示知识源企业、R表示知识接受方企业、GVC表示全球价值链。

表6-2 知识转移系统动力学变量

变量类型	变量名	变量说明
状态变量	S知识存量	表示知识源企业知识水平，数值越大表示水平越高
	R知识存量	表示知识接受方企业知识水平，数值越大表示水平越高
速率变量	S知识创新量	表示每个仿真步长知识源企业知识的增加量
	S知识老化量	表示每个仿真步长知识源企业知识的减少量
	R知识创新量	表示每个仿真步长知识接受方企业知识的增加量
	R知识老化量	表示每个仿真步长知识接受方企业知识的减少量
	知识转移量	表示每个仿真步长知识的转移量

变量类型	变量名	变量说明
辅助变量	转移阈值	表示知识源企业为保护核心竞争力而设置的知识转移界限
	平均知识水平	表示知识转移双方的知识存量的均值
	知识势差	表示知识转移双方知识存量的差值
	R 吸收能力	表示知识接受方企业随着时间变化而变化的吸收能力
	转移行为	表示知识转移双方在转移过程中转移活动的有效性
	转移情境	表示知识转移双方在转移过程中的组织情境
	R 接受意愿	表示知识接受方企业随着时间变化而变化的接受意愿的大小
	中国 GVC 参与程度	表示中国在全球价值链分工中的地位和作用
	GVC 参与指数	表示中国在全球价值链分工中随着时间变化而变化的参与程度
	GVC 地位指数	表示中国在全球价值链分工中随着时间变化而变化的地位高低
常量	S 知识创新率	表示每个仿真步长知识源企业知识增加的比率
	S 知识老化率	表示每个仿真步长知识源企业知识减少的比率
	R 知识创新率	表示每个仿真步长知识接受方企业知识增加的比率
	R 知识老化率	表示每个仿真步长知识接受方企业知识减少的比率
	领导支持度	表示知识转移双方企业高层领导的重视程度
	文化距离	表示双方组织在文化、制度等方面的差异大小
	知识内隐性	表示知识的可表达程度
	S 转移意愿	表示知识源企业转移知识意向的大小

6.2.5　方程建立与初始参数赋值

系统动力学模型在仿真模拟之前，需要建立方程并进行参数赋值。建立方程是为了把抽象的概念、定性的变量分析转换成定量的数学表达式，使模型能够被计算机仿真模拟，以便研究模型中隐含的系统动力学特征，并找到解决问题的方法与对策。

建立方程是一个精炼和重构的过程，首先从一个较为清晰的动态假设入手，初步建立方程并模拟，然后在修改阶段中加入其他可能与所要研究的问题相关的假设，并逐步模拟和比较，直到确认假设与所研究问题的关系为止。

参数赋值是指在计算机仿真模拟之前，对模型中的常数、表函数和状态变量方程等初始值进行赋值。本研究中的参数基本来源于现有文献，同时本研究系统动力学模型的基本结构是信息反馈，反馈模型的行为对参数变化是不敏感的，其模型行为的模式与结果主要取决于模型结构而不是参数值的大小。由于中国对非洲直接投资知识转移系统的抽象性，本研究采取参考现有文献参数以及参考行为特性估计参数的方式进行赋值。

1. 方程建立与说明

（1）状态变量方程。

S 知识存量 = INTEG（S 知识创新量 − S 知识老化量，100）；

R 知识存量 = INTEG（知识转移量 + R 知识创新量 − R 知识老化量，0）。

（2）速率变量方程。

S 知识创新量 = S 知识创新率 × S 知识存量；

R 知识创新量 = R 知识创新率 × R 知识存量；

S 知识老化量 = STEP（S 知识老化率 × S 知识存量，5）；

R 知识老化量 = STEP（R 知识老化率 × R 知识存量，5）。

由于知识老化需要一个过程，因此，这里引入阶跃函数模拟知识老化的过程，假设知识老化在第 5 个仿真步长开始。

知识转移量 = DELAY1I（TF THEN ELSE（转移阈值 < 0.9，R 吸收能力 × 转移情境 × （1 − 知识内隐性）× 知识势差 × 转移行为 × 中国 GVC 参与程度，0），2，0）。

中国企业对非洲直接投资知识转移过程中，知识来源方企业需要对所传授的知识进行选择和过滤，并且需要判断是否继续向知识接受方企业传递知识，所以本书使用一阶延迟函数来对知识转移量进行模拟仿真，同时设定延迟 2 个单位步长开始进行知识转移。当转移阈值达到 0.9 时，中国知识源企业将不再向非洲知识接受方企业转移知识。

（3）辅助变量方程。

转移阈值 = TF THEN ELSE（R 知识存量/S 知识存量 < 0.9，R 知识存量/S 知识存量，0.9）。

转移阈值体现了知识转移的程度，知识源企业为了保持其核心竞争力，当知识接受方企业知识存量与自身知识存量之比超过某个特定的值后将停止向对方转移知识，假设转移阈值的限值取 0.9。

平均知识水平 = (S 知识存量 + R 知识存量)/2；

知识势差 = S 知识存量 − R 知识存量；

转移情境 = TF THEN ELSE(领导支持度 > 文化距离，领导支持度 − 文化距离，0)。

转移情境由领导支持度与文化距离两者共同决定。为了简化，该方程设定领导支持度与转移情境正相关，文化距离与转移情境负相关。

转移行为 = S 转移意愿 × R 接受意愿；

中国 GVC 参与程度 = GVC 参与指数 × GVC 地位指数。

2. 参数赋值

本书系统动力学模型仿真运用 Vensim PLE 软件来模拟，由于计算机模拟仿真需要给定初始条件，因此，本研究首先设定模型的时间边界：

INITIAL TIME = 0；

FINAL TIME = 50；

TIME STEP = 1；

Units for Time：Week；

Integration Type：Euler。

本研究模型的仿真时间设定为 50 个步长，起始时间设定为 0，终止时间为 50，每个步长为一周，即仿真时间约为 1 年。

其次，需要在仿真模拟之前给模型中的变量设定初始值，具体参见表 6 − 3。

表 6 − 3 参数赋值

变量	初始值	变量	初始值
S 知识存量	100	S 知识创新率	0.02
R 知识存量	0	R 知识创新率	0.01
阈值限值	0.9	S 知识老化率	0.001
文化距离	0.4	R 知识老化率	0.001
S 转移意愿	0.9	知识内隐性	0.4
领导支持度	0.9	知识转移量	0

系统动力学模型中的状态变量的初始值表示相关因素的初始状态，本书构建了中国企业对非洲直接投资知识转移模型，该模型包括两个状态变量，分别是 S 知识存量和 R 知识存量，由于知识难以量化，并且研究的主要目的不是对于知识进行定量测量，所以对于知识存量的初始值设定，只要选择大概的数值满足仿真要求即可。此外，考虑到知识的抽象性，难以用数量单位进行描述，因此单位可以省略。由研究假设可知，知识源企业属于知识输出方，知识存量大于知识接受方企业，因此设定 S 知识存量为 100，R 知识存量为 0。

模型中需要赋值的速率变量和辅助变量分别是知识转移量和转移阈值，知识转移量的初值设定为 0，转移阈值的初始值为 0.9。其他为需要赋值的常量，因其很难具体量化，设定取值区间为 [0，1]，取值越大，表示程度越高。

最后，对模型中的表函数设定初始值，具体如下所示：

R 吸收能力 = WITH LOOKUP($Time$，([(0，0) - (50，1)]，(0，0.3)，(50，0.8)))

R 接受意愿 = WITH LOOKUP ($Time$，([(0，0) - (50，1)]，(0，0.4)，(50，0.9)))

GVC 参与指数 = WITH LOOKUP ($Time$，([(0，0) - (50，1)]，(0，0.69)，(50，0.8)))

GVC 地位指数 = WITH LOOKUP ($Time$，([(0，0) - (50，1)]，(0，0.03)，(50，0.07)))

知识接受方企业的吸收能力随着时间的推移而增强，为了避免系统过于复杂，本研究按最初 0.3，最终 0.8 的线性函数处理；同理，知识接受方的接受意愿按最初 0.4，最终 0.9 的线性函数处理；对于 GVC 参与指数与 GVC 地位指数表函数的初始值设定，则根据 OECD-TiVA［经济合作和发展组织（OECD）与世界贸易组织（WTO）利用国家间投入产出表（ICIO）合作开发的附加值贸易数据库（trade in value added，TiVA）］数据库中的相关数据进行参数估计，为了简化，GVC 参与指数按最初 0.69，最终 0.8 的线性函数处理，GVC 地位指数按最初 0.03，最终 0.07 的线性函数处理。

6.2.6　模型检验

虽然任何模型都不能与实际系统完全一样，但由于系统具有相似性，不同结构的系统可具有同一性质的功能，即所谓的同构特性，所以可用模型来描述客观的实际系统（王其藩，2009）。由此可见，要求模型及其行为等同于或者几乎等同于实际系统的结构与行为是不恰当的，也是不必要的。但是，为了确定模型是否适用于所要研究的问题，是否与想要描述的实际系统的那一部分相一致，以及模型及其模拟结果是否具有实用性，需要对模型进行检验。系统动力学模型的检验包括适用性检验和一致性检验，它们又可以划分成四组检验方法：模型结构的适用性检验、模型行为的适用性检验、模型结构与实际系统的一致性检验和模型行为与实际系统的一致性检验。本书主要通过上述四组方法对所构建的模型进行检验。

1. 模型结构适用性检验

（1）量纲一致性检验。

量纲一致性检验是检验模型最基本、最重要的一步，要求各变量有正确的量纲，各方程式的左右两边量纲必须一致，模型中所有参数反映在实际系统中都应有合理的意义。在本书构建的中国企业对非洲直接投资知识转移系统模型中，由于知识比较抽象复杂，知识存量作为状态变量单位可省略，且速率变量的单位为周，其他变量都表示程度大小，没有具体量纲，所以模型中的各个参数和方程具备量纲一致性。

（2）极端情况检验。

极端情况检验主要是用来检测模型中的方程是否稳定和可靠，是不是在任何极端情况下都能反映现实系统的变化规律（钟永光等，2009）。一般极端情况检验会通过模型对某个或某几个变量取极值所做出的反应进行判断。限于篇幅，本研究分别选择知识内隐性和 S 转移意愿两个变量为例来对模型的极端情况进行检测，并观察其输出结果是否符合实际系统的行为模式，即是否具备稳定性。

当知识内隐性取 0 时，表示模型中发生转移的知识都是显性知识，显性知识相对于隐性知识更容易转移和吸收，因此，知识转移量和知识接受方知识存量（R 知识存量）相比于初始分析结果普遍有所增长，且变化趋势与初始数据状态下结果相似，具体如图 6 - 10 和图 6 - 11 所示，由此表明，模型中的方程具有稳定性和可靠性。

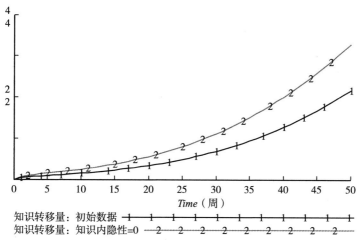

图 6 - 10　极端检验 1（a）：知识内隐性为 0——知识转移量

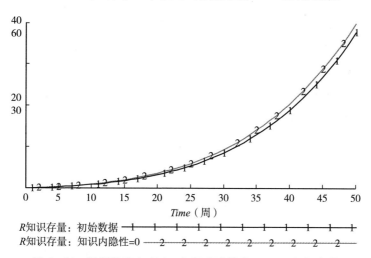

图 6 - 11　极端检验 1（b）：知识内隐性为 0——R 知识存量

注：初始数据以 0~40 为纵坐标，知识内隐性 =0 以 0~60 为纵坐标。

当知识源企业转移意愿（S 转移意愿）为 0 时，表明知识源企业没有转移的意愿或者拒绝进行知识转移，因此，该条件下不会发生知识转移，知识转移

量和 R 知识存量都应为 0。图 6 – 12 把 S 转移意愿的初始值设置为 0，知识转移量和 R 知识存量的输出结果均为 0，这与实际系统中的理性行为模型相符。

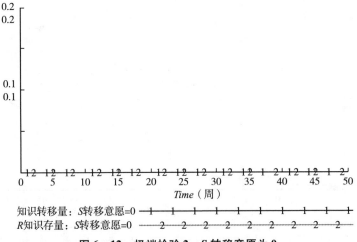

图 6 – 12　极端检验 2：S 转移意愿为 0

极端情况检验应对所有的速率方程和辅助方程进行极端条件测试，特别是速率方程，应该使其更加稳定和可靠，这里本书不再逐一列举。经过检验，发现模型系统行为与实际系统的活动相符，运行中没有显示报错信息，系统行为稳定，因此通过极端条件检验。

2. 模型行为适用性检验

模型行为适用性检验是指对模型的灵敏度进行测试，灵敏度检验的主要内容包括：模型行为对参数值在合理范围内变化的灵敏度如何？模型行为模式是否因某些参数的微小变动而改变？当参数在合理范围内变化时，是否改变基于模型模拟分析的政策结论？因此，模型的灵敏度可分为数值灵敏度、行为灵敏度和政策灵敏度。数值灵敏度是指参数或结构变动引起的计算机模拟结果在数值上的变化，行为灵敏度是指变动参数或更改数学方程式引起的模型行为的变化程度，政策灵敏度是指模型参数或部分结构在合理范围内变动是否会改变模型所获得的政策结论。一般认为，一个好的系统动力学模型具有较低的行为灵敏度和政策灵敏度。

如图 6 – 13 所示，本书通过调整领导支持度、文化距离、知识内隐性、S

转移意愿、GVC 参与指数、GVC 地位指数等来观察知识转移量的变化，以观察是否会产生实际系统模型中的多样性。

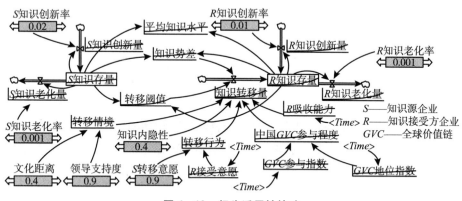

图 6 – 13　行为适用性检验

经过灵敏度检验发现，模型中的变量具有很高的数值灵敏度，但其变化趋势始终保持一致，具有较低的行为灵敏度和政策灵敏度。由此可以说明在确定参数时，不必过分纠结所选取参数值的大小，只需在合理范围内变化即可。

3. 模型结构与实际系统的一致性检验

模型结构与实际系统的一致性检验包括"外观"检验和参数含义及其数值两个方面检验。其中，"外观"检验包括：模型的结构看起来是否与实际系统相像？模型是否像一张可识别其所代表的实际系统的照片？模型中的速率、状态变量与反馈结构是否合理地拟合了实际系统的主要特性？参数含义及其数值包括：模型中的参数是否可在实际系统中辨别出它们相应的具体含义？参数值范围的选择是否较好地与实际反馈系统中可获得的变化情况一致？

本研究所构建的中国企业对非洲直接投资知识转移系统模型是通过参考相关文献，分析系统边界，在知识转移研究的基础之上模拟实际系统确定的，模型中的速率、状态变量与反馈结构拟合了实际系统的主要特性。模型中的参数具有清晰可辨的具体含义，参数值范围的选择能较好地与实际反馈系统中可获得的变化情况一致。

4. 模型行为与实际系统的一致性检验

模型行为与实际系统的一致性检验包括模型行为是否能重现参考模式，

即模型行为应当能再现最初规定的各种参考模式。

本书通过调整知识转移相关影响因素，观察知识源企业和知识接受方企业双方的知识存量和知识转移量的模拟输出结果，发现与初始设想和实际系统相一致。经过多次调整与测试，没有发现异常行为。

6.3 系统动力学模型仿真及分析

本节通过运用 Vensim PLE 计算机仿真软件对构建的系统动力学模型进行仿真，并从系统运行趋势和影响因素的灵敏度角度进行分析，根据仿真结果和实际情况，得出系统仿真结论，为提出中国企业对非洲直接投资的对策建议提供理论数据支持。

6.3.1 系统运行趋势分析

1. 中国企业对非洲直接投资过程中双方企业知识存量的变化趋势分析

知识源企业和知识接受方企业双方知识存量的变化趋势如图 6 - 14 所示。

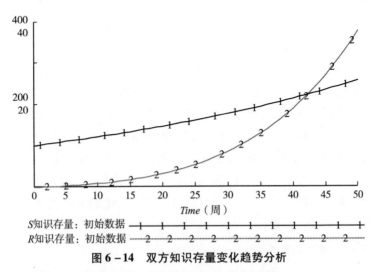

图 6 - 14 双方知识存量变化趋势分析

注：S 知识存量以 0 ~ 400 为纵坐标，R 知识存量以 0 ~ 40 为纵坐标。

从图6-14可以看出，中国企业对非洲直接投资知识转移过程中，知识源企业和知识接受方企业的知识存量在50周的仿真时间内都呈现增长的态势，尤其是知识接受方企业的知识存量更是呈现快速的指数增长趋势。这是因为知识源企业知识存量主要来源于自身的知识创新量，而知识接受方企业的知识存量不仅来源于自身知识创新量，还来源于知识转移量，随着知识转移量的逐渐增大，知识接受方企业能获得更多的管理思想和技术经验等知识，也能产生更多的创新知识。因此，知识接受方企业知识存量的增长速度比知识源企业更快。

通过知识转移活动，不仅知识源企业的知识存量发生增长，而且知识接受方企业的知识存量也发生增长，说明不仅双方发生了知识转移，而且各自还产生了新的知识，由此可以看出中国企业对非洲直接投资知识转移具有双赢性的特点。知识源企业的知识存量由最初的100增长到257.537，知识接受方企业的知识存量由最初的0增长为37.7156。

2. 中国企业对非洲直接投资过程中双方企业知识创新量的变化趋势分析

中国知识源企业和非洲知识接受方企业双方知识创新量的变化趋势如图6-15所示。

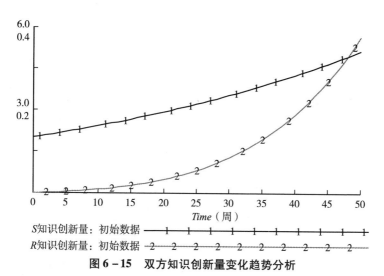

图6-15 双方知识创新量变化趋势分析

注：S知识创新量以0~6为纵坐标，R知识创新量以0~0.4为纵坐标。

　　从图 6-15 可以看出，中国企业对非洲直接投资知识转移过程中，知识源企业和知识接受方企业的知识创新量在仿真时间内都呈现出增长态势，由于双方的知识创新量不仅受到各自的知识创新率影响，还与各自的知识存量有关，并且在仿真初期知识源企业的知识存量远大于知识接受方企业，所以仿真初期时知识源企业的知识创新量远远大于知识接受方企业。由图 6-14 可知，知识接受方企业的知识存量呈现指数增长趋势，而其知识创新率为常量，因此知识接受方企业的知识创新量也呈现出指数增长的变化趋势。

　　3. 中国企业对非洲直接投资过程中双方企业知识老化量的变化趋势分析

　　知识源企业和知识接受方企业双方知识老化量的变化趋势如图 6-16 所示。

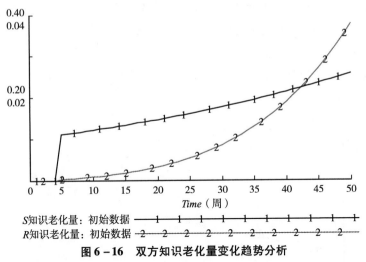

图 6-16　双方知识老化量变化趋势分析

注：S 知识老化量以 0~0.4 为纵坐标，R 知识老化量以 0~0.04 为纵坐标。

　　从图 6-16 可以看出，中国企业对非洲直接投资知识转移过程中，知识源企业和知识接受方企业双方的知识均从仿真周期的第五周开始出现老化现象，双方的知识老化量在仿真时间内加速增长，知识源企业知识老化量大于知识接受方企业。这是因为知识源企业的知识存量较大，而知识接受方企业需要对转移来的知识进行过滤、理解并吸收，且知识接受方企业的知识存量低于知识源企业，所以知识接受方企业的知识老化量相比知识源企业而言较低。

4. 其他变量的变化趋势分析

（1）知识转移量的变化趋势如图6-17所示。

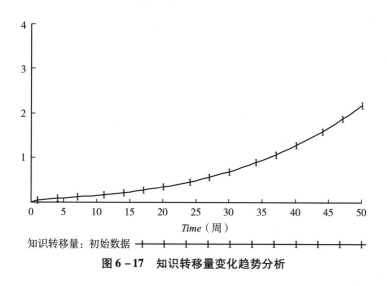

图6-17 知识转移量变化趋势分析

由图6-17可知，中国企业对非洲直接投资双方企业的知识转移量随着时间的推移在增长，且在仿真后期增长速度较快。

（2）转移阈值的变化趋势如图6-18所示。

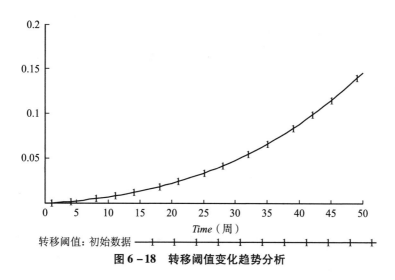

图6-18 转移阈值变化趋势分析

由图 6 - 18 可知，在整个仿真周期内，转移阈值呈现不断提高的变化趋势，但并没有达到上限值 0.9，因此，中国对非洲直接投资双方企业的知识转移仍在继续，知识转移量仍在不断增加。

（3）知识势差的变化趋势如图 6 - 19 所示。

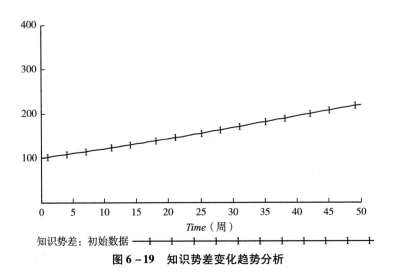

图 6 - 19　知识势差变化趋势分析

由图 6 - 19 可知，在仿真时间内，中国对非洲直接投资双方企业的知识势差随着时间的推移在不断扩大，这是因为知识接受方企业知识基础水平较低，创新能力较弱，对于知识的吸收利用也受到自身水平的限制，而知识源企业由于知识基础水平较高，创新能力较强，因此双方在知识转移过程中存在的知识势差不断扩大。

（4）平均知识水平的变化趋势如图 6 - 20 所示。

由图 6 - 20 可知，中国对非洲直接投资双方企业的平均知识水平随着双方知识存量的增加而逐渐增加，即呈现加速增长状态，且最终都高于双方初始的知识存量，为 147.626，从而实现了知识双赢。

（5）转移情境、转移行为、中国 *GVC* 参与程度的变化趋势如图 6 - 21 所示。

由图 6 - 21 可知，转移情境在仿真初期便已确定，没有随着时间推移而变化；转移行为则随着仿真时间变化呈线性稳定增长，中国对非洲直接投资

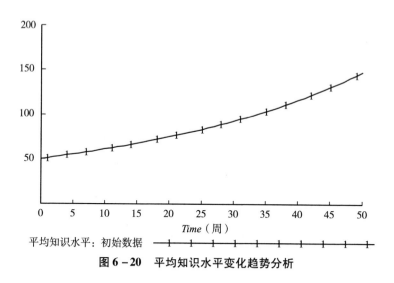

图 6 - 20 平均知识水平变化趋势分析

双方企业的转移行为越来越有效；同时，中国 *GVC* 参与程度也随着时间的变化呈线性稳定增长，说明中国在全球价值链分工中参与程度越来越高，促进了中国对非洲直接投资双方企业的知识转移。

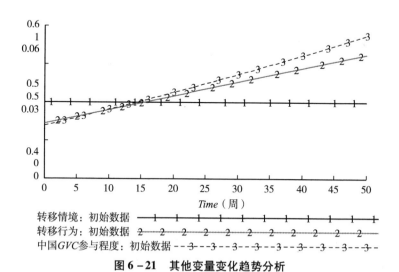

图 6 - 21 其他变量变化趋势分析

注：转移情境以 0.4 ~ 0.6 为纵坐标，转移行为以 0 ~ 1 为纵坐标，中国 *GVC* 参与程度以 0 ~ 0.06 为纵坐标。

6.3.2　影响因素具体分析

影响因素分析是指改变模型中的参数，分别用 Vensim PLE 软件运行模型，并比较模型的输出结果，从而确定其影响程度，为实际工作提供政策和决策参考。在本研究所构建的中国企业对非洲直接投资知识转移系统模型中，文化距离、领导支持度、知识内隐性和 S 转移意愿等属于常量，可以通过改变其参数赋值，清晰地辨别其对系统模型的影响；同时，可以通过改变转移阈值来辨别其对系统模型的影响；最后，R 吸收能力、R 接受意愿、GVC 参与指数和 GVC 地位指数都受到时间的影响，可以通过改变其因子表，来辨别其对系统模型的影响。

1. 领导支持度、知识内隐性、R 接受意愿对系统模型的影响

（1）保持系统模型结构和其他变量不变，只调整领导支持度的参数取值，分别取 0.8(i) 和 1(ii)，观察分析其对知识转移量、R 知识存量和平均知识水平的影响，模拟结果如图 6-22 （a）（b）（c）所示。

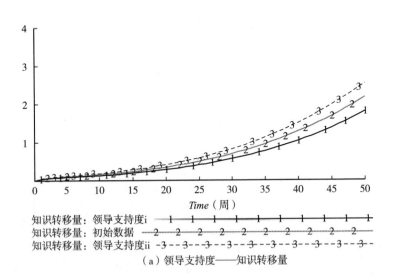

（a）领导支持度——知识转移量

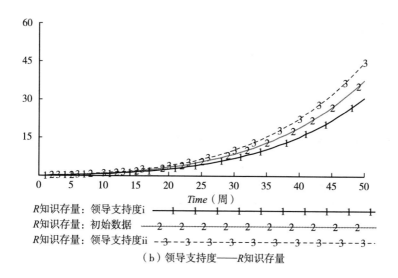

（b）领导支持度——R知识存量

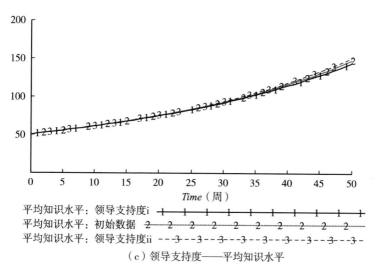

（c）领导支持度——平均知识水平

图 6-22 领导支持度对系统模型的影响

由图 6-22（a）（b）（c）可知，随着领导支持度的提高，知识转移量、
R 知识存量、平均知识水平的增长速度也逐步提高，仿真周期内知识转移量
最终达到的终值也在逐步增大，从而 R 知识存量和平均知识水平最终达到的
终值也逐渐增多。由此可见，领导支持度的提高会使知识转移的效率提高，
使知识转移效果更好。反之，如果降低领导支持度则会阻碍知识转移，使知

识转移的效率降低，从而削弱知识转移效果。同时，由于领导支持度的提高，知识转移量增加，使知识接受方企业的知识存量也随着提高，同时还提升了投资双方企业的平均知识水平。因此，中国企业在对非洲企业直接投资过程中，双方领导层是否重视该投资项目，是否积极有效地参与，决定了投资项目的成败。

（2）保持系统模型结构和其他变量不变，只调整知识内隐性的参数取值，分别取 0.1(i) 和 0.7(ii)，观察分析其对知识转移量、R 知识存量和平均知识水平的影响，模拟结果如图 6 - 23 （a）（b）（c）所示。

由图 6 - 23 （a）（b）（c）可知，随着知识内隐性的提高，知识转移量、R 知识存量、平均知识水平的增长速度逐步降低，仿真周期内知识转移量最终达到的终值在逐步减小，从而 R 知识存量和平均知识水平最终达到的终值也逐渐减小。由此可见，在中国企业对非洲直接投资知识转移过程中降低知识内隐性，知识更容易传授，知识接受方企业也更能接受知识，知识转移便更加顺畅，可以有效地提高知识转移效率，使知识转移效果更好。

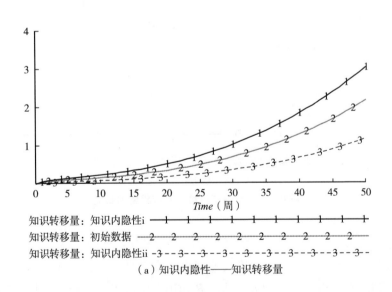

（a）知识内隐性——知识转移量

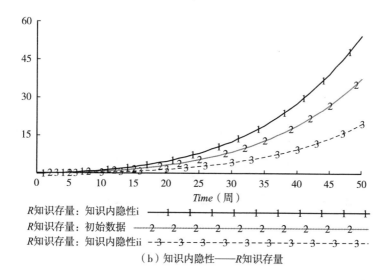

R知识存量：知识内隐性i ———+———+———+———+———+———+———+———
R知识存量：初始数据 ——2——2——2——2——2——2——2——2——2——
R知识存量：知识内隐性ii –-3--3--3--3--3--3--3--3--3--3-

（b）知识内隐性——R知识存量

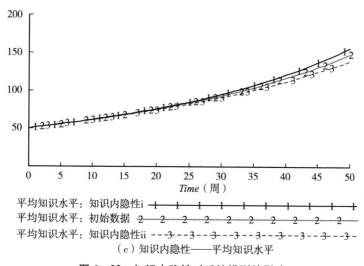

平均知识水平：知识内隐性i ———+———+———+———+———+———+———
平均知识水平：初始数据 —2——2——2——2——2——2——2——2——2—
平均知识水平：知识内隐性ii --3--3--3--3--3--3--3--3-

（c）知识内隐性——平均知识水平

图 6 – 23　知识内隐性对系统模型的影响

（3）保持系统模型结构和其他变量不变，只调整 R 接受意愿的参数取值，将其因子表设定为：（［（0，0）-（50，1）］，（0，0.9），（50，1）），观察分析其对知识转移量、R 知识存量和平均知识水平的影响，模拟结果如图 6 – 24（a）（b）（c）所示。

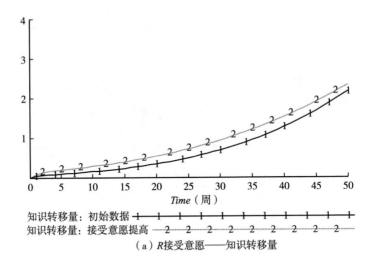

（a）R接受意愿——知识转移量

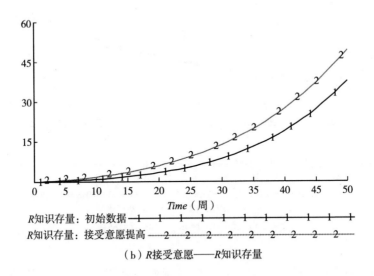

（b）R接受意愿——R知识存量

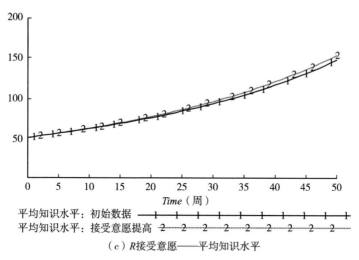

（c）R接受意愿——平均知识水平

图 6 - 24 R 接受意愿对系统模型的影响

由图 6 - 24（a）（b）（c）可知，随着知识接受方企业接受意愿的提高，知识转移量、R 知识存量、平均知识水平的增长速度也相应提高，仿真周期内知识转移量最终达到的终值增大，从而 R 知识存量和平均知识水平最终达到的终值也相应增多。由此可见，知识接受方企业接受意愿的提高使知识转移效率得到了提高，知识转移效果更好。随着知识接受方企业接受意愿的提高，知识转移量增大，知识接受方企业的知识存量也得到了提高，同时中国企业对非洲直接投资过程中双方企业的平均知识水平也相应提高，知识转移效果得到了提升。

经过对仿真结果的分析，可知由于领导支持度和文化距离共同以转移情境来间接影响知识转移效果，因此提高领导支持度、减小文化距离能够提升转移情境。由仿真结果知，领导支持度增加 0.1 的效果与文化距离减小 0.1 的效果类似，因此这里不再对文化距离进行分析。同理，S 转移意愿、R 吸收能力的提高与 R 接受意愿的提高效果相似，都提升了知识转移的效果，使知识转移量、R 知识存量和平均知识水平提高，因此，这里也不再具体分析。

2. 转移阈值对系统模型的影响

保持系统模型结构和其他变量不变，只调整转移阈值的限值参数取值，分别取 0.1（ⅰ）和 0.08（ⅱ），观察分析其对知识转移量、R 知识存量和平均知识水平的影响，模拟结果如图 6 - 25（a）（b）（c）（d）所示。

由图6-25（a）（b）（c）（d）可知，在初始状态下，知识转移没有达到转移阈值，而当转移阈值限值参数取0.1时，知识转移在第43周达到了转移阈值限值，当转移阈值限值参数取0.08时，知识转移在第39周就达到了转移阈值限值，达到转移阈值临界点后，知识源企业为了保持竞争优势，防止核心知识的泄露，将停止向知识接受方企业转移知识，因此，知识转移量急剧下降。通过比较可以发现，转移阈值的降低会使知识转移量减少，从而降低了知识接受方企业的知识增长速度和知识存量，导致双方的平均知识水平降低。

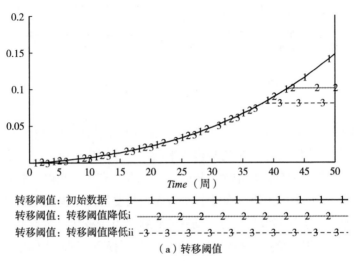

（a）转移阈值

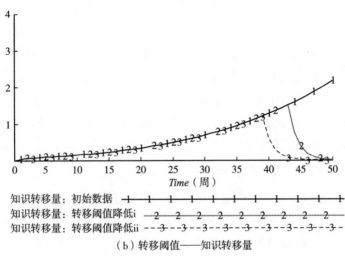

（b）转移阈值——知识转移量

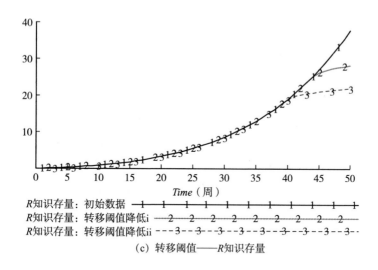

（c）转移阈值——R知识存量

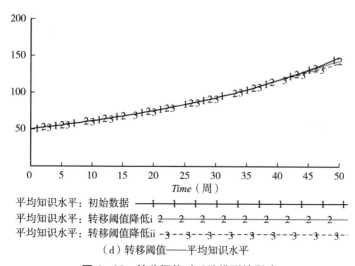

（d）转移阈值——平均知识水平

图6-25 转移阈值对系统模型的影响

因此，为了增强中国企业对非洲直接投资过程的知识转移效果，全面提升知识接受方企业的知识存量和双方的平均知识水平，应该通过建立相关的激励机制，促进知识转移双方之间的信任，提高知识转移阈值，使知识源企业从长远发展与整体利益出发，以更积极的态度向知识接受方企业传授知识，提升知识转移效果。

3. GVC 参与指数与 GVC 地位指数对系统模型的影响

保持系统模型结构和其他变量不变，先后将 GVC 参与指数和 GVC 地位指数分别提高，观察分析其对中国 GVC 参与程度、知识转移量、R 知识存量和转移阈值的影响。首先保持系统模型结构和其他变量不变，只将 GVC 参与指数的因子表设定为：$([(0, 0) - (50, 1)], (0, 0.8), (50, 0.9))$，并运行模拟输出结果，然后依旧保持原系统模型结构和其他变量不变，只将 GVC 地位指数的因子表设定为：$([(0, 0) - (50, 1)], (0, 0.05), (50, 0.09))$，再进行仿真模拟并输出结果。模拟结果输出如图 6 – 26（a）（b）（c）（d）所示。

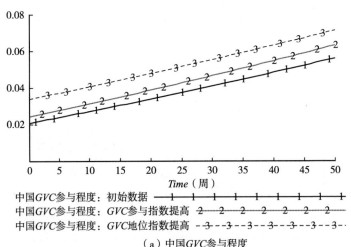

中国GVC参与程度：初始数据 ——+——+——+——+——+——+——+——
中国GVC参与程度：GVC参与指数提高 2——2——2——2——2——2——2——
中国GVC参与程度：GVC地位指数提高 –3––3––3––3––3––3––3––

（a）中国GVC参与程度

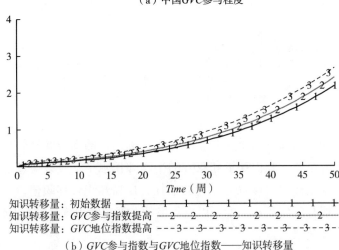

知识转移量：初始数据 ——+——+——+——+——+——+——+——
知识转移量：GVC参与指数提高 ——2——2——2——2——2——2——2——
知识转移量：GVC地位指数提高 ———3——3——3——3——3——3——3——

（b）GVC参与指数与GVC地位指数——知识转移量

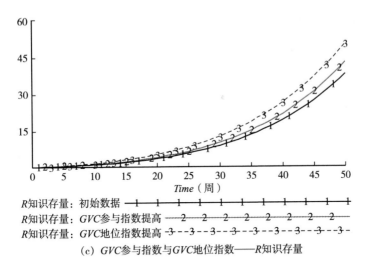

R知识存量：初始数据 ——1—1—1—1—1—1—1—1—1—1—1—
R知识存量：GVC参与指数提高 —2—2—2—2—2—2—2—2—2—2—
R知识存量：GVC地位指数提高 -3--3--3--3--3--3--3--3--3-

（c）GVC参与指数与GVC地位指数——R知识存量

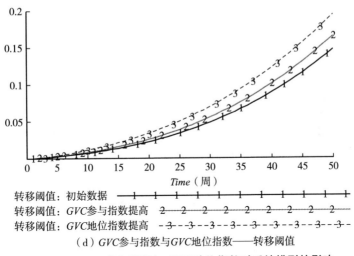

转移阈值：初始数据 ——1—1—1—1—1—1—1—1—1—1—
转移阈值：GVC参与指数提高 2——2——2——2——2——2——2——
转移阈值：GVC地位指数提高 -3--3--3--3--3--3--3--3--3-

（d）GVC参与指数与GVC地位指数——转移阈值

图 6 - 26 GVC 参与指数与 GVC 地位指数对系统模型的影响

由图 6 - 26（a）（b）（c）（d）可知，中国在全球价值链分工中的参与指数和地位指数提高，会使中国在全球价值链分工中的地位和作用相应提升，从而影响知识转移量，知识转移量的提高，能促进知识接受方企业的知识存量增长更快，同时，还会使转移阈值相应提高。随着中国在全球价值链分工中的地位和作用提高，知识转移量、R 知识存量和转移阈值的增长速度也逐步提高，仿真周期内知识转移量最终达到的终值也在逐步增大，从而 R 知识存量和转移阈值最终达到的终值也逐渐增大。由此说明中国 GVC 参与指数与 GVC 地位指数的提高，有助于提高中国企业对非洲直接投资过程中双方企业知识转移的效率和效果。

6.3.3　系统仿真结论

（1）在中国企业对非洲企业进行直接投资知识转移的过程中，中非双方企业的知识存量和知识创新量都呈快速增长态势，尤其是知识接受方企业的知识存量和知识创新量，呈明显的指数增长趋势。在中国企业对非洲直接投资知识转移过程中，知识源企业知识存量主要来源于自身的知识创新量，而知识接受方企业的知识存量除了来源于自身知识创新量外，还来源于知识转移量。随着知识转移量的逐渐增多，知识接受方企业能获得更多的管理思想和技术经验等知识，从而能产生更多的创新知识，所以知识接受方企业知识存量的增长速度比知识源企业更快。同时，中国企业对非洲直接投资过程中双方企业的知识存量随着时间的推移都在原来的基础上有所增加，由此也体现出知识转移能够实现双赢的特点，这说明中国企业对非洲直接投资不仅获得了本国企业的快速发展，提高了本国企业的综合实力，而且还促进了非洲企业的迅速成长，带动了非洲的经济发展。在知识转移过程中，知识源企业和知识接受方企业双方的知识创新量不仅受到各自的知识创新率影响，还与各自的知识存量有关，而在仿真初期知识源企业的知识存量远大于知识接受方企业，所以知识源企业的知识创新量远大于知识接受方企业。

（2）中国知识源企业和非洲知识接受方企业的知识老化量一定时期后呈增长变化。在中国企业对非洲直接投资知识转移过程中，知识源企业和知识接受方企业双方知识的老化具有一定的滞后性，且当双方知识开始出现老化现象后，双方的知识老化量都随着时间的变化呈增长态势。由于初期知识源企业的知识存量远大于知识接受方企业，而知识接受方企业需要对转移来的知识进行过滤、理解并吸收致使知识存量比较低，所以知识源企业的知识老化量大于知识接受方企业。

（3）知识源企业转移意愿、知识接受方企业接受意愿、知识内隐性和领导支持度等影响中国企业对非洲直接投资知识转移的效率和效果。在中国企业对非洲直接投资知识转移过程中，领导支持度、知识内隐性、知识接受方企业接受意愿、知识源企业转移意愿、知识接受方企业吸收能力的提高，或文化距离的减少，都能提高知识转移量、接受方企业知识存量、双方平均知识水平等的增长速度，从而提高知识转移的效率，提升知识转移的效果。因此，为了提升知识转移的效率和效果，在中国企业对非洲进行直接投资过程中，投资双方企业应努力加大领导支持度、降低知识内隐性、加强知识源企业转移意愿、知识接受方企业吸收能力和接受意愿。

（4）转移阈值、中国全球价值链分工中的参与指数和地位指数影响中国企业对非洲直接投资知识转移的效率和效果。在中国企业对非洲直接投资知识转移的过程中，转移阈值的提高会使知识转移量增加，从而提升知识接受方企业的知识增长速度、知识存量以及双方企业的平均知识水平，提高了投资双方知识转移的效果。因此，为了增强知识转移效果，中国母公司和非洲子公司双方应该共同建立相互信任的合作关系，建立有效的激励机制，使得知识源企业能够转移更多的知识。同时，中国在全球价值链分工中的参与指数和地位指数提高，会使中国企业在全球价值链分工中的地位和作用提升，从而提高知识转移量的增长速度，致使知识转移量增加，进而会使知识接受方企业的知识存量相应提高，且一定程度上会提高转移阈值，从而提升知识转移的效率和效果。由此可以看出，中国在全球价值链分工中所处的地位和作用对中国企业对非洲直接投资的知识转移效率和效果存在一定的正向影响。因此，中国企业要努力构建合作共赢的全球价值链，积极主动地参与全球贸易投资，致力整合全球要素资源，进而提高 *GVC* 参与指数与 *GVC* 地位指数，从而提升中国企业对非洲直接投资知识转移的效率和效果。

第7章　中国企业对非洲直接投资知识转移策略建议

本章根据第4章知识转移机制理论分析、第五章知识转移影响因素实证检验结果及第6章知识转移系统动力学仿真结果，借鉴发达国家海外投资知识转移战略管理的成功经验，从知识转移外部网络、内部网络两个维度有针对性地提出促进中国企业对非洲直接投资知识转移的策略及建议。

7.1　外部网络知识转移的策略建议

中国企业对非洲直接投资外部网络知识转移主要涉及跨国集团公司与东道国政府、同行企业、供应商、客户等利益体之间的知识转移，结合前文的研究，提出如下外部网络知识转移对策建议：

1. 深度嵌入与主动构建全球价值链并举

我国目前处于由传统比较优势向新竞争优势的过渡时期，传统的资源优势、生产要素成本优势虽逐渐减弱，但短期内不会消失。结合第6章仿真分析得知，中国 GVC 参与指数与 GVC 地位指数的提高，会使中国企业在全球价值链分工中的地位和作用提升，进而促进知识转移的效率和效果。这就要求我国企业在对非洲直接投资过程中，既要继续通过高质量双向投资等多种方式积极融入全球价值链，努力实现价值链攀升；又要在某些新兴行业中，利用自身的竞争新优势努力实现全球资源配置，构建以我国优质企业为主导的合作共赢的全球价值链（李宏兵，2016）。

（1）优化对非投资环境构建区域价值链。

伴随着国内生产成本提升，我国在全球价值链分工体系中的优势被不断削弱，在"一带一路"倡议背景下，积极构建合作共赢的全球价值链分工新体系是新一轮的发展目标。不少学者提出，我国可以以"一带一路"为中心构建区域价值链，非洲作为新兴发展中国家，地域广阔、资源丰富，是国内企业投资的首选。国家层面应积极出台鼓励对非投资政策，优化对非投资环境。2000 年，中非设立"中非合作论坛"，作为中非开展集体对话的重要平台，为中非务实合作提供了有效保障机制，经过 18 年的发展，中非合作论坛已经成为引领国际对非合作的典范。国家主席习近平在 2015 年中非合作论坛上提出"中非十大合作计划"，并承诺为此提供总额 600 亿美元的资金支持。

2018 年 9 月，在中非合作论坛北京峰会上，中非双方一致决定构建更加紧密的中非命运共同体，实施中非合作"八大行动"，积极鼓励中国企业不断扩大对非投资量，在非洲升级和新建一批经贸合作区，以授人以鱼更授人以渔的理念，努力助推中非区域价值链的构建。随后，作为"2018 京津冀国际投资贸易洽谈会"重要活动之一的"非洲四国投资推介会"成功举办，近 180 名国内外机构领导、企业代表参会，分享对非投资经验，围绕新一轮"中非十大合作计划"实施，推进中国企业与埃塞俄比亚、肯尼亚、莫桑比以及赞比亚四国在农产品加工、轻工制造方面的产能合作，促进农业产业结构调整和转型升级。随着对非投资的不断深入，中非之间合作共赢的区域价值链正在逐步形成。

（2）深化子公司在东道国的嵌入程度。

在分析影响母子公司外部网络知识转移的因素时，我们发现主要可以从关系嵌入以及位置嵌入两个方面来衡量子公司在东道国的嵌入程度。在关系嵌入方面，主要体现在子公司与外部网络中各主体关联的密切程度，中国铁建、中国宝钢等大型国有企业在东道国进行投资时，往往会对投资项目提供资金、技术、人力资源等方面的支持，能够尽快形成双方之间的合作伙伴关系；其次，不少中国企业在东道国寻求商业利益的同时也致力于通过人道主义援助以及公益事业，获得当地居民、民间组织的信任，比如中国有色集团下属的非洲矿业公司在赞比亚开采铜矿的同时，两年来开展了翻修当地道路、医院，建造基础交通设施、生活设施等多项公益活动，成功建立了企业与当地政府、民众之间的深厚联系。而在位置嵌入方面，主要体现在子公司在外部网络结构中的战略地位，子公司可以通过提供资金支持、输送产品、转移专利知识等方式提升自身在网络结构中的重要性。华为集团的战略在非洲地区比其他任何地方都显著，从 1998 年首次进入非洲大陆，经过 20 年的发展，在非洲地区华为成功颠覆了以往"中国制造"粗制滥造的传统形象，通过将合理的定价、优质的服务以及良好的品牌完美结合，将自己的角色成功从单纯的制造商转型为完整解决方案的提供者，渗透和占领了非洲市场，成功领先于思科、爱立信、西门子等通信企业在非洲地区的战略地位。

（3）发展对非产业价值链的核心竞争能力。

不同产业价值链的驱动模式不同，这就意味着一国要发展某产业时，要先根据该产业价值链的驱动模式确定该产业所需的核心竞争力，然后积极发展这种核心竞争力，才能使该国在该产业的全球价值链中具有竞争优势，并处于高附加值地位。具体而言，如果某产业参与的是生产者驱动的全球价值链，那么以增强核心技术能力为中心的策略就是合乎全球竞争规则的正确策略；而那些参与购买者驱动的全球价值链的产业，就更应强调设计和市场营销环节，来获取规模经济等方面的竞争优势。

在生产者驱动的全球价值链条中，我国制造业企业在开展对非直接投资的过程中，应积极地与各利益相关者开展合作。例如，与国际科研机构开展技术开发合作或在非洲当地设立研发机构，研究开发技术；与跨国公司开展技术联盟或并购非洲企业获得逆向转移技术、分享研发费用分摊的成本下降优势；与供应商、分包商以及客户开展市场联盟，在技术转移过程中实现研发成果与收益的有效反馈以及人员的有序流动（郭飞等，2012）。

在购买者驱动的全球价值链条中，价值链升级与技术创新、组织学习与市场效应密切相关，我国大型零售商技术提升的关键在于如何实现从"干中学效应"到"母市场效应"的转变（孙军、梁东黎，2010）。以现有的产品模板、技术标准，生产出符合标准的产品，然后借助全球价值链销往国际市场，实现企业品牌、产品质量信息的转移，同时成功获取全球销售网络。

2. 重视对非投资的跨文化差异风险管理

中非文化差异风险是中国企业对非洲直接投资面临的主要风险。在外部知识转移网络中，非洲当地企业、供应商、顾客与中方企业之间的文化距离会显著影响知识转移的效果，故加强与东道国相关利益体的有效沟通与协调，建立良好的信任基础，是推进我国对非洲投资知识转移进程的关键。一方面，书面协议、正式程序、官方权力分配和控制因素对学习和知识转移至关重要；另一方面，难以监督的因素，如信任、机会主义行为和文化理解，对建立支持性学习和知识转移环境也至关重要（Yan and Gray，1994）。

（1）营造良好投资环境，发展中非合作关系。

从宏观角度，与非洲各国在经济、政治、文化等多领域建立稳定的深度外交关系，营造稳定、良好的对外投资环境。第一，签订有利于我国企业对非直接投资的双边或多边协议，如中国已与45个非洲国家签订双边贸易协定，加强在海关、税务、检验检疫等领域的合作，为中非贸易发展创造了良好条件。中国有很多企业在毛里求斯设立了机构，而毛里求斯在中国也有1500 多家企业，2016 年双方贸易总额达到了 7.8 亿美元。第二，中国企业也要时刻关注非洲本土的一些政策性文件，如引进外商投资的地区鼓励政策、税收优惠等。如安哥拉将农业列入外商投资的优先领域，对于农业基础设施建设项目，安方政府可提供一定的优惠贷款，鼓励在水利系统管理、维修、农业发展方案的制订、农业机械化和技术指导、家禽养殖企业化、牛羊养殖等领域进行投资。中国华丰集团借着这一政策利好，与安哥拉私人投资局签署了价值数亿美元的投资开发框架协议，为了配合项目更好地实施，计划每年安排 300 位安哥拉人来中国进行技术养殖和深加工处理的培训。第三，发挥中非企业商会和中非联盟组织的桥梁和纽带作用，促进投资企业的相互合作与协同。在北京峰会期间，中非两国在加快推进产能与投资合作、促进非洲基础设施建设等方面签署了具体协议。其中就包括与科特迪瓦签署了产能合作框架协议，与埃及、南非、加纳、科特迪瓦签署了关于推动产能合作重点项目的谅解备忘录，共涉及 42 个产能合作重点项目。中方金融机构还与几内亚等国政府签署了一号国道、科纳克里市政道路等项目贷款协议，支持非洲国家改善基础设施条件。

（2）吸纳复合型人才，提高跨文化沟通能力。

非洲是一个多语言国家，由于历史原因，非洲各国的官方语言并不都是英语，还包括法语、葡萄牙语、西班牙语和阿拉伯语等。而国内技术人员除了中文普遍掌握的仅仅是英文，因此双方员工交流时可能会存在因语言差异带来的理解性偏差，降低外部网络中知识转移的效率。这就使得中国企业与当地企业、供应商、顾客与政府等的互动变得比较困难，为此我国不少企业也都吸纳专职翻译来为项目服务，但往往这些人员在专业性质较强的沟通中无法准确传达本意，也不能很好的掌握业务语言，这大大降低了知识转移的效率，也加大了沟通成本。

所以企业在进行重要的知识交流时，有必要强化文化差异意识和提升跨文化沟通能力，比如对管理层、关键技术人员等定期实施语言能力以及本土文化培训；或是招募或培训大批的经验丰富的复合型人才，这些人才有足够的能力快速了解中国的技术和复杂的过程，这些人在中国社会学和商业文化方面也具有丰富的知识，这使他们能够更好地分享文化和目标（Ado et al.，2017）。

3. 因地制宜创建和完善对非投资知识地图

非洲具有发展问题和资源的多样性，是全球知识创新的重要问题库和资源库。而跨国公司的关键核心竞争力就在于他们在全世界范围内开发当地资源创造知识的能力（张伟等，2018）。对非洲子公司而言，知识库的建立不单停留在技术层面，关键是知识的应用与再创新，将发展机遇和丰富的本土资源结合起来，借助国际科技合作提高知识生产与创新能力。中国在对非技术转移时，也需要明确自己有什么、非洲需要什么、转移的对接条件是否支持等，更需要借助对非技术转移吸纳、整合双方的本土创新，既服务于双方的发展，又造福全人类（张用宏等，2018）。

跨国公司知识转移中，子公司所在国的区位会影响人们对其所提供的知识的价值评价。古普塔等（Gupta et al.，2000）的研究表明在知识的流动中，东道国的经济水平和地位会对公司拥有的价值存量和吸收知识的能力产生影响。位于经济和技术水平高的国家和地区的公司单元更易于接受新的知识。国内有关学者提出，中国对非投资空间分布不均衡，且呈现由南向北逐次递减的趋势（田泽等，2016）。这和投资活动中知识转移难易程度是分不开的，所以中国企业在对非投资的同时也应当考虑因地制宜构建知识地图。非洲地大物博、部族众多，国别差异巨大，投资环境迥异，对非投资应因地制宜优化知识转移策略，在投资中应当注意发挥自身优势与东道国比较优势的有机结合，以形成对非投资溢出效应。其中南非、博茨瓦纳和纳米比亚经济较为发达，且南非有金融业发展基础，可在发展高新技术产业、金融业等新兴产业的同时，实现应用技术的转移。科特迪瓦和加纳的国民消费高，投资该国制造业和贸易行业的同时，可提供有关国际市场和供应链及其获取途径的最新全球市场知识。赞比亚、安哥拉和尼日利亚国家的矿产资源和能源产量丰富，中国企业通过携手联合投资该区域的采矿业的同时，可以转让有关如何筹集和管理项目的融资知识。

7.2 内部网络知识转移的策略建议

中国企业对非洲直接投资内部网络知识转移主要涉及母子公司之间顺向

及逆向的知识转移，结合前文仿真分析的结论，提出如下内部网络知识转移的对策建议。

1. 提高知识存量及创新量促进知识双赢

在前面的系统动力学仿真变化趋势分析可知，知识势差是知识转移的根本动力，是知识转移行为发生的必要条件。知识源企业和知识接受方企业在转移知识的过程中，不仅双方发生了知识转移，而且各自在原有的知识存量基础上还产生了新的知识，实现知识的双赢。在对非投资的内部顺向知识转移网络中，我们认为母公司是知识发展和扩散的承担者（即知识源企业），非洲子公司是知识转移的接收者。下面就母公司和子公司两个视角对中非跨国母子公司如何更好地实现知识双赢提出建议。

（1）从母公司的角度来看，除了具有向子公司转移知识的意愿外，还需要有相当的转移能力以实现既定的转移效果（刘芳等，2005）。因此，中国企业在对非洲进行直接投资时，不仅要保证自身的知识存量远大于子公司的知识存量，创造知识势差这一必要条件，还要不断提升自主创新的能力，以便更好地实现知识的转移。但综观我国企业总体上还处于全球价值链的中低端环节，在核心领域如航空、电信、电子、农业装备等都尚未拥有自主知识产权的核心技术。因此要想突破我国在全球价值链中"低端锁定"的困境，唯有不断提高自主创新能力，才能向附加值高的全球价值链发展，最终有效构建合作共赢的全球价值链。

（2）从子公司的角度来看，在吸收母公司转移的知识量基础上，还可以在非洲的外部知识网络结构中，积极吸收当地的优质资源和先进知识，经过自主消化吸收，创新现有技术，然后通过母子公司之间的内部知识网络传递给国内母公司，增加母公司的效益，以此来提升在跨国经营战略中的重要程度。

2. 建立非正式沟通机制消除信任障碍

内部知识转移网络中，在已获取官方的、书面的组织间信任的前提下，想要克服隐性知识转移的情景性（组织信任度）障碍，通常情况下还会建立非正式、虚拟或临时结构来作为知识转移网络，以促进非主动性知识转移。

根据前文研究结论，为了实现中非母子公司间知识的转移，首先需要加强知识源企业转移意愿和知识接受方企业接受意愿。如母子公司要确立知识透明度意识，积极主动进行知识共享。在中非跨国母子公司进行知识交流时，并非完全是通过正式培训或是会议，更多的知识是在非正式的虚拟小组中实现的，比如 Facebook（脸书）、WhatsApp（瓦次艾普）、微信等社交媒体应用程序。事实上，非洲子公司员工会积极采取行动与母公司同事建立广泛的联系，特别是在团队合作中。这种新知识源于更高层次的信任，一些原本与中国同行没有相互信任的非洲员工通过非正式社会化逐渐实现了他们的关系。具体的，他们会通过向母公司监管机构提供积极评价，间接帮助母公司同行获得晋升。这有助于非洲子公司员工建立更强大的关系资本，发展非正式信任和更具协作性的环境（Rui et al.，2016）。根据巴达拉科（Badaracco，1991）观点，对于一个组织来保护另一个组织的嵌入式知识，其人员必须直接、亲密和广泛地接触其他组织的社会关系。人与人之间的非正式网络在知识转移过程中扮演着关键的角色，因此母子公司双方可以非正式地使用强大的社交网络联系来获取信息和新知识，非洲员工通过与中国朋友非正式地安排额外的学习时间来探索高科技设备和进行联合试验，逐渐获得来自母公司的机器和设备的操作运行经验。

其次，组织间采取有助于母子公司建立信任和忠诚度关系的措施。如领导支持度更多体现在沟通管理上，跨国公司内部通过管理层加强对母子公司合作团队的统一引导，尽量让双方沟通在合作性沟通的范畴内，减少竞争性沟通发生的机会。这样就可以诱导出更多的良性知识冲突，让更多有效的知识有机会在团队之间双向转移。此外，非洲子公司可以定制并安排非官方的培训计划，以便使当地员工有动力学习当地学校的中文课程。

3. 通过文化差异管理弥合知识距离

莫维利（Mowery，1996）指出合作伙伴之间的距离和文化差异是公司间知识转移的主要障碍。随着文化距离的扩大，与知识转移相关的问题越来越多，例如很难将嵌入在接受培训的员工和技术人员的隐性知识充分地向另一个国家的当地员工讲解清楚。随着知识发出国与接收国之间文化距离的扩大，信息成本越来越高（Kogut et al.，1988）。

（1）重视内部知识体系的协调。通过对中国企业对非洲直接投资现状分析，母公司与非洲子公司的知识距离对于内部网络间知识转移绩效有非常显著的影响。双方之间的知识距离大，知识重合度低，知识转移所带来的潜在价值就越大。相反，如果双方之间知识距离过小，知识同质性非常高，那么双方之间就不必要进行知识转移，内部网络知识转移绩效低下；同时，我们还发现，如果知识距离过大，知识转移的效率又会呈现下降趋势，当中非母子公司之间知识距离过大，传递方会面临更高的知识转移成本，会削弱输出知识的积极性；并且，当非洲子公司难以理解或者需要花费大量成本来接受国内输出的新知识时，会降低对新知识的接受意愿。因此，在内部知识转移网络中，母子公司必须要重视彼此现有知识体系的协调性。企业的知识体系主要体现在组织结构、人力资源素质、企业文化以及企业制度等方面，母公司在非洲地区直接投资时，可以选择对赴非员工实行定期培训、委派企业核心人员担任非洲子公司的管理层、以及外派岗位定期轮换制度等来保持中非母子公司之间合适的知识距离。

（2）强化人力资源属地化管理。属地化管理一直是在非洲的中资企业普遍谈到的关键词。目前大部分中资企业在非建设项目，多注重本地员工的雇用和培养，特别是劳动技能和管理能力的培养。而属地化管理的意义在于，一旦中资机构撤离该项目，其自身依旧有造血能力，可以继续良好地运行下去。例如，中国机械工业集团有限公司（下称"国机集团"）在赤道几内亚建设水电站输变电项目过程中以及建成后，为该国培训了 248 名国家电力系统管理和技术骨干人员。这些人员现在已经在赤道几内亚电力公司以及赤道几内亚国家级项目当中担任重要岗位。2012 年，国机集团在贝宁投产的纺织厂项目，一共雇用 1216 名当地员工，中方只派了 5 名管理人员。现在这个项目不仅解决了贝宁棉花的深加工问题，而且每年上缴各种税收 1.5 亿西非法郎，为振兴与发展贝宁纺织工业开辟了成功之路。同时在当地生产、利用当地原料、培训当地员工，使产业能够在当地生根，为当地经济长期、可持续发展做出了贡献。通过对当地员工的培养，使得在非公司有一批相对稳定并具有配套技能和管理知识的专业人员，做到中国母公司知识与非洲本土资源融合，是比较典型的文化差异管理。

4. 降低知识转移成本提高投资效益

在前面章节的研究中得知，知识源企业转移意愿、知识接受方企业接受意愿的提高都能促进知识转移量的提高，从而提高知识转移的效率。而中非母子公司出于对经济效益的考虑，在资源有限的情况下，更希望能够在最短的可行时间内准确并及时地转移知识，降低项目复制所需的教育、培训成本，同时创造满意的收益成本比，如此母子公司双方的知识转移、接受意愿更为强烈。

（1）明确子公司在知识转移网络中的战略角色。在母子公司内部知识转移网络中，明确非洲子公司在内部网络中战略角色，将提升对非直接投资中知识转移成功的概率。非洲子公司的战略角色主要存在以下几种类型：第一类是战略领导型，这类子公司一般处于发展的成熟期，在非洲地区拥有自身核心技术，独立性强，在全球价值链中占据重要地位，此时跨国企业间逆向知识转移更为常见，而母公司向子公司转移知识的难度比较大。第二类是战略学习型，这一类非洲子公司在全球网络结构中并非占据主要市场，但是愿意主动寻求国内母公司的知识转移，并且因为具备主动学习的能力，因此对知识有很强的理解和吸收能力。这一类母子公司之间，顺向知识转移频率更高，效果更好，而很少出现子公司向母公司输出核心知识。第三类是战略执行型，母公司对这一类型的子公司拥有高度控制权，子公司在非洲的经营、研发等活动基本上依赖于母公司，知识的理解、消化能力低，因此内部知识转移成本高，这一类型的母子公司之间知识转移频率低，转移效果差。跨国企业在对非洲直接投资时，必须明确当地子公司在内部知识转移网络中所担任的战略角色，避免在知识转移过程中产生不必要的成本支出。

（2）开发完善的知识转移平台以提高沟通效率。在资源允许的条件下，母公司应着力开发同步、高效的知识转移平台，这虽然有可能增加知识转移过程中的固定资源及流动资源消耗成本，但能有效降低在知识转移过程中的激励成本及沟通成本，同时完善的知识转移平台在某种程度上能深度发掘企业自身的知识资源，减少企业外购知识成本。

有效的内部网络知识转移过程必须依赖于母子公司之间的有效沟通，这种沟通既取决于参与沟通人员的素质，也受到沟通手段、沟通成本等的影响。所以在沟通实现上，双方企业应尽可能开发完善的知识转移平台，从而保证在相同沟通成本下沟通过程的高效性。

第8章　结论与展望

8.1 研究结论

后危机时期，国际经贸格局的重大变革导致我国利用传统优势继续参与全球价值链的扩展空间越来越小，如何通过转变国际分工嵌入模式形成新的竞争力成为当前我国经济发展的新焦点。在"一带一路"倡议和中非合作论坛的推动下，对非洲国家投资将是我国在新时期转移国内过剩产能、推进产业结构升级、实现国际分工地位提升的重要途径。另，知识经济时代，知识已成为企业提升竞争力的核心资源。企业获取持续竞争优势的关键，在于促进知识有效转移和流动的能力。根据全球价值链理论，企业实现转型升级的关键在于知识技术的不断创新与进步。在非洲直接投资的中国企业要想避免价值链低端嵌入带来的种种不利影响，需要加快提升自主创新能力，建立有效的跨国知识转移机制，积极构建合作共赢的全球价值链，这样才能在国际分工中获得丰厚利润。本书以此为切入点，探究全球价值链视角下的中国企业对非洲直接投资的知识转移机制和影响因素，并对知识转移机制进行系统动力学分析。主要研究结论如下：

第一，基于全球价值链视角的中国企业对非洲国家直接投资知识转移理论是对已有知识转移理论的进一步延伸与拓展。该理论能够更加真实地反映中非投资现实，并有效指导中国企业在重塑全球价值链背景下提升对非洲国家直接投资过程的知识转移能力。全球价值链视角下中国企业对非洲直接投资的知识转移理论模型有效结合了全球价值链理论、对外直接投资理论、知识管理理论、复杂系统理论，最终形成一个融经济学、管理学、国际关系等多学科为一体的多维理论分析构架。为后续基于全球价值链视角的中国企业对非洲直接投资知识转移机制、影响因素等研究提供了理论支撑。

第二，中国企业对非洲直接投资知识转移的载体主要是跨国公司，知识转移网络体系不仅包含了母子公司之间的内部网络，还涵盖了子公司与东道国之间的外部网络。因此，基于全球价值链视角的中国企业对非洲国家直接投资知识转移机制可划分为外部知识转移机制和内部知识转移机制两维度。

其中，外部知识转移机制指对非投资跨国公司与同行公司、供应商、科研机构等组织之间形成的以转移核心技术、供货信息、客户信息以及政府政策等为主的知识转移路径和机理；内部知识转移机制指对非投资跨国公司子公司与母公司之间涉及品牌、文化、管理经验等为主的知识转移和共享机理。本书从知识转移动机、知识转移途径两方面，结合龙源电力、鹿王集团以及华坚集团等代表性案例，分析了不同驱动模式下内外部知识转移机制，并对内外部网络的知识转移影响因素进行了理论分析。结果表明，影响外部知识转移网络的因素主要包括关系嵌入、位置嵌入以及文化距离，而影响内部知识转移网络的因素包括知识源企业、知识接受方企业、知识属性以及情境因素等。

第三，实证研究结果表明，知识源企业属性、知识接受方企业属性、情境因素显著影响中非母子公司间的知识转移绩效。知识源企业转移知识的能力和意愿越强、知识接受方企业吸收知识的能力和动机越强、知识源企业与知识接受方的情境因素越相似，双方企业知识转移的绩效就越高。但实证结果显示知识属性对知识转移绩效的作用并不显著。本研究认为产生这种差异的原因可能是本次调研对象多为制造业、建筑业和批发零售业企业，高新技术企业涉及不多。所以中非双方企业间转移的知识多为发展较成熟的相关技术和管理经验，对高素质专业人才的嵌入性程度较低，属于编码程度较高的显性知识，通过改变知识属性提升企业核心竞争力和国际竞争力的作用微小，因此知识属性对知识转移绩效影响不显著。

第四，系统动力学仿真结果显示，中国企业对非洲直接投资过程中，知识源企业和知识接受方企业的知识存量、知识创新量普遍呈现出增长态势，双方的知识转移量和平均知识水平也在不断增长，说明中国企业对非洲投资是个双赢的举措。提高领导支持度、知识接受方企业接受意愿、转移阈值、中国在全球价值链分工中的参与指数和地位指数，或降低知识内隐性会提升中非双方企业知识转移的效果。因此，中非双方企业应从上述因素上着手，努力提高自身在全球价值链分工中的地位和作用，提高本国的综合实力，进而提高 GVC 参与指数与 GVC 地位指数，促进双方知识高效转移。

8.2 需要进一步研究的问题

受到研究水平和条件的限制，本书仍存在一些不足之处，需要笔者在今后的学术生涯中不断完善：

（1）本研究结合全球价值链理论、对外直接投资理论、知识管理理论、复杂系统理论构建了一套基于全球价值链视角的对非洲国家直接投资知识转移理论，这是对已有知识转移理论的一大拓展。但本研究只是构建了一个大致框架，很多细部研究还未展开，例如，影响三种驱动模式下对非直接投资知识转移机制的深层因素有哪些？影响中非母子公司知识转移的四大要素间相互关系如何？等等问题尚未涉及。因此，后续研究应更多地立足于这一理论框架，进一步深入分析细化，以形成一套系统的、完整的基于全球价值链的对非投资知识转移理论。

（2）问卷调研过程，对象多为制造业、建筑业和批发零售业企业，样本涉及行业过于单一，这也是本研究的不足之一。如果能增加高新技术行业等其他行业企业样本量，相信由此得出的结论将更具有一般性。此外，知识转移的真实过程极其复杂且难以把握，在对非直接投资知识转移绩效影响因素的实证分析中，本研究只是站在转移四要素的角度探讨了对知识转移绩效的影响，研究范围还存在一定的局限性。另一个改进方向是在未来研究中考虑知识转移的过程、相互作用机制对知识转移绩效的影响，这将使研究进一步细化。

（3）系统动力学建模过程，以中国母公司和非洲子公司为行为主体，以中非母子公司间的知识转移为主要方向进行模型设计，因此只研究了中国企业对非洲直接投资知识转移内部网络机制。事实上，中国企业对非洲直接投资还存在跨国公司与当地同行企业、供应商、客户、政府等形成的双向知识转移外部网络。限于文章篇幅，且为了简化模型设计，本研究未对这些路径进行系统分析，这些问题也是今后进一步研究的工作方向。

对非直接投资知识转移是一个涉及多个学科交叉的知识领域。本书是笔者在这一领域的尝试性研究，研究层次还较疏浅。虽然本研究基于全球价链视角提出了一些对非直接投资知识转移研究的新见解，但仍有管中窥豹，时见一斑之感。此外，基于全球价值链的对发展中国家直接投资研究是一项较新的课题，除了理论上的分析外，更多地需要在实践过程中对所建理论进行有效性检验。总之，上述有待挖掘的研究领域和不足之处需要在今后的研究中进一步完善，希望能得到各个领域的专家、学者和研究爱好者的有益建议与指教。

参考文献

中文部分

[1] 曹竹. 合资制造企业知识转移绩效评价及管理策略研究 [D]. 重庆：重庆大学，2008.

[2] 陈爱贞，刘志彪. FDI 制约本土设备企业自主创新的分析：基于产业链与价值链双重视角 [J]. 财贸经济，2008（1）：121 – 126.

[3] 陈菲琼. 我国企业与跨国公司知识联盟的知识转移层次研究 [J]. 科研管理，2001，22（2）：66 – 73.

[4] 陈虹，杨成玉. "一带一路"国家战略的国际经济效应研究：基于 CGE 模型的分析 [J]. 国际贸易问题，2015（10）：4 – 13.

[5] 陈怀超，蒋念，范建红. 转移情境影响母子公司知识转移的系统动力学建模与分析 [J]. 管理评论，2017，29（12）：62 – 71.

[6] 陈佳. 跨国公司子公司知识转移影响因素研究：基于内外部网络视角 [D]. 成都：西南财经大学，2012.

[7] 陈丽娴，沈鸿. 生产性服务贸易网络特征与制造业全球价值链升级 [J]. 财经问题研究，2018（4）：39 – 46.

[8] 陈明，周健明. 企业文化、知识整合机制对企业间知识转移绩效的影响研究 [J]. 科学学研究，2009，27（4）：580 – 587.

[9] 陈启斐，王晶晶，黄志军. 参与全球价值链能否推动中国内陆地区产业集群升级 [J]. 经济学家，2018（4）：42 – 53.

［10］陈若，马利灵，钟昌标．中国对非洲投资决定因素：整合资源与制度视角的经验分析［J］．世界经济，2012（10）：91 – 112．

［11］陈生杰．FDI 与全球价值链研究：基于参与度视角的分析［D］．杭州：浙江工业大学，2015．

［12］陈笑，申秋．从华坚集团在埃塞俄比亚的投资看中国企业"走出去"［EB/OL］．http：//d. drcnet. com. cn/eDRCNet. Common. Web/DocDetail. aspx？DocID = 5290298&leafid = 3076&chnid = 1002，2018 – 11 – 03．

［13］戴翔，徐柳，张为付．"走出去"如何影响中国制造业攀升全球价值链？［J］．西安交通大学学报（社会科学版），2018，38（2）：11 – 20．

［14］邓伟根，王然．全球价值链治理与外向型经济产业转型：以珠三角地区为例［J］．学术研究，2010（1）：56 – 62．

［15］丁秀好，黄瑞华．合作创新中媒介丰度对知识模糊性和知识转移绩效关系的调节作用研究［J］．研究与发展管理，2008：9 – 13．

［16］董大全，黎峰．对外直接投资、逆向技术溢出与民营企业成长：兼议"一带一路"建设的重点［J］．世界经济与政治论坛，2018：159 – 172．

［17］董艳，张大永，蔡栋梁．走进非洲：中国对非洲投资决定因素的实证研究［J］．经济学，2011，10（1）：675 – 690．

［18］董媛媛，王宏起．基于系统动力学 R&D 联盟知识转移行为研究［J］．情报科学，2014，32（6）：51 – 55，63．

［19］杜丽虹，吴先明．对外直接投资、逆向知识转移与我国企业自主创新：基于吸收能力视角［J］．科技进步与对策，2014，31（14）：24 – 29．

［20］杜丽虹．创造性资产寻求、子公司影响力与逆向知识转移［J］．科研管理，2018（7）：85 – 96．

［21］樊钱涛．知识源、知识获取方式与产业创新绩效研究：以中国高技术产业为例［J］．科研管理，2011，32（5）：29 – 35．

［22］范智慧，李阳．用系统动力学方法研究油藏管理［J］．石油实验地质，2017，39（3）：390 – 396．

［23］方国君．中国对非洲直接投资影响因素研究［D］．大连：东北财经大学，2015．

［24］傅梦孜，徐刚．"一带一路"：进展、挑战与应对［J］．国际问题

研究，2017（3）：87－96，126.

[25] 高祥宇，卫民堂，李伟. 信任促进两人层次知识转移的机制的研究 [J]. 科学学研究，2005，23（3）：394－400.

[26] 葛宝山，崔月慧. 基于社会网络视角的新创企业知识共享模型构建 [J]. 情报科学，2018：153－158.

[27] 关涛. 知识特性对跨国公司选择知识转移工具的影响 [J]. 科研管理，2012，33（5）：79－85.

[28] 郭飞，黄雅金. 全球价值链视角下OFDI逆向技术溢出效应的传导机制研究：以华为技术有限公司为例 [J]. 管理学刊，2012，25（3）：61－65.

[29] 郭凌威，卢进勇，郭思文. 改革开放四十年中国对外直接投资回顾与展望 [J]. 亚太经济，2018（4）：111－121.

[30] 郭涛力，汪贤裕. 知识特性对特许连锁企业知识转移的影响分析 [J]. 统计与决策，2012（9）：182－184.

[31] 郭烨，许陈生. 双边高层会晤与中国在"一带一路"沿线国家的直接投资 [J]. 国际贸易问题，2016（2）：26－36.

[32] 韩晶，孙雅雯. 借助"一带一路"倡议构建中国主导的"双环流全球价值链"战略研究 [J]. 理论学刊，2018，278（4）：35－41.

[33] 韩明华，陈汝丹. 我国中小制造企业全球价值链升级的影响因素研究：基于浙江的实证分析 [J]. 华东经济管理，2014，28（9）：23－28.

[34] 郝保权. "一带一路"：人类命运共同体的路径探索 [J]. 中国高等教育，2018，601（Z1）：35－39.

[35] 郝凤霞，张璘. 低端锁定对全球价值链中本土产业升级的影响 [J]. 科研管理，2016（11）：131－141.

[36] 贺娅萍，徐康宁. "一代一路"沿线国家的经济制度对中国OFDI的影响研究 [J]. 国际贸易问题，2018（1）：92－100.

[37] 胡琼洁，夏洪胜. 基于全球价值链的制造业产业升级分析 [J]. 商业时代，2001（17）：104－105.

[38] 胡玉奎. 系统动力学：战略与策略实验室 [M]. 杭州：浙江人民出版社，1988：32.

[39] 黄蕙萍，尹慧. 我国战略性新兴产业全球价值链升级影响因素分

析［J］. 科技管理研究，2016，36（10）：19-24.

[40] 黄锦明. 技术获取型对外直接投资提升全球价值链分工位次的作用机制与中国对策［J］. 现代经济探讨，2016（4）：54-58.

[41] 黄先海，余骁. 以"一带一路"建设重塑全球价值链［J］. 经济学家，2017（3）：32-39.

[42] 贾镜渝，赵忠秀. 中国企业跨国知识转移过程研究［J］. 中国科技论坛，2015（10）：74-79.

[43] 贾仁安，丁荣华. 系统动力学反馈动态性复杂分析［M］. 北京：高等教育出版社，2002.

[44] 金昕，陈松. 知识源战略、动态能力对探索式创新绩效的影响：基于知识密集型服务企业的实证［J］. 科研管理，2015，36（2）：32-40.

[45] 孔德议. 协同创新网络与高技术产业的知识转移绩效：基于PARDL模型的实证研究［J］. 宏观经济研究，2017（5）：99-109.

[46] 赖明勇，包群，阳小晓. 我国外商直接投资吸收能力研究［J］. 南开经济研究，2002（3）：45-50.

[47] 李柏洲，徐广玉. 内部控制机制对知识粘滞与知识转移绩效关系的影响研究［J］. 管理评论，2013，25（7）：99-110.

[48] 李超，张诚. 中国对外直接投资与制造业全球价值链升级［J］. 经济问题探索，2017（11）：118-130.

[49] 李敦瑞. "一带一路"背景下的产业转移与中国全球价值链地位提升［J］. 西安财经学院学报，2018（5）：78-84.

[50] 李宏兵，赵春明. 打造源于中国的全球价值链［J］. 红旗文稿，2016（6）：21-23.

[51] 李金林. "一带一路"教育信息化国际合作发展研究［J］. 中国电化教育，2018（2）：8-11，20.

[52] 李静. 中国在全球价值链中的分工地位及提升路径［D］. 重庆：重庆工商大学，2018.

[53] 李玲霞. "一带一路"倡议与中国对外直接投资新战略研究［D］. 北京：外交学院，2016.

[54] 李曼丽. 基于FDI集聚的知识转移研究［D］. 沈阳：东北大学，2007.

［55］李楠，严素梅．科技服务的知识转移效果评价与对策分析［J］．现代情报，2009，29（3）：7－14．

［56］李巧．非洲投资环境的因子分析以及对中国企业对非洲直接投资决策的启示：基于"C－D缺口"模型的研究［D］．济南：山东大学，2010．

［57］李小倩．建筑企业隐性知识转移影响机制研究［D］．青岛：青岛理工大学，2015．

［58］李晓，杨弋．"一带一路"沿线东道国政府质量对中国对外直接投资的影响：基于因子分析的实证研究［J］．吉林大学社会科学学报，2018，v.58；No.268（4）：55－67，206－207．

［59］李晓敏，李春梅．东道国制度质量对中国对外直接投资的影响：基于"一带一路"沿线国家的实证研究［J］．东南学术，2017（2）：124－131．

［60］李星，周骁毅．中国对非洲制造业投资：问题与对策［J］．国际经济合作，2012（7）：57－61．

［61］李毅中．以工业转型升级为契机，构建合作共赢的全球价值链［N］．河北经济日报，2013－11－18（003）．

［62］李元旭，王宇露．东道国网络结构、位置嵌入与海外子公司网络学习［J］．世界经济研究，2010（1）：63－75．

［63］李志宏，赖文娣，白雪．高校科研团队隐性知识共享的系统动力学分析［J］．管理学报，2012，9（10）：1495－1504．

［64］李智彪．对中国企业投资非洲的实证分析与思考［J］．西亚非洲，2010（5）：5－11．

［65］梁尚刚．中国华坚：融入埃塞俄比亚本土［J］．中国投资，2015（2）：64－66．

［66］林毅夫．"一带一路"应加上非洲战略［EB/OL］．http：//theory.gmw.cn/2015－02/04/content_14735895.htm，2015－02－04．

［67］刘爱兰，黄梅波．中国对非洲直接投资的影响分析［J］．国际经济合作，2012（2）：50－55．

［68］刘昌年，马志强，张银银．全球价值链下中小企业技术创新能力影响因素研究［J］．科技进步与对策，2015，32（4）：57－61．

［69］刘常勇，谢洪明．企业知识吸收能力的主要影响因素［J］．科学学

研究，2003，21（3）：307 – 310.

［70］刘常勇. 知识管理的策略［EB/OL］. http：//www. cme. org. tw/know/. 1999.

［71］刘芳，欧阳令南. 跨国公司知识转移过程、影响因素与对策研究［J］. 科学学与科学技术管理，2005（10）：40 – 43.

［72］刘京，周丹，陈兴. 大学科研人员参与产学知识转移的影响因素：基于我国行业特色型大学的实证研究［J］. 科学学研究，2018，36（2）：279 – 287.

［73］刘乐铮. 跨国公司价值链整合问题研究及我国企业应对策略［D］. 郑州：郑州大学，2012.

［74］刘明霞. 跨国公司逆向知识转移研究述评［J］. 管理学报，2012，9（3）：356 – 363.

［75］刘明宇，芮明杰. 价值网络重构、分工演进与产业结构优化［J］. 中国经济问题，2012（5）：148 – 160.

［76］刘皖青，张战仁，张润强，占正云. 中国全球创新价值链嵌入模式探析［J］. 世界地理研究，2018（6）：127 – 133.

［77］刘伟全. 中国对外直接投资逆向技术溢出与国内技术进步研究：基于全球价值链的视角［M］. 北京：经济科学出版社，2011：51 – 53.

［78］刘志彪. 从全球价值链转向全球创新链：新常态下中国产业发展新动力［J］. 学术月刊，2015（2）：5 – 14.

［79］刘志彪. 我国东部沿海地区外向型经济转型升级与对策思考［J］. 中国经济问题，2010（1）：15 – 22.

［80］卢兵，廖貅武，岳亮. 联盟中知识转移效率的分析［J］. 系统工程，2006，24（6）：45 – 51.

［81］卢锋，姜志霄，周俊安. 从"华坚现象"看中国对非投资类型演变［J］. 国际经济评论，2013（5）：67 – 76，6.

［82］卢军，谢廷宁. 全球生产网络中知识转移扩散动力的经济学解析［J］. 商业时代，2011，35（2）：127 – 128.

［83］陆雄文. 管理学大辞典［M］. 上海：上海辞书出版社，2013：22 – 24.

［84］吕越，吕云龙. 全球价值链嵌入会改善制造业企业的生产效率吗：基于双重稳健—倾向得分加权估计［J］. 财贸经济，2016（3）：109 – 122.

［85］罗金龙. 以"一带一路"为核心构建区域价值链：比较优势与产业选择［J］. 经济论坛，2017（3）：137－141.

［86］罗莉. 基于"一带一路"理念下的企业对外直接投资区位选择［J］. 商场现代化，2015（7）：10.

［87］马海燕. 全球价值链理论研究述评［J］. 华中农业大学学报，2007（5）：94－98.

［88］马红旗. 我国制造业垂直专业化生产与全球价值链升级的关系研究：基于全球价值链治理理论视角［D］. 重庆：重庆大学，2010.

［89］马述忠，刘梦恒. 全球价值链背景下中国 OFDI 的网络化趋势及其默会知识逆向溢出研究［J］. 国际商务（对外经济贸易大学学报），2017（3）：76－87.

［90］毛加强，刘璐. 基于全球价值链的西安高新技术产业集群升级路径［J］. 华东经济管理，2009，23（11）：43－46.

［91］毛日昇. 中国制造业贸易竞争力及其决定因素分析［J］. 管理世界，2006（8）：65－75.

［92］毛蕴诗，姜岳新，莫伟杰. 制度环境、企业能力与 OEM 企业升级战略［J］. 管理世界，2009（6）：135－146.

［93］莫莎，刘芳. 中国对非洲直接投资与贸易的关系研究：基于面板数据实证分析［J］. 国际经贸探索，2008，24（8）：46－50.

［94］倪沙，王永兴，景维民. 中国对"一带一路"沿线国家直接投资的引力分析［J］. 现代财经，2016（5）：3－14.

［95］宁东玲，卢启程. 企业吸收能力的组织产出［J］. 科技管理研究，2008，28（11）：154－156.

［96］潘悦. 在全球化链条中加速换代：我国加工贸易的产业升级状况分析［J］. 中国工业经济，2002（6）：27－36.

［97］彭新敏，吴晓波. 基于全球价值链的知识转移影响因素研究［J］. 重庆大学学报：社会科学版，2008，14（1）：40－44.

［98］朴英姬. 跨国公司和非洲国家的利益博弈：冲突与合作［J］. 西亚非洲，2014（5）：129－143.

［99］齐欣，张庆庆. 知识产权保护对中国对外直接投资的影响：基于

"一带一路"建设视角的研究 [J]. 商业经济与管理, 2018, 321 (7): 70-77.

[100] 钱贺. 龙源电力"走出去"纪实: "一带一路好时机", 风起扬帆正当时 [EB/OL]. http://www.xinhuanet.com/power/2018-06/29/c_129903820.htm, 2018-06-29.

[101] 任培强, 黄梅波. 中国对非投资的出口效应分析 [J]. 国际经贸探索, 2013, 29 (8): 16-24.

[102] 任培强. 中国对非洲投资的就业效应研究 [J]. 国际经济合作, 2013 (5): 61-65.

[103] 任荣. 企业知识转移效果的评价 [J]. 科技情报开发与经济, 2005, 15 (4): 220-221.

[104] 申小莉. 创新网络中知识转移的影响因素研究: 基于中小企业实证样本的分析 [J]. 科学学研究, 2011, 29 (3): 432-460.

[105] 申晓方. 中国在非洲的民营投资: 现实与机遇机 [J]. 国际经济合作, 2013 (8): 4-8.

[106] 沈军, 包小玲. 中国对非洲直接投资的影响因素——基于金融发展与国家风险因素的实证研究 [J]. 国际金融研究, 2013 (9): 64-74.

[107] 史正富. 论一带一路投资机制创新 [J]. 开放导报, 2015 (4): 11-15.

[108] 斯图亚特. 发展经济学 [M]. 林恩, 王乃辉, 等译. 上海: 上海三联出版社, 2009: 75.

[109] 宋林, 谢伟, 郑雯. "一带一路"战略背景下我国对外直接投资的效率研究 [J]. 西安交通大学学报 (社会科学版), 2017 (4): 45-54.

[110] 宋爽, 王永中. 中国对"一带一路"建设金融支持的特征、挑战与对策 [J]. 国际经济评论, 2018: 108-123.

[111] 宋亚非, 徐雯. 影响在华跨国子公司知识转移的因素研究 [J]. 财经问题研究, 2010 (5): 100-108.

[112] 宋勇超. "一带一路"战略下中国企业对外直接投资模式研究——基于多元 Logit 模型的实证分析 [J]. 软科学, 2017, 31 (5): 66-69.

[113] 苏杭. "巧"投资: 中国对非洲直接投资的新思维 [J]. 国际贸易, 2014 (3): 26-29.

［114］苏杭．"一带一路"战略下我国制造业海外转移问题研究［J］.中国经贸，2015（3）：18－21.

［115］苏世彬，陈美乔．企业专利风险对校企隐性知识转移绩效影响研究［J］.科学学研究，2018：502－512.

［116］孙坤乾．中国企业对外直接投资对其在全球价值链中链节提升途径的作用分析［D］.济南：山东大学，2009：115.

［117］孙延杨．我国对非洲直接投资的影响因素研究［D］.成都：西南财经大学，2014.

［118］孙焱林，覃飞."一带一路"倡议降低了企业对外直接投资风险吗？［J］.国际贸易问题，2018（8）：66－76.

［119］谭大鹏，霍国庆．知识转移一般过程研究［J］.当代经济管理，2006，28（3）：11－14.

［120］唐锦铨．技术合作中企业吸收能力促进技术转移效果的关系检验［J］.情报杂志，2012，31（7）：200－204.

［121］唐炎华，石金涛．国外知识转移研究综述［J］.情报科学，2006，24（1）：153－160.

［122］唐瑶．跨国公司全球价值链模式与我国企业创新战略路径选择［D］.苏州：苏州大学，2010.

［123］陶峰，李诗田．全球价值链代工过程中的产品开发知识溢出和学习效应：基于东莞电子信息制造业的实证研究［J］.管理世界，2008（1）：115－122.

［124］田泽，董海燕．中国对非洲直接投资的区位选择［J］.商业研究，2016（7）：123－128.

［125］田泽，顾欣，杨欣远．我国对非洲直接投资的效率与对策［J］.经济纵横，2015（11）：59－63.

［126］田泽，顾欣．基于Multi－Agent的跨国公司内部网络知识转移仿真研究［J］.科技进步与对策，2015（17）：139－144.

［127］田泽，顾欣．基于多主体仿真的跨国公司内部网络知识转移影响因素研究［J］.科技管理研究，2016，36（9）：169－174.

［128］涂静，杨中华，张志清．科研合作网络中知识源中心性对知识扩

散效率的影响 [J]. 情报理论与实践，2017 (5): 80-85.

[129] 汪建成，毛蕴诗，邱楠. 由 OEM 到 ODM 再到 OBM 的自主创新与国际化路径 [J]. 管理世界，2008 (6): 148-156.

[130] 王冰，郭东强. 基于 BP 神经网络的企业内部知识转移绩效综合评价研究 [J]. 情报科学，2016，34 (1): 141-145，154.

[131] 王珩骞. 基于情境相似性的组织间知识转移绩效研究 [D]. 长沙: 中南大学，2007.

[132] 王建刚，吴洁. 网络结构与企业竞争优势: 基于知识转移能力的调节效应 [J]. 科学学与科学技术管理，2016 (5): 56-66.

[133] 王金波. "一带一路" 经济走廊贸易潜力研究: 基于贸易互补性、竞争性和产业国际竞争力的实证分析 [J]. 亚太经济，2017 (4): 94-101，176.

[134] 王开明，万君康. 论知识的转移与扩散 [J]. 外国经济与管理，2000 (10): 2-7.

[135] 王披恩. 外国母公司向中国子公司的知识转移 [D]. 新加坡: 新加坡国立大学，2001.

[136] 王平，田彬彬. 知识产权保护对中国 FDI 质量的影响: 基于行业层面的实证分析 [J]. 宏观经济研究，2011 (9): 42-46.

[137] 王其藩. 系统动力学 (2009 年修订版) [M]. 上海: 上海财经大学出版社，2009.

[138] 王其藩. 系统动力学的历史、现状与发展展望 [C]. 第二届中国管理科学与工程论坛论文集. 同济大学，2004: 91-100.

[139] 王霞. 中国对非洲直接投资的影响因素分析 [D]. 天津: 天津师范大学，2015.

[140] 王晓彤. 组织信任、组织距离对跨国公司内部知识转移绩效的影响研究 [D]. 长春: 吉林大学，2015.

[141] 王一栋. "一带一路" 倡议下中国对外投融资担保现状、国际经验与政策建议 [J]. 国际贸易，2018 (2): 8-11，20.

[142] 王颖，吕婕，唐子仪. 中国对 "一带一路" 沿线国家直接投资的影响因素研究——基于东道国制度环境因素 [J]. 国际贸易问题，2018: 83-91.

[143] 王众托. 知识系统工程 [M]. 北京：科学出版社，2004.

[144] 魏江，王铜安. 个体、群组、组织间知识转移影响因素的实证研究 [J]. 科学学研究，2006 (1)：91 - 97.

[145] 文嫮，曾刚. 全球价值链治理与地方产业网络升级研究：以上海浦东集成电路产业网络为例 [J]. 中国工业经济，2005 (7)：20 - 27.

[146] 翁春颖，韩明华. 全球价值链驱动、知识转移与我国制造业升级 [J]. 管理学报，2015，12 (4)：517 - 521.

[147] 吴倩. 中非文化异质性对中国在非投资企业的影响研究 [J]. 经营管理，2017 (9)：146 - 147.

[148] 吴映霞，林峰. 跨国公司内部知识转移影响因素分析：基于一体化网络组织理论 [J]. 广西财经学院学报，2009，22 (6)：111 - 116.

[149] 吴哲，范彦成，陈衍泰，黄莹. 新兴经济体对外直接投资的逆向知识溢出效应：中国对"一带一路"国家 OFDI 的实证检验 [J]. 中国管理科学，2015，23 (11)：690 - 695.

[150] 习近平：中方决定提供 600 亿美元支持中非十大合作计划 [EB/OL]. http：//www. chinanews. com/gj/2015/12 - 04/7656817. shtml，2015 - 12 - 04.

[151] 习近平在中非合作论坛北京峰会开幕式上的致辞 [EB/OL]. http：//www. chinanews. com/gn/z/zhongfeihezuoluntan/index. shtml，20118 - 09 - 03.

[152] 习近平在中非合作论坛约翰内斯堡峰会开幕式上的致辞 [EB/OL]. http：//www. chinanews. com/gn/2015/12 - 04/ 7657034. shtml，2015 - 12 - 04.

[153] 夏友富，何宁. 推动我国装备制造业迈向全球价值链中高端的机制、路径与对策 [J]. 经济纵横，2018 (4)：56 - 62.

[154] 小岛清. 对外贸易论 [M]. 天津：南开大学出版社，1987.

[155] 肖久灵. 我国海外企业知识转移与绩效评价 [M]. 北京：经济科学出版社，2007.

[156] 肖梅. 基于 FDI 的我国现代服务业集群全球价值链升级研究——以苏州工业园区为例 [J]. 商场现代化，2014 (19)：157.

[157] 肖小勇，文亚青. 组织间知识转移的主要影响因素 [J]. 情报理论与实践，2005，28 (4)：355 - 358.

[158] 肖振红，刘昂，周文. 网络演化博弈视角下的跨国公司逆向知识

转移动态过程研究 [J]. 管理评论, 2017 (11): 161 - 172.

[159] 辛晴, 刘伟全. 对外直接投资在全球价值链升级中的作用 [J]. 国际经济合作, 2011 (2): 91 - 94.

[160] 邢一行. 中国企业在非洲: 华坚集团在埃塞俄比亚"授人以渔" [EB/OL]. http://news.cri.cn/20160427/68fc4051 - e5b0 - e351 - 11fe - 6daeb9b7f4ce. html, 2016 - 04 - 27.

[161] 徐金发, 许强, 等. 企业知识转移的情境分析模型 [J]. 科研管理, 2003 (2): 54 - 60.

[162] 徐占忱, 何明升. 知识转移障碍纾解与集群企业学习能力构成研究 [J]. 情报科学, 2005, 23 (5): 559 - 663.

[163] 许斌, 张朝宾, 吴洁, 施琴芬, 刘思峰. 网络结构对组织间知识转移的影响机制研究 [J]. 图书情报工作, 2010, 54 (24): 108 - 111.

[164] 薛求知, 关涛. 跨国公司知识转移: 知识特性与转移工具研究 [J]. 管理科学学报, 2006, 9 (6): 64 - 72.

[165] 薛求知, 阎海峰. 跨国公司全球学习: 新角度审视跨国公司 [J]. 南开管理评论, 2001 (2): 36 - 39.

[166] 杨飞虎, 晏朝飞. "一带一路"战略下我国对外直接投资实施机制研究 [J]. 理论探讨, 2015 (5): 80 - 83.

[167] 杨慧力, 何青松, 姜振寰. 基于全球价值链的山东加工贸易升级影响因素实证研究 [J]. 华东经济管理, 2010, 24 (8): 2.

[168] 杨静. 中国企业对外直接投资进入模式选择研究——基于跨国并购和绿地投资的角度 [D]. 大连: 东北财经大学, 2011.

[169] 杨栩, 肖蘅, 廖姗. 知识转移渠道对知识转移的作用机制——知识粘性前因的中介作用和治理机制的调节作用 [J]. 管理评论, 2014, 26 (9): 89 - 99.

[170] 杨英, 刘彩霞. "一带一路"背景下对外直接投资与中国产业升级的关系 [J]. 华南师范大学学报 (社会科学版), 2015 (5): 93 - 101, 191.

[171] 杨勇, 梁辰, 胡渊. 文化距离对中国对外直接投资企业经营绩效影响研究——基于制造业上市公司微观数据的实证分析 [J]. 国际贸易问题, 2018, 426 (6): 31 - 44.

［172］杨珍增，刘晶．知识产权保护对全球价值链地位的影响［J］．世界经济研究，2018，290（4）：125－136，139.

［173］杨志勇，王永贵．母子公司互动、知识创造与突破性创新——基于中国中材集团的探索性案例研究［J］．管理学报，2016，13（6）：811－820.

［174］姚桂梅．中国在非洲直接投资的总体评估［J］．西亚非洲，2009（7）：48－54.

［175］叶红雨，杨清．全球价值链下中国企业逆向技术外溢效应的实证研究［J］．研究与发展管理，2013，25（4）：61－68.

［176］易加斌．跨国公司母子公司知识冲突、沟通与知识转移绩效关系研究［D］．成都：西南交通大学，2012.

［177］尹华，朱绿乐．企业技术寻求型FDI实现机理分析与中国企业的实践［J］．中南大学学报，2008，14（3）：307－311，318.

［178］尹洁，李锋，葛世伦．ERP实施顾问向关键用户知识转移影响因素研究：基于制造企业的实证分析［J］．科学学研究，2011，29（1）：112－120.

［179］于明超，刘志彪，江静．外来资本主导代工生产模式下当地企业升级困境与突破：以中国台湾笔记本电脑内地封闭式生产网络为例［J］．中国工业经济，2006（11）：108－116.

［180］袁其刚，郜晨，闫世玲．非洲政府治理水平与中国企业OFDI的区位选择［J］．世界经济研究，2018（10）：121－134.

［181］张朝宾．网络视角下的组织间知识转移动力机制研究［D］．镇江：江苏科技大学，2011.

［182］张驰．中非合作升级与可持续性挑战［J］．现代科学管理，2018（11）：27－29.

［183］张大为，汪克夷．知识转移研究述评与展望［J］．科技进步与对策，2009，26（19）：196－200.

［184］张光磊，刘善仕，申红艳．组织结构、知识转移渠道与研发团队创新绩效：基于高新技术企业的实证研究［J］．科学学研究，2011，29（8）：1198－1206.

［185］张化尧，叶欣园．基于全球产业链的知识转移阻碍机制分析［J］．现代管理科学，2013（10）：61－63.

[186] 张辉，易天，唐毓璇．一带一路：全球价值双环流研究 [J]．经济科学，2017（3）：5 - 18.

[187] 张辉．全球价值链动力机制与产业发展策略 [J]．中国工业经济，2006（1）：40 - 48.

[188] 张惠．中国对非洲直接投资的决定因素研究 [D]．广州：暨南大学，2012.

[189] 张洁萍．基于系统动力学 ERP 实施知识转移研究 [D]．上海：东华大学，2015.

[190] 张娟，刘钻石．中国民营企业在非洲的市场进入与直接投资的决定因素 [J]．世界经济研究，2013（2）：74 - 79.

[191] 张军霞．埃塞俄比亚畜牧业生产概况 [J]．中国畜牧种业，2008（8）：76.

[192] 张亮．技术联盟组织间知识转移的过程、模式及要素研究 [D]．长沙：中南大学，2009.

[193] 张龙，刘洪．企业吸收能力影响因素研究述评 [J]．生产力研究，2003（3）：292 - 294.

[194] 张敏，王佳涛，陈致朋．"一带一路"机遇期企业对外投资战略探究 [J]．特区经济，2015（9）：14 - 16.

[195] 张停停．跨国公司逆向知识转移网络机制研究 [D]．哈尔滨：哈尔滨工程大学，2014.

[196] 张伟，王宏伟．跨国公司知识转移研究 [J]．科技和产业，2006（1）：26 - 30.

[197] 张向阳，朱有为，孙津．嵌入全球价值链与产业升级：以苏州和温州两地为例 [J]．国际贸易问题，2005（4）：63 - 68.

[198] 张永宏，洪薇，赵冬．中非知识生产与创新共同体的双向建构：基于南北、南南技术转移、知识流动链环结构的视角 [J]．当代世界，2018（10）：14 - 17.

[199] 张远鹏．"一带一路"与以我为主的新型全球价值链构建 [J]．世界经济与政治论坛，2017（6）：39 - 53.

[200] 张哲．我国对非洲直接投资对中非贸易影响的效应分析 [J]．现

代财经，2011，31（4）：67-71.

［201］赵炎．网络邻近性、地理邻近性与知识转移绩效的影响［J］．科研管理，2016，37（1）：128-136.

［202］郑蕾，刘志高．中国对"一带一路"沿线直接投资空间格局［J］．地理科学进展，2015，34（5）：563-570.

［203］中非产能合作迎来新机遇［EB/OL］．http：//finance. sina. com. cn/roll/ 2016-05-15/ doc-ifxsehvu8968894. shtml，2016-05-15.

［204］钟春平，潘黎．对外直接投资风险与一带一路战略［J］．开放导报，2015（4）：40-42.

［205］钟永光，贾晓菁，李旭．系统动力学［M］．北京：科学出版社，2009.

［206］周春山，李福映，张国俊．基于全球价值链视角的传统制造业升级研究：以汕头为例［J］．地域研究与开发，2014，33（1）：28-33.

［207］周康．全球价值链视角下我国制造业国际分工地位研究［D］．大连：东北财经大学，2015.

［208］周密，赵文红，宋红媛．基于知识特性的知识距离对知识转移影响研究［J］．科学学研究，2015，33（7）：1059-1068.

［209］周五七．"一带一路"沿线直接投资分布与挑战应对［J］．改革，2015（8）：39-47.

［210］周仙华．跨国公司在华子公司市场知识转移模式的实证研究［D］．沈阳：东北大学，2009.

［211］朱婕，任荣明．中国对非洲直接投资的决定因素研究［J］．科技管理研究，2014（22）：202-209.

［212］朱有为，张向阳．价值链模块化、国际分工与制造业升级［J］．国际贸易问题，2005（9）：98-103.

［213］庄妍．全球价值链下我国电信运营商对外直接投资策略及区位选择研究［D］．南京：南京邮电大学，2013.

［214］邹国庆，孙婧，贺胜德．知识基础与企业吸收能力实证研究［J］．统计与决策，2012（20）：181-183.

［215］左美云．企业信息化主体间的六类知识转移［J］．计算机系统应用，2004（8）：72-74.

外文部分

［1］Abou-Zeid E-S. An ontology-based approach to inter-organizational knowledge transfer ［J］. Journal of Global Information Technology Management, 2002, 5 (3): 32 – 47.

［2］Ado A, Su Z, Wanjiru R. Learning and knowledge transfer in Africa-China JVs: Interplay between informalities, culture, and social capital ［J］. Journal of International Management, 2017, 23: 166 – 179.

［3］Alavi M, Leidner D E. Review: Knlowledge management and knolwedge management systems: Conceptual foundations and research issues ［J］. MIS Quarterly, 2001, 25 (1): 107 – 136.

［4］Amsden A H. Asia's next giant: South Korea and late industrialization ［M］. New York: Oxford University Press, 1989.

［5］Andrews K M, Delahay B L. Influences on knowledge processes in organizational learning: The psychosocial filter ［J］. Management Study, 2000, 37 (6): 797 – 810.

［6］Argote L, Ingram P. Knowledge transfer: A basis for competitive advantage in firms ［J］. Organizational Behavior and Human Decision Processes, 2000, 82 (1): 150 – 169.

［7］Awates S, Larsen M M, Mudambi R. Accessing vs sourcing knowledge: A comparative study of R&D internationlization between emerging and advance economy firms ［J］. Jonural of Internaional Business Studies, 2015, 46 (1): 63 – 86.

［8］Badaracco J. Theknowledge link: How firms compete through strategic alliances ［M］. Boston: Havard Business School Press, 1991.

［9］Bangara A, Freeman S, Scheroder W. Legitimacy and acceleraed internationalization: An Indian perspective ［J］. Journal of World Business, 2012, 47 (4): 623 – 634.

［10］Beckman T. A methodology for knowledge management ［C］. Proceeding of the IASTED International Conference on AI and Soft Computing, 1997.

[11] Birkinshaw J, Nobel R, Ridderstrale J. Knowledge as a contingency variable: do the characteristics of knowledge predict organizations structure [J]. Organization Science, 2002, 13 (3): 274 – 289.

[12] Borensztein E, De Gregorio J, Lee J-W. Borensztein. How does foreign direct investment affect economic growth [J]. Journal of International Economics, 1998, 45: 115 – 135.

[13] Bresman H, Birkinshaw, J., Nobel, R. Knowledge transfer in international acquisitions [J]. Journal of International Business Studies, 1999, 30 (3): 439 – 462.

[14] Brouthers K D, Brouthers L E. Acquisition or greenfield start-up? Institutional, cultural and transaction cost influences [J]. Strategic Management Journal, 2000 (21): 89 – 97.

[15] Buckley P J, Casson M. The optimal timing of a foreign direct investment [J]. The Economic Journal, 1981, 91 (361): 75 – 87.

[16] Buckley P J, Clegg L J, Cross A R, Liu X, Voss H, Zheng P. The determinants of Chinese outward foreign direct investment [J]. Journal of International Business Studies, 2007: 499 – 518.

[17] Cantwell J, Mudambi R. MNE competence-creating subsidiary mandates: An empirical investigation [J]. University of Reading Discussion Papers in Investment & Management, 2001, 12: 285.

[18] Cantwell J, Tolentino P E E. Technological accumulation and third world multinationals [Z]. 1990.

[19] Cheung Y W, De Haan J, Qian X, et al. China's outward direct investment in Afiica [J]. Review of International Economics, 2012 (2): 201 – 220.

[20] Cheung Y W, Qian X W. Empirics of China's outward direct investment [J]. Pacific Economic Review, 2009 (3): 312 – 341.

[21] Choi B, Lee H. Knowledge management strategy and its link to knowledge creation process [J]. Expert systems with applications, 2002, 23 (3): 173 – 187.

[22] Choshal S, Bartlet C A. The multiantional corporation as a inter-organizationl network [J]. The academy of management Review, 1990 (15): 603 – 625.

[23] Cohen W, Levinthal D A. Absorptive capacity: a new perspective on learning and innovation [J]. Administrative Science Quarterly, 1990, 35: 128 – 152.

[24] Cramton C. The mutual knowledge problem [J]. Organization Science, 2001, 12 (3): 346 – 371.

[25] Cummings J L, Teng B S. Transferring R & D knowledge: The key factors affecting knowledge transfer success [J]. Journal of Engineering and Technology Management, 2003, 20 (2): 39 – 68.

[26] Davenport T H, Prusak L. Working knowledge: how organizations manage what they know [M]. Boston: Harvard business press, 1998.

[27] Desta A. China's South-South Cooperative investments and co-development modalities in Africa [J]. International Journal of Business Research, 2009 (6): 19 – 33.

[28] Diana N. Chinese multinational enterprise and economic diversification in East Africa: A case study of Kenya and Uganda [D]. Changchun: Jilin University, 2013.

[29] Dierickx I, Cool K. Asset stock accumulation and sustainability of competitive advantage [J]. Management Science, 1989, 35 (12): 1504 – 1511.

[30] Dinopoulos E, Segerstrom P. Intellectual property rights, multinational firms and economic growth [J]. Journal of Development Economics, 2010, 92 (1): 13 – 27.

[31] Dixon N M. Common knowledge: how companies thrive by sharing what they know [M]. Boston, MA: Harvard Business School Press, 2000.

[32] Dunning J H. American investment in British manufacturing industry [M]. London: Routledge, 1998.

[33] Dunning J H. International production and the multinational enterprise [M]. London: George Allen and Unwin, 1981.

[34] Dunning J H. Trade, location of economic activities, and the MNE: A search for an eclectic approach [C]. Holms & Meier. International Allocation of Economic Activity, London: George Allen and Unwin, 1977: 395 – 418.

[35] Etmstd K L. Global Production networks, knowledge diffusion, and lo-

cal capability formation ［J］. Research Policy, 2002, 31 (12): 1417 – 1429.

［36］ Faeth I. Determinants of foreign direct investment-a tale of nine theoretical models ［J］. Joumd of Economics Surveys, 2009, 23 (1): 165 – 196.

［37］ Fóong D Y, Lee-Patridge J E. Exploring knowledge management perceptions among information systems managers-empirical sense-making through focus group research ［J］. Australian Journal of Information Systems, 2001 (12): 42 – 55.

［38］ Fosfuri M M. Multinatinals without advantages ［J］. Scandinavian Journal of Economic, 1999 (101): 617 – 630.

［39］ Foss N J, Pedersen T. Transferring knowledge in MNCs: The role of sources of subsidiary knowledge and organizational context ［J］. Journal of International Management, 2002, 8 (1): 49 – 67.

［40］ Fraser V, Marcella R, Middleton I. Employee perceptions of knowledge sharing: Employment threat of synergy for greater good? A case study ［J］. Competitive Intelligence Review, 2000, 11 (2): 39 – 52.

［41］ Garavelli A C, Gorgoglione M S. Managing knowledge transfer by knowledge technologies ［J］. Technovation, 2002, 22 (5): 269 – 279.

［42］ Gereffi G, Humphrey J, Sturgeon T. The governance of global value chains ［J］. Forthcoming in Review of International Political Economy, 2003, 11 (4): 5 – 11.

［43］ Gereffi G, Kaplinsky R. The value of value chains ［J］. IDS Bulletin, 2001, 32 (3): 1 – 8.

［44］ Gereffi G, Korzeniewicz M. Commodity chains and global capitalism ［M］. Praeger, 1993.

［45］ Gereffi G. International trade and industrial upgrading in the apparel commodity chains ［J］. Journal of International Economics, 1999 (48): 37 – 70.

［46］ Gilbert M, Cordey-Hayes M. Understanding the process of knowledge transfer to achieve successful technological innovation ［J］. Technovation, 1996, 16 (6): 301 – 312.

［47］ Granoveter M S. The strength of weak ties ［J］. American Journal of Sociology, 1973, 78 (6): 1360 – 1380.

［48］Gupta A K，Govindarajan V. Knowledge flows and the structure of control within multinational corporations ［J］. Academy of Management Review，1991，16：768 – 792.

［49］Gupta A K，Govindarajan V. Knowledge flows within multinational corporations ［J］. Strategic Management Journal，2000，21：473 – 496.

［50］Hakanson L，Nobel R. Technology characteristics and reverse technology transfer ［J］. Management International Review，2000，40（1）：29 – 48.

［51］Hansen M T. The search-transfer problem：The role of weak ties in sharing knowledge across organization subunits ［J］. Administrative Science Quarterly，1999，44（1）：82 – 111.

［52］Hedlund G. A model of knowledge management and the N-form corporation ［J］. Strategic Management Journal，1994，15（Summer special issue）：73 – 91.

［53］Henderson J. Danger and opportunity in the Asia-Pacific ［C］//Thompson，Economic Dynamism in the Asia Pacific. London：Routledge，1998：356 – 384.

［54］Hendriks P. Why share knowledge？The influence of ICT on the motivation for knowledge sharing ［J］. Knowledge and Process Management，1999，6（2）：91 – 100.

［55］Håkanson L，Nobel R. Organizational characteristics and reverse technology transfer ［J］. Management International Review，2001，41（4）：395 – 420.

［56］Hobday M. Innovation in East Asia：The challenge to Japan ［M］. Cheltenham：Edward Elgar，1995：138 – 150.

［57］Hobday M. The electronics industries of pacific Asia：Exploiting international production networks for economic development ［R］. Working Paper，2000.

［58］Hooff B V D，Ridder J A D. Knowledge sharing in context：The influence of organizational commitment，communication climate and CMC use on knowledge sharing ［J］. Journal of Knowledge Management，2004，8（6）：117 – 130.

［59］Howells J. Roberts. From innovation systems to knowledge systems ［J］. Prometheus，2000，18（1）：17 – 31.

［60］Huber G P. Organizational learning：The contributing processes and the literatures [J]. Organization Science, 1991 (3): 88 – 115.

[61] Humphrey J, Schmitz H. Governance and upgrading: Linking industrial cluster and global value chain research [J]. IDSworking paper, 2000 (1): 1 – 37.

[62] Hymer S H. The international operations of national firms: A study of direct foreign investment [M]. Cam-Bridge: The MIT Press, 1976.

[63] Ingram P, Roberts P. Friendships among competitors in the Sydney hotel industry [J]. American Journal of Sociology, 2000, 106 (2): 387 – 423.

[64] Jarvenpaa S L. , Staples D S. Exploring perceptions of organizational ownership of information and expertise [J]. Journal of Management Information Systems, 2001, 18 (1): 151 – 183.

[65] Jasimuddin S M. Exploring knowledge transfer mechanisms: The case of a UK-based group within a high-tech global corporation [J]. International Journal of Information Management, 2007, 27: 294 – 300.

[66] John W, Aaron W. The contribution of Chinese FDI to Africa's pre crisis growth surge [J]. Global Economy Journal, 2012, 12 (4): 1 – 28.

[67] Kaplinsky R, McCormick D, Morris M. The impact of China on Sub-Saharan Africa [J]. IDS Working Paper 291, the Institute of development studies, 2007.

[68] Kaplinsky R, Morris M. A handbook for value chain research [M]. Brighton: IDS, 2001: 25 – 37.

[69] Kedia B, Gaffney N, Clampit J. EMNEs and knoledge-seeking FDI [J]. Management International Review, 2012, 52 (2): 155 – 173.

[70] Keller W. Absorptive capacity: On the creation and acquisition of technology in development [J]. Journal of Developmental Economics, 1996 (49): 199 – 227.

[71] Kindleberger C P. American business abroad: Six lectures on direct investment [M]. New Haven: Yale University Press, 1969: 173.

[72] Kogut B, Singh H. The effect of national culture on thechoice of entry mode [J]. Journal of International Busi-ness Studies, 1988, 19 (3): 411 – 432.

[73] Kogut B, Zander U. Knowledge of the firm and the evolutionary theory

of the multinational corporation [J]. Journal of International Business Studies, 1993 (24): 625 – 646.

[74] Kogut B. Designing global strategies: Comparative and competitive value-added chains [J]. Sloan Management Review, 1985. 4: 15 – 28.

[75] Kostova T. Transnational transfer of strategic organizational practices: a contextual perspective [J]. Academy of Management Review, 1999, 24 (2): 308 – 324.

[76] Lall S. The new multinationals [M]. New York: Chichester and New York, John Wile, 1983: 12 – 20.

[77] Lane P J, Salk J E, Lyles M A. Absorptive capacity, learning, and performance in international joint ventures [J]. Strategic Management Journal, 2001, 22: 1139 – 1161.

[78] Leonard-Barton D. Wellsprings of knowledge: Building and sustaining the source of innovation [M]. Boston: Harvard Business School Press, 1995.

[79] Messner D, Meyer S J. Governance and net works: Tools to study the dynamics and global value chains [Z]. Paper for the IDS/INEF project, 2000.

[80] Meyer D F, Habanabakize T. An analysis of the relationship between foreign direct investment (FDI), political risk and economic growth in South Africa [J]. Business & Economic Horizons, 2018, 14 (4): 777 – 788.

[81] Meyer J W, Rowan B. Institutionalized organizations: formal structure as myth and ceremony [J]. American Journal of Sociology, 1977, 83 (2): 340 – 363.

[82] Millar J M, Choi C J. Reverse knowledge and technology transfer: imbalances caused by cognitive barriers in asymmetric relationships [J]. International Journal of Technology Management, 2009, 48 (3): 389 – 402.

[83] Mowery D C, Oxley J E, Silverman B S. Strategic alli-ances and inter-firm knowledge transfer [J]. Strategic Management Journal, 1996, Winter special: 77 – 91.

[84] Mudambi R, Navarra P. Is knowledge power? Knowledge flows, subsidiary power and rent-seeking within MNCs [J]. Journal of International Business Studies, 2004, 35: 385 – 406.

［85］Mu J, Tang F, Maclachlan D. Absorptive and disseminative capability：Knowledge transfer in intra-organization networks ［J］. Expert Systems with Applications, 2010, 37：31 – 38.

［86］Nair S R, Demirbag M, Mellahi K. Reverse knowledge transfer from overseas acquisitions：A survey of Indian MNEs ［J］. Management International Review, 2015, 55 （2）：277 – 301.

［87］Nitin N, Sumantra G. The differentiated network：Organizing multinational corporations for value creation ［M］. San Francis：Jossey-Bass publishers, 1993, 2 – 7.

［88］Nohria N, Gareia-Pont C. Global strategic linkage and industry strueture ［J］. Strategic Management Joumal, 1991, 12：105 – 124.

［89］NOLAN P, JIN Z, CHUNHANG L. The global business revolution, the cascade effect, and the challenge for firms from developing countries ［J］. Cambridge Journal of Economics, 2008, 32 （1）：29 – 47.

［90］Nonaka I, Takeuchi H. The knowledge-creating company ［M］. New York：Oxford University Press, 1995.

［91］Nonaka I. A dynamic theory of organizational knowledge creation ［J］. Organizational Science, 1994, 5 （1）：14 – 37.

［92］Pananond P. Where do we go from here? Globalizing subsidiaries moving up the value chain ［J］. Journal of International Management, 2013, 19 （3）：207 – 219.

［93］Pan Y, Tse D K. The hierarchical model of market entry modes ［J］. Journal of International Business Studies, 2000 （31）：535 – 554.

［94］Polanyi M. The logic of tacit inference ［J］. Philosophy, 1966, 41 （1）：1 – 18.

［95］Polanyi M. The tacit dimension ［M］. New York：M. E. Sharp Inc, 1967.

［96］Poter M. Competitive advantage：Creating and sustaining superior performance ［M］. New York：The Free Press, 1985.

［97］Powell W. Neither market nor hierarchy：Network forms of organization ［J］. Research in organizational behavior, 1990, 12 （3）：295 – 336.

[98] Pradhan J P, Singh N. Outward FDI and knowledge flows: A study of the Indian automotive sector [J]. International Journal of Institutions and Economics, 2009 (1): 156 – 187.

[99] Regard M F. China's trade and FDI in Africa [J]. Working Paper 126, African Development Bank, 2011.

[100] Rugman A M. Inside the multinationals: The economics of internal markets [M]. New York: Columbia University Press, 1981.

[101] Rui H C, Zhang M, Shipman A. Relevant knowledge and recipient ownership: Chinese MNCS' knowledge transfer in Africa [J]. Journal of World Business, 2016 (51) 51: 713 – 728.

[102] Schlegelmilch B B, Chini T C. Knowledge transfer between marketing functions in multinational companies: A conceptual model. International Business Review, 2003, 12 (2): 215 – 232.

[103] Shinn D H. China and Africa: A century of engagement [M]. Joshua Eisenman: University of Pennsylvania Press, 2012.

[104] Simonin B. Ambiguity and the process of knowledge transfer in strategic alliances [J]. Strategic Management Journal, 1999, 20 (7): 595 – 623.

[105] Singley M K, Anderson J R. The transfer of cognitive skill [M]. Cambridge, MA: University of Chieago Press, 1989.

[106] Spender J C. Making knowledge the basis of the dynamic theory of the firm [J]. Strategic Management Journal, 1996, 17 (Winter Special Issue): 45 – 62.

[107] Stewart T. Intellectual capital: The new wealth of organizations [M]. New York: Bantam Doubleday Dell Publishing Group, Inc. 1997.

[108] Subramaniam M, Venkatraman N. Determinants of transnational new product development capability: Testing the influence of transferring and deploying tacit overseas knowledge [J]. Strategic Management Journal, 2001, 22 (4): 359 – 378.

[109] Szulanski I G. Exploring internal stickiness: impediments to the transfer of best practice with the firm [J]. Strategic Management Journal, 1996, 28 (17): 27 – 43.

[110] Teece D J. Technology transfer by multinational firms: The resource

cost of transferring technological know-how ［J］. The Economic Journal, 1977 (7): 242 – 261.

［111］ Tsai W P. Knowledge transfer in intraorganizational networks: effects of network position and absorptive capacity on businessunit innovation and performance ［J］. Academy of Management Journal, 2001, 44 (5): 996 – 1004.

［112］ Turban E. Expert systems and applied artificial intelligence ［M］. Macmillan, 1992.

［113］ United Nations Industrial Development Organization. Competing through innovation and learning-the focus of UNIDO's industrial development 2002/2003 ［R］. Vienna, 2002: 107 – 116.

［114］ Van der Spek R, Spijkervet A. Knowledge management dealing intelligently with knowledge ［C］//Knowledge Management and its integrative elements, edited by J. Liebowitz and L. C. Wilcox, CRC Press, Boca Raton, 1997: 31 – 59.

［115］ Vernon R. International investment and international trade in the product cycle ［J］. The Quarterly Journal of Economics, 1966, 80 (2): 190 – 207.

［116］ Vito A, Garavelli A C. Limited flexibility in cellular manufacturing systems: a simulation study ［J］. International Journal of Production Economics, 1999, 60 (61): 447 – 455.

［117］ Wang S L, Luo Y, Lu Y, et al. Autonomy delegation to foreign subsidiaries: An enabling mechanism for emerging-market multinationals ［J］. Journal of International Business Studies, 2014, 45 (2): 111 – 130.

［118］ Wathne K, Roos J, von Krogh G. Towards a theory of knowledge transfer in a cooperative context ［C］//von Krogh G, Roos J. Managing knowledge: perspectives on cooperation and competition. London: Sage Publications, 1996: 55 – 81.

［119］ Wells L T. Third world multinationals ［M］. Boston: MIT Press, 1983.

［120］ Wiig K. Knowledge management foundations ［M］. Arlington: Schema Press, 1993.

［121］ Winter S G. Knowledge and competence as strategic assets ［C］//Teece

D. The competitive challenge. Cambridge: Ballinger Publishing, 1995: 159 – 184.

[122] Woolf H B. Webster's new world dictionary of the American language [M]. Warner Books, 1990.

[123] Yli-Renko H, Aution E, Sapienza H J. Social capital, knowledge acquisitions, and knowledge exploitation in young technology firms [J]. Strategic Management Journal, 2002, 22 (6/7): 587 – 613.

[124] Zack M. Developing a knowledge strategy [J]. California Management review, 1999, 41 (3).

[125] Zack M. Managing codified knowledge [J]. Sloan Management Review, 1990, 40 (4): 45 – 58.

[126] Zand D E. Trust and managerial problem solving [J]. Administrative Science Quarterly, 1972, 17 (2): 229 – 239.

[127] Zander U, Kogut B. Knowledge and the speed of the transfer and imitation of organizational capabilities: An empirical test [J]. Organization Science, 1995, 6 (1): 76 – 92.

后　记

　　本著作是笔者主持的国家社会科学基金项目（编号 17BGL012）、浙江省软科学研究计划项目（编号 2017C35059）、江苏省博士后科研资助计划项目（编号 1701054C）、浙江省哲学社会科学重点研究基地（浙江师范大学非洲研究中心）规划课题（编号 16JDGH137）等相关项目的研究成果。

　　近年来，笔者所在学术团队一直致力于知识管理、对外直接投资、全球价值链领域的理论和实证研究。我们曾于 2016 年、2017 年和 2018 年多次对浙江、上海、深圳、江苏等地对非洲投资企业进行广泛而深入的调研；2017年赴非洲埃塞俄比亚、开普敦等国家对华为、海信、华坚、东方工业园等中国在非洲投资企业进行实地考察调研，收集了丰富的一手数据和资料。本著作是课题组一直关注的中国企业对非洲直接投资知识转移、全球价值链链条升级模式的理论提炼和实证检验，更是课题组前期系列研究成果和实地调研基础上的后续深化和总结。从研究方向的选定，到文献资料和研究数据的收集，以及本书的撰写及最终定稿，无不渗透着课题组研究过程的艰辛。书稿的撰写是个漫长的精神历练之旅，单凭一己之力很难达到成功的彼岸。在此，我要衷心地感谢所有为本书付出心血和帮助的前辈、学生、朋友和家人。

　　首先感谢恩师田泽教授的无私栽培和人生指引。与田老师的相识是在2015 年的一次学术讲座上，在田老师的鼓舞下，我重拾科研兴趣，开启了因种种原因一直搁浅的科学研究之舟，并有幸成为了田老师名下的博士后，至今还记得三年前被田老师收为弟子时的那份欢欣与感激。之后，田老师一直都是我的人生灯塔、学术标杆，与田老师的每次见面、通电话，都能在做人、做事、做学问上得到指引，让我获得前行的力量。正是在田老师的谆谆教导和细心栽培下，使我逐渐深入科学研究的学术殿堂，并实现了学术生涯的重大飞跃，在做博士后期间先后获得国家社科、浙江省软科学研究计划项目、江苏省博士后科研资助计划项目、浙江省哲学社会科学重点研究基地规划课题项目。每每与恩师交流，聆听恩师教诲，不仅在学术思想、治学精神、研究方法等方面受益匪浅，恩师严谨求实的治学态度、宽厚待人的学者风范、朴实无华的待人作风以及非凡的敬业精神都深深影响着我，使我受益终生。

在书稿的资料收集、文字整理撰写等工作中，笔者的硕士生周晓琳、陈烨、顾津静、斯伟燕、王宇芮、黄凤琴做了大量的资料收集和研究工作。学生们面对分配到的每项任务，总是积极配合、任劳任怨、全心全力地投入科研工作，而且能及时保质保量地完成任务。感谢各位同学的辛苦付出！希望你们在体会到学术研究的艰辛和不易的同时，也能由此提升科研能力，实现成长和超越。

感谢在不同场合、以不同方式，在科研上给予我点滴教诲和帮助的各位前辈、同事和朋友，和他们在平时一点一滴的交往过程中，我同样受益匪浅。他们是教育部长江学者特聘教授、浙江师范大学非洲研究院院长刘鸿武教授，浙江师范大学经济与管理学院郑文哲书记，浙江师范大学经济与管理学院院长唐任伍教授，浙江师范大学经济与管理学院副院长李文博教授、副院长段文奇教授，青岛大学科研处处长钟永光教授，浙江省商务厅境外投资企业协会倪丽娟秘书长，南部非洲上海工商联谊总会姒海会长，埃塞俄比亚东方工业园卢其元董事长，埃塞俄比亚东方工业园周春龙经理，埃塞俄比亚东方工业园焦永顺主任，浙江工商大学诸竹君博士。他们对本课题研究整体思路的设计和修改、计量软件的学习与使用、问卷调研企业的联系等方面，给予了莫大的支持和帮助。

书稿的完成，离不开家人无私的关爱和全力的支持。特别要感谢我的丈夫一直以来对我的理解和支持，为了让我安心完成书稿，他总是默默地承揽了家里大部分的事务，是他无微不至的关怀和鼓励，让我在遇到困难的时候能够奋力前行。还要感谢我正在读初三的可爱女儿的理解和支持，尽管面对起早摸黑繁重的初三学习压力，为了不打扰我的研究工作，她每天坚持自觉完成所有课业，生活上自己也能安排得井井有条。家人的无私付出是我完成书稿的无穷动力。

最后感谢国家社会科学基金委、浙江省科技厅、江苏省人力资源社会保障厅、浙江省哲学社会科学发展规划领导小组给予的立项经费支持，感谢为本专著调研提供机会和帮助的所有单位和个人，感谢本专著所有参考文献作者，感谢出版社编辑同志的辛勤付出。

当然由于研究水平的不足，尽管笔者付出了很大的努力，本著作肯定还存在许多疏漏粗浅和不当之处，敬请各位学界同仁和读者批评指正。

金水英

2019 年 4 月 2 日于浙江金华